AF145502

Alois Rzach

Der Dialekt des Hesiodos

Alois Rzach

Der Dialekt des Hesiodos

ISBN/EAN: 9783744628457

Hergestellt in Europa, USA, Kanada, Australien, Japan

Cover: Foto ©Thomas Meinert / pixelio.de

Weitere Bücher finden Sie auf **www.hansebooks.com**

DER

DIALEKT DES HESIODOS.

VON

ALOIS RZACH.

Besonderer Abdruck aus dem achten Supplementbande der Jahrbücher
für classische Philologie.

LEIPZIG,
DRUCK UND VERLAG VON B. G. TEUBNER.
1876.

Die Seitenzahlen sind die des achten Supplementbandes der Jahrbücher für classische Philologie.

Die Eigenart der hesiodischen Dichtungen, die sowol in den Stoffen, als auch in der Darstellung hervortritt, hat von jeher Beachtung gefunden. Besonders ist es auch der Dialekt dieser Gedichte, der ganz geeignet ist, die Aufmerksamkeit auf sich zu ziehen. Seine Abweichungen vom homerischen sind nicht gering. Enthält er ja doch, um nur auf einen besonders hervorstechenden Punkt hinzuweisen, während sich, wie jetzt allgemein zugestanden wird, in den homerischen Gedichten ausser dem ionischen Grundstocke nur äolische Elemente vorfinden, neben diesen auch eine Reihe entschiedener Dorismen. Natürlicher Weise ward daher der hesiodische Dialekt schon mehrfach Gegenstand von Untersuchungen. So hat, um den um Hesiod so hochverdienten Goettling vor Allem zu nennen, dieser in der Vorrede seiner Ausgabe (2. Ausg. p. XXXI. XXXII.) mehrere charakteristische Momente hervorgehoben, nachdem schon früher von Meyer Isler in seinem quaest. Hesiod. specim. Berlin 1830 die wichtigsten Eigenthümlichkeiten der hesiodischen Sprache gesammelt worden waren. Das Vorkommen verschiedener äolischer und dorischer Elemente und deren Verhältniss zu einander besprach Ahrens in seinem Vortrage „über die Mischung der Dialekte in der griech. Lyrik" in den Verhandlungen der Göttinger Philologenversammlung 1852 p. 73 sqq., wobei er auch Beziehungen zum delphischen Dialekte in der Theogonie erkennen wollte. Eine eigene Untersuchung jedoch stellte zuerst J. Foerstemann an in seiner fleissigen Dissertation de dial. Hesiod. Halle 1863. Doch beschränkte er sich mehr auf blosse Angabe des Materials, ohne auf die grammatische Erklärung viel einzugehen, und dann sind manche wichtigen Puncte, wie die ganze Lautlehre mit Ausnahme der nur kurz behandelten Digammaverhältnisse unberücksichtigt geblieben. Ueber die nichthomerischen Wörter bei Hesiod schrieb H. Fietkau eine Dissertation de carm. Hesiod. atque hymn. vocab. non Homericis, Königsberg 1866. Manches die Worterklärung Betreffende enthält Buttmanns Lexilogus. Ausserdem nahm Bergk in der Griech. Literaturgesch. I mehrfach wie auf den homerischen, so auch auf den hesiodischen Dialekt Bezug (namentlich p. 1020. 1021), sonst berührt da und dort auch Ahrens in seinen vortrefflichen dialektologischen Arbeiten sprachliche auf Hesiod bezügliche Puncte und in neuester Zeit Hinrichs in der gediegenen Schrift de Homer. elocut. vest. Aeol. Doch auch die wichtigsten Ausgaben enthalten manche Bemerkungen: dahin gehören ausser der schon genannten Goettling'schen die Schoemann'schen, deren Verfasser ja auch sonst so Rühmenswertes auf hesiodischem Gebiete geschaffen. Durch die

neue kritische Ausgabe von Koechly-Kinkel ward es ermöglicht,
die übelbestellte Ueberlieferung der Handschriften in genauere
Erwägung zu ziehen, während die Ausgaben von Flach (Theogonie
mit Prolegomena und Gesammtausgabe der hesiod. Gedichte) in
den Einleitungen die Einführung des Digamma in den hesiodischen
Text zu begründen versuchen. Die Digammaverhältnisse bei Hesiod
habe auch ich (neben prosodischen Fragen) in meinem Progr.
„Hesiod. Untersuchungen" Prag 1875 zu erörtern versucht. In
der folgenden neuen Darstellung der dialektischen Verhältnisse in
den hesiod. Gedichten sind selbstverständlich die Resultate früherer
Forschungen allseitig in Betracht gezogen worden, nur die Arbeit
von Paul Schneider de eloc. Hesiod. p. I Berlin 1872 ist mir trotz
aller Bemühungen unzugänglich geblieben.

Accent und Spiritus.

1. Accent.

Unter den Substantiven Mascul. Gen. der A-Declination, die im
Nominativ auf ᾱ ausgehen, zeigen bei Hesiod (wie auch bei Homer)
drei eine ungewöhnliche Accentuirung: ἀκάκητα Προμηθεύc Th. 614
Ἑρμάων ἀκάκητα fr. 46 εὐρύοπα Ζεύc Th. 514 E. 229. 239.
281 μητίετα Ζεύc Th. 56. 520. 904. 914 E. 104 A. 33. 383.
Aristarch hat in diesen Wörtern den Accent auf die drittletzte Silbe
gesetzt, ohne dass wir die Gründe kennen, die ihn dazu bewogen
haben, vgl. Lehrs Aristarch. 259. Wahrscheinlich liegt hier, wie
Bergk, Griech. Literaturgesch. I 90 Note 102 und nach ihm Hinrichs de homer. eloc. vestig. Aeol. 13 vermuthen, äolische Accentuation vor.

Th. 178 findet sich bezüglich des Accentes von ἐκ λοχεοῖο in
der Ueberlieferung die Variante λοχέοιο. Die Codd. MF haben
nach Lennep λοχεοῖο, nach Goettling jedoch λοχέοιο (vgl. Koechly-
Kinkel krit. App.) E λοχίοιο O λεχέοιο. Offenbar war die Schwan-
kung schon in alter Zeit vorhanden, wie aus dem Schol. zu dieser
Stelle hervorgeht: ὁ δ᾽ ἐκ λοχεοῖο. Ἀριcτόνικοc λοχεοῖο φηcὶν ὡc
θυρεοῖο. λοχεὸc γὰρ λέγει. βεβίαcται δὲ τὸ λοχέοιο παρὰ τὸ ἔθοc,
vgl. Flach, die alex. Fragm. in den Schol. zur hes. Theog. in Fleck-
eisen's Jahrb. XX 819, Lehrs Aristarch. 6. Schoemann opusc. II
540. Selbstverständlich ist das Scholion ausschlaggebend.

Die äolische Formation des Accusativs ἄψιν E. 426 (gemeingriech. ἀψῖδα), das als ursp. ι-Stamm den Ausgang ν zeigt, hängt
mit der Zurückziehung des Accentes zusammen, vgl. Choiroboskos
p. 353 Gaisf. παρὰ δὲ τοῖc Αἰολεῦcι γίγνονται εἰc ν κατὰ τὴν
αἰτιατικὴν μετὰ βαρείαc τάcεωc· κνήμιν γὰρ λέγουcι καὶ cφράγιν
καὶ ἄψιν ὡc παρ᾽ Ἡcιόδῳ τριcπίθαμον δ᾽ ἄψιν τάμνειν ἀντὶ τοῦ
ἀψῖδα (siehe Declination).

A. 245 schreiben alle Ausgaben ἄνδρεc δ᾽, οἳ πρεcβῆεc ἔcαν;
es ist da von Greisen die Rede, welche während der geschilderten

Belagerung einer Stadt die Hände flehend zu den Göttern empor-
heben. Der Context selbst ergibt es, dass hier nicht etwa der Nom.
πρεςβεύς (der Gesandte) zu Grunde zu legen ist, sondern πρέςβυς
(der Alte); indem der St. πρεςβυ zu πρεςβευ sich steigert, lautete
der Nom. Plur. πρεςβεϝες woraus natürlich πρέςβηες ward, wie
auch Pape im Lex. und Kühner Ausf. Gr. 1² 347 richtig annehmen.
Uebrigens weist ja auch die Lesart der besten Hdschr. M πρέςβυες
darauf hin.

ἄεικι Th. 875 (über die Form siehe die Erörterung über die
nicht themat. Verba); der Accent ist so wol überliefert durch den
Gramm. bei Cramer anecd. Oxon. I, 47 und durch Philo s. Etym. M.
22. 14. Zudem sagt der Schol. zu Hom. E 526 τὸ δὲ παρ' Ἡcιόδῳ
ἄλλοτε δ' ἄλλοι ἀεῖςιν Αἰολικόν, es ist demnach zu vermuthen, dass
ἄεικιν accentuirt war.   Uebrigens ergibt sich die Nothwendigkeit
der letztern Accentuirung aus der Verbalform selbst, die aus ἀε-ντι
(der auslautende Vocal ist nur vor ντ kurz, Curtius Verb. I, 174)
hervorgieng, vgl. dor. τίθε-ντι, Goettling Allg. Lehre vom Accent. 74.

ἀκαχήμενος Th. 99, nur M hat von zweiter Hand (s. Goettling
Ausg. 2) ἀκαχηµένος. Das Partic. hat, indem die Bedeutung des
Perf. sich verwischte, den Accent zurücktreten lassen wie hom.
ἀλαλήμενος vgl. Hinrichs 15; Th. 868 schreiben die Hdschr. ἀκάχων;
da wir es aber hier mit einem Part. eines reduplicirten Aorists zu
thun haben (und nicht etwa wie im folg. κεκλήγοντες mit der äol.
Formation eines Part. Perf.), so haben Goettling und Flach nach
Guiet mit Recht ἀκαχών in den Text aufgenommen.

κεκλήγοντες A. 379. 412.   Dies in Homer öfter begegnende
Particip ist eine äolische Participialform des Perf. (vgl. das Cap.
über die Verba); selbstverständlich musste es auch den äol. Accent
tragen; vgl. Herod. π. Ἰλ. πρ. zu E 30 u. µ 256 κεκλήγοντες· εἰ μὲν
διὰ τοῦ ω προπερισπᾶται, εἰ δὲ διὰ τοῦ ντ προπαροξύνεται. Der
Schreiber von M, dem die Form κεκλήγοντες auffällig war, schrieb
κεκληγῶτες, die von Fs u. a. wieder das unmetrische κεκληγότες.
Dieselbe Accentuation hat ἐρρίγοντι A. 228.

2. Spiritus.

Der äolische Dialekt war bekanntlich dem Spiritus asper besonders abgeneigt. Die Zeugnisse der Alten sind darin einig, vgl.
Giese, über den äol. Dial. 338 sqq. Aber auch der ionische Dialekt
hat die Psilosis gerne eintreten lassen, Eustath. zu Od. 1564, 9
ψιλωτικοὶ γὰρ ὥcπερ Ἴωνες οὕτω καὶ Αἰολεῖς; vgl. Giese a. a.
O. 390 sqq. Aehnlich berichtet Tzetzes Exeg. in Il. 119, 27 οἱ
Αἰολεῖς, ἔτι δὲ καὶ Ἴωνες, πᾶσαν λέξιν παρ' ἡμῖν δαcυνομένην
ψιλοῦςιν. Wir werden also die Fälle der Psilosis, welche sich in
den hesiodischen Gedichten vorfinden, theils aus dem ionischen Dialekte herleiten, theils aber sind sie zu den äolischen Elementen zu

24*

zählen, deren wir nicht wenige bei unserm Dichter antreffen. Es
gehören hieher folgende Fälle:

ᾅδην fr. 94. 2. Bekker schrieb bei Homer nach Aristarch
ᾅδην; der Spir. asper ist ursprünglich, er entstand aus dem Spir. σ,
indem dies Wort mit sa-tis sa-tur die Wurzel sa gemein hat, Curtius
Grdz.⁴ 632.

ἀθρόοι A. 246, dessen α auf skt. sa sam zurückgeht, Curtius
Grdz.⁴ 673; die Attiker sagten ἀθρόος, vgl. auch Giese, äol. Dial.
422. Auch das α in

ἄλοχος, das bei Hesiod fünfmal vorkommt, hatte, da ihm dasselbe sa zu Grunde liegt, ursprünglich den Asper. Vgl. Curtius
Grdz.⁴ 674, Giese a. a. O. 422.

ἄμαξα — E. 426 δεκαδώρῳ ἀμάξῃ nach MBS u. einigen andern
Hdschr.; die übrigen haben ἀμάξη, wie auch Goettling schrieb. E.
453 ἄμαξαν nach BSα; in M und T ist ἀμάξαν aus ἀμάξαν corrigirt.
E. 455 ἄμαξαν nach Sα; entscheidend ist E. 456 δούρατ' ἀμάξης
so BSα u. a. dann die zweite Hand in M (ἀμάξηι), während von
erster Hand entweder δούρατ' ἀμάξη oder ἀμάξη geschrieben ist,
vgl. Koechly-Kinkel im krit. Appar.; auch Schol. Ven. zu Il. B 649
haben dieselbe Schreibung. Die andern Hdschr. δούραθ' ἀμάξης. Das τ
in jener Leseart weist doch klar auf den Spir. lenis im folgenden
Worte hin. Auch E. 692 ἐπ' ἄμαξαν nach BSα zeigt die Psilosis,
während die übrigen Codd. theils ἐφ' ἄμαξαν (OQ) theils ἐφ' ἄμαξαν
bieten. Diesen letzteren folgte Koechly. Die Psilosis in diesem Worte
wird von Eustath. 913, 44 als ionisch bezeichnet. Der erste Bestandtheil desselben ist ἅμα für cάμα, der zweite ἄξων; vgl. Curtius Grdz.⁴
386 und Hinrichs de homer. eloc. vestig. aeol. 17.

Mit demselben ἅμα hängt zusammen ἄμυδις Th. 689 A. 345;
über dies äolische Wort sagt der Schol. zu Il. I 6: ἐπεὶ Αἰολικὴ ἡ
τροπὴ καὶ ὁ τόνος Αἰολικὸς καὶ τὸ πνεῦμα ψιλωτέον δὲ τὸ ἄμυδις·
Αἰολικὸν γὰρ καὶ τόνον καὶ πνεῦμα ἐδέξατο. Hesychios hat die
Glosse ἄμυδις· ἅμα ὁμοῦ.

ἄψιν E. 426; so überliefert durch MBQ, auch O hatte urspr.
ἄψιν das in ἄψιν geändert wurde. Bezeugt ist die Lesart auch
durch Choirobosk. bei Bekk. Anekd. gr. 1287 u. Eustath. zu Il. 574.
22. Am Spiritus lenis nahmen die Alten Anstoss, Schol. zu Iliad. E
487 bei Eustath. a. a. O.: λέγουςι δὲ ὅτι ψιλοῦται τὸ α παρα-
λόγως ἐνταῦθα. Aber diese nach Declinationsweise und Accent
äolische Form ist nicht von ἅπτω abzuleiten, sondern von dessen
nicht aspirirter Wurzel ἀπ (vgl. Curtius Grdz.⁴ 501); es ist demnach hier gar keine Psilosis zu statuiren, der äolische Dialekt über-
nahm die Urform der Wurzel unverändert. Giese, äol. Dial. 415. 416.

ἄμμες A. 87 weist im Hinblicke auf ἡμεῖς auch nur scheinbar
die Psilosis auf, jene äol. Form geht nämlich auf skrt. asmat zurück, so dass in ἡμεῖς der Asper illegitim ist. Vgl. Curtius Grdz.⁴
677. 678.

ἔνη E. 770 ἕc τ' ἔννηφιν E. 410. An der ersten Stelle hat BO ἔνη und so findet es sich sonst einigemale z. B. Aristoph. Acharn. 172 εἰc ἔνην Ekkl. 796 ἔνηc (Var. ἔνηc). Doch ist gewiss auch hier der Lenis ursprünglich, was auch die wahrscheinlich zu Grunde liegende Wurzel skt. anjas im Griech. ἐν in ἔνιοι beweist, Curt. Grdz.[4] 310.

εἰλιγμένοc fr. 201. 2 während Th. 791 alle Hdschr. εἰλιγμένοc haben bis auf V (εἰλιγμένοc); an jener Stelle lautete Digamma an καί τε δι' Ἐρχομενοῦ Fειλιγμένοc; als das Dig. verschwand, liess man Psilosis eintreten wie in dem mit derselben Wurzel Fελ zusammenhängenden εἰλίπουc, das sich in den Formen εἰλιπόδων Th. 983 εἰλιπόδεccι Th. 290 fr. 80. 2 εἰλίποδαc E. 795 findet. Das tarentinische βείλη == att. ῖλη weist auf das urspr. F. Vgl. Curtius Grdz.[4] 360 u. Giese äol. Dial. 274. 275.

ἐπάλμενοc Th. 885 Partic. compos. vom St. ἀλ lat. sal-io; die Psilosis ist eine äolische. ἄλτο ὡc Αἰολικόν sagt Eustathios zu Il. 145, 40; vgl. Giese a. a. O. 416. Bei Homer finden wir dies Particip mit Lenis Η 260 und noch sechsmal.

Auch ἔρδω trug einst den Spir. asper (W. Fεργ), im neuionischen Dial. des Herodot finden wir ihn öfter ἔρδον IX. 103 ἔρδεcκε VII. 33; auch Simonid. im Epinikos auf Skopas fr. 5 Bergk v. 20 ἔρδῃ. So begegnen wir auch bei Hesiod einer Stelle, wo der Spir. asper bewahrt ist: fr. 178. 3 ἔρδειν ἱερὰ καλά (Goettling) im Versanfange; Schoemann und Flach (fr. 80. 3) schreiben ἔρδειν mit Unrecht, denn wir finden auch sonst Spuren des Asper, so Th. 417, wo cod. v ἔρδων und E. 362, wo BT ἔρδοιc L ἔρδειc hat. An allen übrigen Stellen steht die Lenis Th. 417 ἔρδειν (mit Ausn. von v) E. 35 ὡδ' ἔρδειν 136 οὐδ' ἔρδειν 336 δ' ἔρδειν 362 τοῦτ' ἔρδοιc (mit Ausn. der erwähnten Hdschr.) 760 ὡδ' ἔρδειν.

Während wir ἕνεκα überall lesen Th. 983 E. 164. 166 A. 82 fr. 82. 2 begegnet uns Th. 88 τούνεκα E. 49 τούνεκ'.

ἐcθῆτι Th. 574 vom St. Fεc; die Annahme des Lenis ward gemeingriechisch; wie Giese äol. Dial. 279 vermuthet, trat die Psilosis in Folge Antipathie gegenüber der folgenden Aspirata ein.

ἦθοc vom St. cFεθ Curtius Grdz.[4] 251 erscheint durchweg mit Lenis; Th. 66. E. 167. 222. 525. 699 zeigt es Wirkung des Digamma; sonst E.'67. 78 ἐπίκλοπον ἦθοc 137 κατ' ἤθεα mit Lenis, der gemeingriechisch ward.

ἠέλιος, das an 16 Stellen vorkommt, gehört nicht hieher, da der Spir. asper erst im Attischen unrechtmässig eintrat, vgl. dor. ἀέλιος kret. ἀβέλιος.

ἦμαρ findet sich an sämmtlichen 34 Stellen, an denen es bei Hesiod steht, mit Lenis, ebenso ἠμάτιος Th. 597 E. 149 während wir ἡμέρη Th. 124. 748 E. 102. 769. 822 ἡμερόκοιτος E. 605 antreffen. Da nach Askoli, Kuhns Zeitschr. XVII. 43 sqq. diese Wörter aus Fάcμαρ resp. Ϝαϲμέρα entstanden, so sollte auch ἦμαρ den Asper haben, vgl. auch Brugman, de graec. ling. prod. suppl. Curt. Stud. IV. 101. Dem Spir. asper in ἥμιϲυ Th. 298. 299 gegenüber, lesen wir τὥμιϲυ E. 559 nach BQV und Eust. zur Il. 245, 37 M hat τόμιϲυ μ τὼ μιϲυ Ll τ’ ὥμιϲυ, die übrigen mit Prokl. θώμιϲυ u. ähnl. Die Form mit Psilose haben auch Goettling u. Koechly aufgenommen, während Schoemann und Flach θώμιϲυ schreiben. ἴδει ἐν αἰνοτάτῳ A. 397; ἴδοϲ ist die äol. Nebenform zu ἱδρώϲ von der W. cϜιδ (Curtius Grdz.[4] 241), die auch die äol. Psilosis eintreten liess. Vgl. Giese a. a. O. 267. Th. 830 lautet die Ueberlieferung fast sämmtlicher Hdschr. παντοίην ὅπ’ ἱεῖϲαι; nur V 1 Par. 1 (Goettl.) haben ὅφ’ ἱεῖϲαι und P2 M1 das unmögliche ὅϲϲ’ ἱεῖϲαι. Mit Recht bemerkt Goettling z. d. St. vom Lenis „in vestigiis sermonis Aeolici habendum esse, quo usus Hesiodus est." Vgl. Ahrens de dial. Aeol. 19. 169. Auch im homer. Hymn. auf Artemis XXVII. 18 (Baumeister) lesen wir ἀμβροϲίην ὅπ’ ἱεῖϲαι. Keinen Asper hat in den Codd. MQT und bei Phot. 1. 1 auch ἱέμεν E. 596.

ἴρηξ mit Lenis E. 203 ὥδ’ ἴρηξ nach BIT, die übrigen Hdschr. mit Asper; dann E. 212 alle Hdschr. bis auf LOST und M von 4. Hand. Die Nichtaspiration gehört bei diesem Worte dem Ionismus an; Eustath. zu Il. 920. 46 sagt davon Ἰωνικῶϲ ψιλοῦται, und zur Od. 1623. 62 ψιλοῦται κατά τιναϲ (ἱρεύϲ) καθὰ καὶ τὸ ἴρηξ, vgl. Giese a. a. O. 404. Ausser Homer hat auch Herodot die Form mit Lenis II. 65. 67. Das urspr. Digamma im Anlaute beweist Hesychios’ Glosse βείρακεϲ· ἱέρακεϲ.

ἴϲτορα φῶτα E. 792 ἴϲτορα BT; an unserer Stelle Digamma-anlaut (πλέῳ ἤματι, ἴϲτορα), sonst vielfach mit Spir. asper; vgl. Curt. Grdz.[4] 675. Nach dem Verschwinden des Spiranten aus der Schrift griff man zu der nicht aspirirten Form.

E. 423 finden wir in den Ausgaben ὄλμον, aber BLQT haben ὄλμον, das ausserdem in O ursprünglich stand. Goettling bemerkt zu ὄλμον „fortasse melius" und weist selbst in der Einleitung p. XXXII auf diesen Fall äol. Psilosis hin. Es ist wol der Lenis nach den genannten Hdschr. herzustellen. Das Wort selbst gehört gleichfalls zur W. Ϝελ, wie die oben berührten; Curt. Grdz.[4] 360.

ὄρπηκα E. 468. So Koechly nach M von 1. Hd. μ u. a. ὄρπηκα M von 2. Hd. und die übrigen. Die Psilosis ist hier äolisch, ὄρπακαϲ Sappho fr. 78. 2 Bergk[3] ὄρπακι fr. 104. 2 (cod. A). Das Wort kommt von der W. ἐρπ lat. serpo. Hinrichs de hom. el. vest. aeol. 18 hält die Psilosis in diesem Worte für ionisch.

οὔδαϲ Th. 741 E. 534, obzwar von der W. ἐδ = sad, ὁδόϲ. Endlich gehört noch hieher die äol. Form des Pron. pers. der 2. P. Plur., das bei Hesiod nur in der Form ὔμμι A. 238 vorkommt; skt. jushmé und Goth.-Lit. iu-s (vgl. Curtius Grdz.[4] 399) bezeugen den urspr. Anlaut des Spiranten j.

Merkwürdiger Weise begegnen wir bei Hesiod auch einem
Worte, dem Eigennamen Ἑωςφόρον Th. 381, das den illegitimen
attischen Asper trägt, während wir sonst durchaus das ionische
ἠώς (an 13 Stellen) und ἠῷος E. 548 A. 396 antreffen, dessen
Lenis ursprünglich ist, vgl. dor. ἀώς altlat. ausosa.

Vocalismus.

I. Kurze Vocale.

1. α. Kurzes α erscheint in dorischer Weise für ε in den Formen τάμνειν E. 423. 426. 743. 786 ταμνέμεν E. 791 τάμοιο E.
425 ταμεῖν E. 810 περιταμνέμεν E. 570 nach der Schreibung
aller Hdschr. bis auf M von erster Hand und μ nebst einigen geringeren; die zweite Hand in M schrieb unsere Form, die Goettling
mit Recht in den Text setzte, während Koechly-Kinkel περιτεμνέμεν
schreiben; vgl. Ahrens de dial. Dor. 117. Dagegen lesen wir τέμνει
in der Variante zu E. 524 für das richtige τένδει nach Antigon.
von Karystos.

Ebenso finden wir dorisch α für ε in τραφέμεν Th. 480, vgl.
Ahrens a. a. O., während alle übrigen Formen dieses Verbs ε haben:
Th. 107. 192. 198. 314. 582. 1001 E. 131 fr. 78. 111. 2. 226.
Ob das Präfix ἀρι neben ἐρι eine ionische Form gegenüber
einer äolischen darstellt, wie Hinrichs de hom. elocut. vestig. aeol.
64 meint, muss bei der Ungewissheit, die bezüglich des etymologi-
schen Zusammenhanges beider Präfixe noch herrscht, vgl. Curtius
Grdz.¹ 74 dahingestellt bleiben, obzwar die Erörterungen von Hinrichs es wahrscheinlich machen, dass der äol. Dialekt ἐρι vorzog.
Wir lesen ἀρι bei Hesiod nur in: ἀριδείκετον Th. 532 ἀριδείκετ'
Th. 543 ἀριδείκετα Th. 385 ἀρίζηλον E. 6 während der Gebrauch
von ἐρι viel häufiger ist: ἐριβρύχεω Th. 832 ἐριγδούποιο Th. 41
ἐριθηλέος Th. 30 ἐρικτύπου Th. 930 ἐρικτύπῳ Th. 441 ἐρίκτυπον
Th. 456 ἐρικυδέος Th. 988 ἐρίμυκον E. 790 ἐρισθενέος Th. 4 E.
416 ἐρισμαράγοιο Th. 815.

2. ε für ι lesen wir in ἀγχέμαχοι A. 25, MS ἀγχίμαχοι sv
ἐγχέμαχοι; Theogn. Ox. II 17, 21 heisst es: ἡ ι ϲυλλαβὴ ἐν τῇ
ϲυνθέϲει ἐνίοτε τρέπει τὸ ι εἰς ε· ϲπάνιοι δὲ αἱ λέξεις, ὡς ἔχει τὸ
ἄγχι ἀγχέμαχοι καὶ δικαϲτὸς ἀδέκαϲτος· Αἰολέων δὲ τὸ πάθος; vgl.
Ahrens de dial. Aeol. 79. ἀγχέμαχοι lesen wir auch bei Hom. nur
in der Iliade P 165 N 5 Π 248. 272. Ausser an der genannten
Stelle findet sich bei Hesiod dieser Uebergang nicht, so nur ἀγχίμολον
E. 325 ἀγχίαλος fr. 46. 4.

ε für o: καί τε δι' Ἐρχομενοῦ statt Ὀρχομενοῦ fr. 201. 1.
Dies geht offenbar aus der verdorbenen Lesart des Citats von Theon
zu Aratos Phain. 45 καί τε διερχόμενος κτλ. hervor. Ἐρχομενός
heisst im böotischen Dialekte der Name stäts, wie aus den orchomen.

Inschriften C. I. 1564, 1569 a III, 1573, 1595 hervorgeht. Vgl.
Ahrens de dial. Boeot. 178.

3. o für α findet sich in der dorischen Form τέτορ' = τέτορα
E. 698 d. i. ἔτη; die Dorer sagten τέτορες, das zunächst aus
τέτϝορες hervorgieng. Bei dorischen Dichtern treffen wir die Form
öfter, vgl. das bei den Numeralibus darüber Gesagte.

Auch ὄρχαμος für ἄρχαμος gehört hieher. ὄρχαμε λαῶν fr.
6 (ein Fragment des Aigimios) und 'Ἐπειῶν ὄρχαμος ἀνδρῶν fr.
126 (Eöenfragment) in dorisch-äolischer Weise, vgl. Ahrens de dial.
Aeol. 76. Dor. 120.

4. υ für α: ἄμυδις Th. 689 A. 345.   Dieses äolische Adverb.
erscheint häufig bei Homer.

υ steht für o zunächst in ἐπασσυτέρας Th. 716; dass diese
Stellvertretung äolisch sei, berichten die Alten, so Schol. A zu Il. A
383, Αἰολικόν ἐστιν· ἄσσον ἀσσότερος· ἀσσύτερος ὡς ὄνομα ὄνυμα.
Vgl. auch Curtius Erläut.[2] 75.

Hieher gehört ferner ἐπισμυγερή A. 264, (attisch μογερός)
gleichfalls äolisch: Anal. Ox. I. 64. 4 καὶ παρὰ τοῖς Αἰολεῦσιν
εὑρίσκομεν τὸ μόγις μύγις.

Aus dem äolisch-dorischen Gebrauche (vgl. Ahrens de dial. Dor.
123. 518 und Curtius Grdz.[4] 705) erscheint ὄνυμα in den Zusammensetzungen πατέρος γε δυςωνύμου Th. 171 Κύκλωπες δ' ὄνομ'
ἦσαν ἐπώνυμον Th. 144 τῷ μὲν ἐπώνυμον ἦν Th. 282 'Αστερίην
εὐώνυμον Th. 409 πολυώνυμον ὕδωρ Th. 785 und in der wegen
des älteren Stammes ὄνομαν (vgl. ὀνομαίνω) interessanten synko-
pirten Form νώνυμνοι (aus νωνυμανοι) E. 154, vgl. Curtius Grdz.[4]
322. Das äol. υ drang dann in den Compositis in das Gemeingriechische ein.

An dieser Stelle seien auch die Wörter erwähnt, die ursprünglich digammirt im Anlaute ein α oder ε zeigen, welches, wie Curtius
überzeugend erwiesen hat Grdz.[4] 569, dem Digamma vorgeschlagen
war. Es sind bei Hesiod: mit α ἄεθλον von der W. ϝεθ, Curt.
Grdz.[4] 249 in den Formen ἄεθλον Th. 437 A. 311 ἀέθλῳ A. 395
ἄεθλα E. 654. αὐλαξ aus ἀϝλαξ W. ϝελκ Grdz.[4] 136 in den Formen
ἐν αὐλακι E. 439 ἰθεῖαν αὐλακ' ἐλαύνοι E. 443.   Dagegen zählen
wir nicht hieher ἀείρω, das an vier Stellen vorkommt, da dies Verb
auf einen St. cϝαcϝαρ zurückgeht, vgl. Brugman, über die ge-
brochene Redupl. in Curt. Stud. VII 345; gleichfalls nicht hieher
zu zählen ist ἀνάελπτα Th. 660, das Curtius Grdz.[4] 566 in ἀν—
ἀελπτα zerlegt, während hier ἀνά in negativer Bedeutung zu fassen
ist.   Mit vorgeschlagenem ε finden wir: ἐέλδωρ A. 36 ἐέλδεται
E. 381 von der W. ϝελδ Curt. Grdz.[4] 539; ἔεργε Th. 751 ἔεργ'
E. 335 ἐέργων E. 480 von der W. ϝεργ Grdz.[4] 180 skt. varg, und
ἐέρςη A. 395 ἐέρςην Th. 83, dessen urspr. Digamma das skt.
varshas (Regen) bezeugt, vgl. Curt. Grdz.[4] 347; eben solches vor-
geschlagene ε steckt auch in εὔκηλος E. 671, das aus ἐϝέκηλος

entstand. Ob nach falscher Analogie, wie ἐέϲχατοϲ ἐνέεικαν bei
Homer, ἔειϲ Th. 145 (= εἶϲ) gebildet ward, muss dahingestellt
bleiben; vgl. die Ordinalzahlwörter.

II. Lange Vocale.

1. ᾱ. Was die Stellung dieses Vocals in der Declination der
α-Stämme betrifft, so ist das Nöthige in dem später folgenden be-
züglichen Capitel auseinandergesetzt. Das lange α in ἀήρ E. 549 findet seine Erklärung in dem
urspr. Anlaute ἀϜ; auffällig bleibt es aber immerhin, dass alle
andern Formen ionisches η zeigen: ἠέρα Th. 697, E. 125. 223. 255
ἠέρι Th. 9 ebenso in den Compos. ἠερόεντος Th. 653. 659. 736.
807 ἠερόεντι Th. 294. 729 ἠερόεντα Th. 119. 721 ἠεροειδέι Th.
252 ἠεροειδεῖ Th. 757 ἠεροειδέα Th. 873 E. 620. Auch Homer
hat im Nom. ἀήρ ∊ 864 η 143 ι 144. Dasselbe urspr. Digamma
erklärt die Länge in εὐαεῖ E. 599, wo wir übrigens die Variante
εὐαέι in den meisten Codd. vorfinden.

Aus dem ursprünglichen Stamme ἀϲϜορ erklärt sich das lange
α in ἄορ A. 221 Χρυϲάωρ Th. 281 (Lennep) 287 Χρυϲάορι Th. 979
χρυϲάορα E. 771 χρυϲάορον fr. 227. 3; nach Ausfall des ϲ ward aus
αϜ ᾱ, vgl. Brugman, Curt. Stud. IV. 145. An all den genannten
Stellen ausser Th. 281. 287 steht das α in der Arsis; kurz, also ohne
Nachwirkung des Spiranten, ist es in der Thesis Th. 283 A. 457.

Das lange α in ἀμάειν E. 392 erklärt sich aus der ursprünglichen Form ἀμάjειν, von welcher bei den Verbis contractis ausführ-
lich gesprochen werden soll.

Trotz νηυϲί wie der ionische Dativ Plur. stäts lautet (E. 634.
689. 808) finden wir doch in der Zusammensetzung durchweg nur
ναυϲι: Ναυϲίθοον Th. 1016 Ναυϲίνοον Th. 1017 (so stäts bei
Homer); bezüglich der Länge des α in dieser Verbindung vgl. Curtius Erl.[2] 51. Hieher gehört auch Ναυβολίδαο fr. 70. 6. Bergk
Griech. Literaturgesch. I 854 Note 141 sieht bezüglich Homers
sprechend in dieser Erscheinung einen Aeolismus, was Hinrichs de
hom. eloc. vest. aeol. 74 mit Recht zurückwies.

Ständig ist ebenso α in λαόϲ A. 472. 475, das an noch sechs-
zehn anderen Stellen vorkommt; ebenso in den Compositis: λαοϲ-
ϲόος A. 37 λαοϲϲόου A. 3 λαοϲϲόῳ A. 54 Λαομέδεια Th. 257
Ἰόλαος A. 102 und an acht weiteren Stellen.

2. η. Die Stellung dieses Vocales in der A-Declination und
sein Vorkommen in der consonantischen Declination, wo er an die
Stelle eines ursprünglichen εϜ z. B. Νηλῆος fr. 45. 1, ebenso im
Derivatum Νηληιάδαο fr. 138. 2 oder εj z. B. πόληος A. 285 fr.
77. 4. 103 für πολεj-ος tritt, wird an den betreffenden Orten berührt werden; sonst ist nur Weniges zu bemerken.

A. 378 lautet die gewöhnliche Leseart εἵως πεδίονδ᾽ ἀφί-
κωνται; die Codd. FμVCH u. a. haben ἕως, das aber metrisch un-

zulässig ist. Die Form εἴωc jedoch ist durch Misverständnis in die
alten Texte gekommen, es ist vielmehr ἦοc aus ꞩkrt. jàvat hervorgegangen, zu schreiben, vgl. Curtius Grdz.[4] 392, Brugman Stud. IV.
152. 24; ἔωｒ ergab sich aus ἦοc durch Umspringeu der Quantität.
Die Dehnung des ε in ἐύc zu η finden wir in ἠύν Th. 817
und im Compositum ἠύκομοc Th. 625. 634 ἠυκόμοιο Th. 241 E.
165 ἠυκόμου A. 216 ἠυκόμουc Th. 267; sie ist nur aus dem Be-
streben der griech. Sprache, kurze Silben in der Nähe anderer
Kürzen zu längen, zu erklären; vgl. Curtius Erl.[2] 115.

Denselben Grund für das Vorhandensein des η finden wir in
ἠμαθόεντοc A. 360, zu dem sich der Eigenname 'Ημαθίωνα zuge-
sellt, ebenso bei ἠγάθεοc in den Verbindungen Πυθοῖ ἐν ἠγαθέῃ
Th. 499 und Πυθὼ ἐc ἠγαθέην fr. 125. 5. Dieselbe Erscheinung
tritt auch in den Compositis und Ableitungen von ἀνήρ hervor:
ἀγήνωρ Th. 641 ἀγήνορα Th. 237 ἀνήνορα E. 751 ἠνορέη Th.
516. 619 ῥηξήνορα Th. 1007 ὑπερήνωρ Th. 995 φθιcήνορα
Th. 431.

Schliesslich müssen wir einen Fall anführen, wo η zurückzuweisen ist. Koechly-Kinkel schreiben nämlich Th. 405 κυcαμένη
δ' ἤπειτα (cod. M. δ' ἦεπειτα) und Th. 562 ἐκ τούτου δ' ἤπειτα;
die Form ἤπειτα ist unzulässig, da ἔπειτα aus ἐπί und εἶτα entstand. Es ist vielmehr in beiden Fällen δὴ ἔπειτα mit Synizese zu
lesen, wie E. 292, wo Koechly selbst ῥηιδίη δὴ ἔπειτα geschrieben
hat; übrigens weist die Lesart des cod. M in Th. 405 von selbst
darauf hin.

3. i. Dies findet sich auffälliger Weise in Substantiven auf
ιη : ἀνίην Th. 611 ἀεργίη E. 211 ἀνολβίη E. 319 'Ιcτίην Th. 454
(wie Hom. ξ 159 ἱcτίη) wie öfter bei Homer, vgl. Hartel Hom. Stud.
III 40. Die Länge erklärt sich dadurch, dass sich hinter dem ι
ein j entwickelte, wie wir das in den kyprischen Inschriften finden
z. B. ἀνοcija auf der Bronzeplatte von Idalion Z. 29 vgl. Deecke-
Siegismund in Curt. Stud. VII. 240 unter No. III. Aus ij entstand
ιι, das sich zu langem ι contrahirte; vgl. Hartel Hom. Stud. a. a. O.

Auf dieselbe Weise findet das lange ι in ἱερόν E. 339. 466.
597. 770. 805. 819 A. 99 ἱερά Th. 417 fr. 206. 3 seine Erklärung, doch erhielt es sich nur unter dem Schutze der Arsis lang;
an den übrigen Stellen ist das ι dieses Adjectivs kurz, vgl. meine
Hesiod. Unters. p. 31. Die kyprischen Inschriften bieten auch hiefür
ein Beispiel ijεpέοc Sepulcralinschr. VIII bei Deecke-Siegismund.

Das lange ι in ἱέμεν E. 596 cυνιέμεν Th. 831 ἱέμενοι A. 23.
196. 304 (zweimal) ἱέμεναι A. 231 ἱεμένων A. 65. 169 erklärt
sich aus der ursprünglichen Gestalt des Präsensstammes jιje, vgl.
Curtius Verb. I 153.

Dagegen geht die Länge des ι in διιπετέοc ποταμοῖο fr. 85,
die sich oft bei Homer findet, auf einen ursprünglichen Diphthongen

zurück; wir finden nämlich im C. I. 169 Διειτρέφης, das auch sonst auf Inschriften begegnet, vgl. Wecklein Curae epigr. 39; ebenso lesen wir ΔιϜείθεμις auf der idalischen Bronzeplatte Z. 21. Auch Ἴρηξ E. 203. 212 weist langes ι auf, während die Form ἱέραξ denselben Vocal kurz hat. Gewöhnlich pflegt man jenes mit ἱερός in Parallele zu bringen und wie ἱερός im ion. Dialekt durch Contraction zu ἱρός geworden, so sei es mit Ἴρηξ. Doch mit Recht bemerkt Brugman „über die gebroch. Reduplication" in Curt. Stud. VII. 349, dass kein genügender Grund vorhanden sei, hier eine solche Volksetymologie zu statuiren; er vermuthet vielmehr die Ableitung aus ϜίρϜηξ, wodurch sich jene Länge des ι von selbst erklärt; aus ϝϜ ward zunächst ϝϝ und für den Ausfall des einen ϝ trat Ersatzdehnung ein, vgl. Brugman de prod. suppl. Stud. IV 117.

4. ῡ. Dieser Vocal erscheint in bekannter äolischer Weise für ω (vgl. Hinrichs a. a. O. 79) im Adiectiv ἀμύμων, das zu μῶμος gehört, vgl. Herod. περὶ παθ. II 370 οἱ δὲ παρὰ τὸ μῶμος κατὰ στέρησιν ἄμωμος ἀμύμων παρασύνθετον· τὸ δὲ ω εἰς υ ὡς τὸ χελώνη χελύνη παρὰ Σαπφοῖ. Das ω lesen wir im Adjectiv ἄμωμος Th. 259 ἀμώμητος A. 102 ἐπιμωμητή E. 13. Dagegen ἀμύμων: Κόττος ἀμύμων Th. 654 Κύκνος ἀμύμων A. 65 Νηρῆος ἀμύμονος Th. 263 ἀμύμονος Ἀλκείδαο A. 142 Λατῖνον ἀμύμονα Th. 1014 ἀμύμονα ἔργα ἰδυῖαι A. 264 (so ist zu lesen statt ἔργ' εἰδυῖαι, siehe Digamma). An allen Stellen mit Ausnahme einer findet sich also ἀμύμων als Beiwort eines Heroen, wie bei Homer. Mit Recht vermuthet Hinrichs 81, dass diese formelhaften Verbindungen aus der alten äolischen Poesie, aus welcher die Aeolismen Homers herzuleiten sind (vgl. Hinrichs 153 sqq.) in die homerischen Gedichte herübergenommen wurden. Das homerische Vorbild war auch für die hesiod. Gedichte massgebend.

5. ω. Durch ursprünglich vorhandeno Spiranten erklärt sich das ω in ὀλώιον Th. 591, das aus ὀλοϜιος hervorgieng, πατρώιον E. 376, dem der in Compositis erhaltene St. πατρο zu Grunde liegt; das ι des Bildungssuffixes ιο spaltete sich in zwei ιι, dessen erstes in Jod übergieng, es ist also an eine urspr. Form πατροϳιος zu denken, woraus πατρώιος hervorgieng, vgl. G. Meyer Kuhn's Zeitschr. XXII. 495; ἠῷος E. 548 A. 396 geht auf ἠόσιος zurück. Das ω in πλωίζεσκεν E. 633 erklärt sich aus dem St. πλοϜ (ion. Präs. πλώω).

Der Name des Weingottes erscheint bei Hesiod nur mit ω: Διώνυσος Th. 947 A. 400 fr. 94. 1 Διώνυσον Th. 941. Diese Namensform ist die ständig böotische, sie findet sich auf den böot. Inschr. C. I. 1579. 1580 u. s., vgl. Ahrens de dial. Boeot. 201. Sie gieng offenbar aus ΔιϜονυσος hervor. Brugman de graec. ling. prod. suppl. Stud. IV. 96. Warum Hesiod gerade nur diese Form kennt, liegt nahe.

Noch eines ω müssen wir gedenken, nämlich dessen, daſ sich

in Compositis von ὄνυμα findet, die oben bereits aufgezählt worden sind, z. B. εὐώνυμον Th. 409. Dies ω ward mitunter, so von Th. Ahrens de Aeolismo hom. Halle 1865 p. 24 für äolisch erklärt, entsprechend der ionischen Form οὔνομα. Mit Recht hat aber Hinrichs a. a. O. 85 diese Meinung zurückgewiesen. Es ist vielmehr eine der bekannten Dehnungen des kurzen Vocals, die auf euphonische Gründe zurückzuführen sind, vgl. Curtius Erl.[2] 115,·von denen wir schon oben sprachen. Dieselbe Erscheinung haben wir in γαμψώνυχες A. 405.

III. Diphthonge.

1. αι. Dies ist für jüngeres α erhalten in αἰεί (urspr. αἰϝεί so z. B. C. I. 1, Idal. Bronzepl. Z. 31), das durch die Mittelstufe ἀϳεί zu ἀεί, ward; es findet sich Th. 117. 128. 388. 406. 562. 752. E. 114. 413. 503 fr. 176. 4 im Compos. αἰειγενετάων Th. 548. 893. 993 αἰειγενέτῃσι fr. 168. 3 ferner in αἰέν Th. 21. 33. 31. 105. 801 E. 298. 718 fr. 173. 2 αἰεναόντων E. 550, dagegen ἀενάου E. 595, nach cod. B u. a. αἰενάου.

αἰετός aus urspr. αἰϝετός ward ebenso wie αἰεί zu ἀεί zu ἀετός. Jenes lesen wir im Nomin. fr. 16. 4 αἰετόν Th. 523.

Hieher gehören weiter die alten Formen παραί, das in παραιβακίας Th. 220 und παραιφάμενοι Th. 90 enthalten ist, dann ὑπαί in A. 71 λάμπεν ὑπαὶ δεινοῖο θεοῦ τευχέων τε καὶ αὐτοῦ und als Variante in A. 278, während MSμVCa ὑπὸ λιγυρῶν cυρίγγων haben. Offenbar nahmen die Schreiber der übrigen Hdschr. an der Längung ὑπό Anstoss und griffen zu der anderen Form; vgl. bezüglich dieser Längung Hartel Hom. Stud. I[2] 35 sqq. und meine Hesiod. Unters. 10 sqq. Mit Recht behielten Goettling und Koechly-Kinkel ὑπό bei, während Schoemann und Flach ὑπαί aufnahmen.

Die Verba καίω und κλαίω (in anderen Dial. κάω und κλάω) aus καϝίω und κλαϝίω hervorgegangen sind bei Hesiod die ständigen Formen: καίειν E. 337 καίους' Th. 557 καιομένη Th. 694 καίετο Th. 828. 861 κλαίουca E. 222.

Das Verschwinden des Diphthongs αι aus ἕταρον E. 716, während wir E. 183. 707 ἑταῖρος lesen, erklärt sich aus der Verschiedenheit der Bildung. Vom St. cϝετα (eleisch ϝέτας, vgl. Curt. Stud. VI. 246) sind beide abgeleitet, das letztere entstand aus ἑτάριος, jenes aus ἕτα-ρος.

αι für späteres ει, wahrscheinlich aus dem Pronominalst. sva hervorgegangen (oskisch svai lat. si) erhielt sich in der Verbindung αἴ κε Th. 164 E. 209. 268. 350.

An dieser Stelle sei auch der bekannte prosodisch scheinbar anstössige Vers Th. 15 ἠδὲ Ποcειδάωνα γαιήοχον ἐννοcίγαιον besprochen; γαιήοχον haben alle Hdschr. bis auf M von 3. Hand, die γεήοχον schrieb, um die Correption des αι unnöthig zu machen. Goettling suchte · in der ersten Ausg. dadurch zu helfen, dass er

Ποσειδάω γαιήοχον schrieb, in der zweiten Ausg. hielt er sich an jene Lesart des Med. Doch gewinnt auch diese singulär dastehende Form durck Boeckh's Bemerkung, γεήοχος sei bei Pindar Olymp. XIII. 78 (Christ v. 82 Γαιαόχῳ) beglaubigt, not. crit. 424, einigen Halt, so ist die Sache doch sehr zweifelhaft, da ja die hesiod. Hdschr. selbst fast alle αι haben. Es ist vielmehr an der Ueberlieferung festzuhalten; in γαιήοχος ist hier nämlich ein Uebergang des ι in j zu statuiren, so dass die Silbe thatsächlich kurz wird. Auf dieselbe Weise lassen sich einzig die Correptionen der diphthongischen Ausgänge αι οι ει vor vocalischem Anlaute erklären, wie Hartel in den Homer. Stud. II so schön gezeigt hat. An Parallelen für die genannte Erscheinung im Inlaut fehlt es nicht, vgl. Hartel Homer. Stud. III 7 sqq., z. B. Hom. υ 379 ἔμπαιον οὐδὲ βίης (im Versanfange). Goettling, der Π 235 und Κ 243 (χαμαιεῦναι und χαμαιευνάδες) citirt, glaubte, nur „in commissura" sei die Correption möglich, was schon jenes eine Beispiel, das wir statt mehrerer anführten (siehe Hartel a. a. O.), widerlegt.

2. ει. Es erscheint abgesehen von den Fällen, die bei der Formenlehre erledigt werden müssen, in

εἰν Th. 290. 304 E. 364. 407 zunächst aus εἰνί entstanden, das selbst wieder durch sogen. Epenthese des ι aus ἐνί geworden ist.

εἵνεκα: Th. 516 εἵνεκ' ἀτασθαλίης fr. 41 εἵνεκα μαχλοσύνης; daneben ἔνεκα Th. 983 E. 164. 166 A. 82 fr. 82. 2. Die lesbische Form ἔννεκα weist offenbar auf einen Consonanten, der sich zu ν assimilirte; für den Ausfall des einen ν trat dann die Ersatzdehnung ein.

εἰρύμεναι E. 818. Dieser Infinitiv zeigt auffälliger Weise wie die augmentirten Formen z. B. εἴρυσαν Hom. Θ 226 aus ἐϝέρυσαν den Diphthongen. Dieser ist wol mit Curtius Verb. I 125. 123 aus prothetischem ε vor dem Digamma im Anlaute zu erklären.

Die Formen ἐνεῖκαι Th. 784 und ἐνείκη E. 563 (während der St. ἐνεγκ lautet), die von Choiroboskos böotisch genannt wurden, vgl. Ahrens de dial. Aeol. 174, während dieser mit Recht dafür hält, sie seien ionisch, erklärt J. Schmidt zur Geschichte des indog. Vocal.I 123 so, dass er, gestützt auf das inschriftl. ΕΠΑΝΕΝΗΕΙΓΚΤΑΙ (Boeckh, Urk. über das Seewesen des att. Staates I a. 7), meint, es sei aus ἐνεγκ unter der Einwirkung des Nasals zunächst ἐνειγκ und dann ἐνεικ entstanden.

μειδέων Th. 200, so cod. a, ausserdem bezeugen es Schol. Ven. zu Jl. Γ 424 u. der Gramm. bei Cramer anecd. Par. IV 193. Während wir Th. 180 die ionische Form des Wortes μήδεα lesen, begegnet uns hier wolbezeugt ein echter Böotismus: die Böoter nämlich liessen für η den Diphthongen ει da überall eintreten, wo die Dorer η stehen liessen, vgl. die Zeugnisse der Gramm. bei Ahrens de dial. Boeot. 182 sq., siehe auch Bergk Literaturg. I 1021 Note 127.

μεῖς E. 537 repräsentirt den rein ionischen Nominativ vom St.

μενc (meus-is); aus μέvc-c (mit Nominativsuffix) ward μέvc und
hieraus durch Ausfall des v und Ersatzdehnung μείc, vgl. auch
Meister de dial. Heracl. Ital. Curt. Stud. IV. 384.
Ἐεῖνος Ε. 183 fr. 45. 3 Ἐεῖνον Ε. 327 Ἐείνοιcι Ε. 225 Ἐεινο-
δόκῳ Ε. 183 ἄξεινον Ε. 715 πολυξείνου Ε. 722 πολύξεινον Ε.
715. Die Form Ἐεῖνος weist auf das urspr. Ἐένϝος ἄol. Ἐέννος hin
(dor. Ἐῆνος); πρόξενϝος a. B. steht auf dem Grabmale des Mene-
krates, Bergmann, griech. Inschr. von Korkyra Herm. II. Vgl. Brugman Stud. IV. 97. Eben denselben Diphthongen als Ersatzdehnung
für ein ausgefallenes ρ, das aus irgend welchem Consonanten (wahrscheinlich ϝ, Brugman a. a. O. 118) entstanden ist, weist πείρατα u.
Deriv. auf; jenes Ε. 168 πείρατ' Th. 738. 809 πείραcιν Th. 335. 447
(zweimal) 482. 518. 622 ἀπείρων Th. 678 A. 742 ἀπείρονα Th. 187
Ε. 160. 487 ἀπείριτος Th. 109 A. 204 ἀπείριτον Th. 878 ἀπειρέ-
cιον fr. 41. 3 ἀπειρέcιοι fr. 58. 4. Alle diese Wörter zeigen die
ion. Form, dorisch steht η, ἄπηρος Ahrens de dial. Dor. 159, lesbisch
ἄπερρος, das auf ἄπερϝος weist.

Auf Ersatzdehnung für eine ausgefallene Liquida ist auch
φαεινοῦ A. 122 φαεινῷ A. 142 φαεινοί A. 225 φαείνει Th. 372
Ε. 528 zurückzuführen, indem aus der Grundform φαεcνόc (resp.
verbalisch φαέcνω) zunächst das assimilirte φαεννόc sich bildete,
das der ἄol. Dialekt aufweist, und dann für den Ausfall eines der
beiden v Ersatzdehnung eintrat, welche letztere Form dem ionischen
Dialekt zugehört.

Neben den gewöhnlichen Formen χάλκεος (Th. 722 und noch
11 Mal) und χρύcεος (Th. 12 und 17 Mal) lesen wir χάλκειον Ε.
144. 493 χάλκειοι A. 213 χαλκείας Th. 733, dann χρύcειος A. 313.
125 χρύcειοι A. 226 χρυcείους Ε. 74 χρυcείη A. 203 χρύcειαι A.
271 χρύcειον Th. 283 χρύcεια A. 183. Dagegen ist A. 199 nicht
wie Goettling will χρυcείην, sondern ἐν χερcὶ χρυcέην τε τρυφάλειαν
mit Synizese von εη zu lesen, da υ in χρύcεος stäts lang ist; es
wird dann freilich der unschöne Vers in der Mitte in zwei Hülften
zerschnitten, aber ein metrischer Fehler ist uns doch lieber als ein
prosodischer. Der Diphthong ει in den genannten Adjectiven erklärt sich aus der Bildung mit dem Suffix ιο, also χρυcε-ιο-c (skt.-
cjas); diese Bildung liebt die Jas, die Dorer liessen diese Adjective
auf ιος auslauten, gemeingriechisch ist εος, vgl. Curtius, Grdz.⁴ 594.
Zu der erwähnten Gruppe gehört auch 'Ρείη Th. 453 'Ρείαν Th.
135 neben 'Ρέην Th. 467.

Die Eigennamen Κρείοντα A. 83 und Κρείουcα fr. 70. 6, die
eigentlich Participia eines Verbum purum sind, haben das den Verb.
contractis ursprünglich eigenthümliche j (aus skrt. ajâmi, vgl. die
Erörterungen über diese Verba) zu ι vocalisirt, wie z. B. hesiodisches
οἰκείων Th. 330, vgl. Curtius Verb. I. 344.

Dagegen ist in den Formen πνείοντες A. 24 ἀποπνείουcα Th.
324 ἐπιπνείουcα Th. 872 ῥείοντι fr. 237 χείουcιν Th. 83, die sich

neben den gewöhnlichen auf εω vorfinden, offenbar aus πνεϜ-ιω u. s. w.
zu erklären, indem hier eine Bildung nach der I-Classe zu statuiren
ist. ῥείω kennt Homer noch nicht; vgl. Curt. Verb. I 299.
Noch unklar ist die Entstehung des Diphthongen ει in εἰαρινόc
Th. 279 E. 678. 682 εἰαρινοῖcι E. 75; die Form entstand wahrscheinlich aus Ϝεcαρινόc.
3. οι. Diesen Diphthong finden wir in πνοιῇcι Th. 268 und
πνοιάc Th. 253 neben gemeingriech. πνοή, indem jene Formen aus
πνοϜ-ιη entstanden sind mit dem weiblichen Suffix ια resp. ιη; vgl.
Curt. Grdz.[4] 564.
Derselben Bildung verdankt das οι seinen Ursprung in ποίη
Th. 194 ποίηc Th. 576, dann dem abgeleiteten ποιήεccα A. 381
ποιήεντα fr. 163. 7 neben attischem πόα.
Nicht leicht zu entscheiden ist die Frage, wie der Diphthong
in ἠγνοίηcε Th. 551 (so auch schon Hom. A 537 B 807 N 28 ε 78
dann ἀγνοιήcαc' υ 15, ἀγνοιῇcι ω 218) zu erklären ist. Am an-
nehmbarsten ist Hartels Vermuthung, Hom. Stud. III. 28. Darnach
ist οι eigentlich gar nicht legitim, sondern es wäre darin eine
ursprüngliche Länge des O-Lautes versteckt, die auf ein in diesem
Stamme vorfindliches Digamma zurückzuführen wäre, das inschriftlich im Eigennamen ΠολυνόϜαc (Wachsmuth Rhein. Mus. XVIII
578) erscheint und nach Curtius' Ansicht Grdz.[4] 178 auch in einem
dem Verbum ἀγνοέω und dem Substant. ἄγνοια zu Grunde zu legen-
den Adjectivstamm γνοϜο zu Tage treten müsste. Das οι konnte
dann irrthümlich wegen Anklingens an ἄνοια für die Länge des o
eingetreten sein.
An dieser Stelle müssen wir auch der Form ὁμοῖιοc E. 182
(neben ὁμοῖοc Th. 27 E. 144 fr. 13. 1. 78. 2) gedenken. Aus dem
ι in ὁμοῖοc entwickelte sich nämlich ιj (vgl. das erwähnte ἀνοcιja =
ἀνοcία Idal. Bronzepl. 29), woraus ιι ward, so dass, wie Curtius
Stud. II 187 meint, damit nur eine rein phonetische Variante zu
ὁμοῖοc geschaffen ward; vgl. auch Hartel Hom. Stud. III 40. Diese
Form findet sich bekanntlich nebst der parallelen γελοῖιοc öfter bei
Homer (ὁμοῖιον z. B. Δ 315. 444. γ 236 und im Hom. Hymn. IV
244 γελοῖιον Β 215).
Anders ist die Sache in ποδοῖιν A. 158; zu Grunde liegt hier
die ältere Form des Genetivsuffixes `des Duals, skrt. bhjàm gr. φιν,
φ fiel aus und es drang wie im Dativ Plur. ein Guna-i ein.
Die Formen ὄιεc E. 234 ὀίων Th. 446 und ὄιc (Accus. Plur.)
E. 775 weisen auf die Urform ὄϜιc ganz klar, so dass von dem
später durch Contraction gewordenen Diphthong οι hier keine
Spur ist.
4. ου. In einer Reihe von Worten lässt sich die Entstehung
dieses Diphthongen auf die Ersatzdehnung in Folge Ausfalles einer
Liquida zurückführen. Es sind dies die ionischen Formen: zunächst
γούνατα E. 587. 608 γοῦναθ' Th. 460 γουνοπαχήc A. 266, deren

ou allerdings auch durch Epenthese des υ aus γονυατα entstanden sein könnte, doch ist nach Analogie von δουρί A. 362 δουρικλειτῷ fr. 113. 1 δούρατι A. 462 δοῦρα E. 807 δούρατ' E. 546, das offenbar aus einem der -dorischen Form δώρατα (vgl. Δωρίc u. Δωρίμαχος in der therßischen Inschr. C. I. 2458) entsprechenden lesbischen δόρρατα hervorgegangen ist (vgl. Brugman de gr. l. prod. suppl. Stud. IV. 97. 117) derselbe Vorgang auch bei γούνατα anzunehmen, das also auch aus einem ßol. γοννατα entsprang, indem die eine Liquida ausfiel und Ersatzdehnung eintrat. Dasselbe geschah bei κούρη Th. 908 fr. 5. 1. 19. 2. 29. 2 Κούρη Th. 979 κούρης Th. 242 κούρην Th. 13. 507. 895. 948. 959. 992 fr. 29· 1. 146. 147. 1. κοῦραι Th. 25. 29. 81. 269. 1022 fr. 222. 5. κοῦρας Th. 60 κοῦρος fr. 120 κουρότερος E. 447 κουροτρόφος Th. 452 E. 228 κουροτρόφον Th. 450; urspr. war κόρϝη, das Digamma ist bezeugt in der von Oikonomides edirten arkadischen Inschr. 1. 1. p. 129 ἔθυςε τῷ Κ · PϝΑΙ (Κόρϝᾳ mit ergänztem o); daraus entstand zunächst κορρη und dann κούρη im ion. Dial. (dorisch Κώρα C. I. 2567, bei Theokrit häufig κώρα und κῶρος, vgl. Ahrens de dial. Dor. 161). Vgl. Brugman de prod. suppl. Stud. IV. 117.

Ebenso erklärt sich der Diphthong in μοῦνος Th. 143 fr. 92. 3 μοῦνον E. 11. μούνη E. 96 μουνογενής Th. 426. 448 E. 376 (vgl dor. μῶνος z. B. Kallimach. Hymn. auf Dem. 8. 94). Auch hier ist zunächst eine Form μόννος zu substituiren, der**en** Doppel ν freilich bis jetzt unbekannten Ursprungs ist, Brugman a. a. O. 100.

Endlich gehört auch οὐλόμενον Th. 225 οὐλομένης Th. 593 οὐλομένην E. 717 in dieselbe Gruppe. Nach Curtius' überzeugender Darstellung Stud. V. 218 haben wir in diesem Worte ein Partic. Praes. Med. zum Stamme ὀλ (ὄλλυμι), aus ὀλλόμενος entstanden, welches das Part. zum Med. ὀλνύομαι ist, das zu ὄλνομαι und ὄλλομαι ward, die Form mit Diphthong entstand wie βούλομαι aus βολλομαι (ßol. βόλλα = βουλή kret. βώλομαι), vgl. auch Curtius Verb. I 245. 246.

Den Diphthongen ου finden wir weiter in νούςου A. 43 νοῦςον Th. 527. 799 νοῦςοι E. 102 νούςων E. 92 (attisch νόςος); woher er in dieses Wort gelangt ist, ist bis jetzt unermittelt.

Die Formen Οὐλύμποιο Th. 633. 855 A. 30 Οὐλύμπου fr. 49. 2 Οὐλύμπῳ Th. 953 Οὔλυμπον A. 471 Οὐλυμπόνδε Th. 379 lesen wir neben Ὄλυμπος, das Th. 47 und noch zwanzig Mal, Ὀλύμπιος, das Th. 75 und vierzehn Mal, Ὀλύμπιάδες, das Th. 25 und noch vier Mal bei Hesiod vorkommt. Die Erklärung des Diphthongen muss sich darauf beschränken anzunehmen, dass das υ der Stammsilbe ßol. λυμπ == λαμπ zu dem prothetischen o durch Epenthese hinzugekommen ist.

οὔρεος Th. 860. 865 E. 510 οὔρεα Th. 130. 835 Οὔρεα Th. 129 οὔρεσιν Th. 1001 E. 232 οὔρειαι fr. 28. 1 dann der Eigenname Οὔρειον A. 186 neben ὄρεος A. 374. 386 und ὄρει Th. 484

verdanken ihr ου der Abstammung aus ϝϝοροc (slaw. gora hora);
nach Abfall des ϝ gieng aus ϝο durch progressive Ersatzdehnung,
die bei ο allein Platz greift (vgl. Brugman de prod. suppl. 135)
οὖροc hervor (vgl. dor. ὦροc), wenn nicht vielleicht aus ϝϝοροc zunächst ϝοϝροc ward und hieraus durch Vocalisirung des ϝ οὖροc.
In πουλύν Th. 190 πουλυβοτείρη E. 157. 252. 510 πουλυ-
βότειραν Th. 531 Πουλυνόμη Th. 258 ist das ου offenbar durch
Epenthese des im Auslaute stehenden υ entstanden, vgl. Curtius
Grdz.⁴ 670.

IV. Zusammentreffen contractionsfähiger Vocale.

Zusammenstossende Vocale, die von Anfang an von einander
getrennt waren, bleiben oft uncontrahirt, wenn sie sich auch zu
einem Diphthongen vereinigen liessen. In sehr vielen Fällen lässt
sich nachweisen, dass sie durch einen Spiranten (ϝ j c) ursprünglich
geschieden wurden. Mit Uebergehung sämmtlicher Fälle, die bei
Gelegenheit des inlautenden Digammas zu erwähnen sind und ebenso
der offenen und contrahirten Formen, in Beziehung zu Declination
und Conjugation stehen und die daher an den betreffenden Stellen
angeführt werden sollen, gestalten sich diese grammatischen Er-
scheinungen folgendermassen bei Hesiod:

1. Nomina und Verba mit offenbleibenden Vocalen, vor deren
Bildungssuffix ein Spirant stand oder zu vermuthen ist: ἀρήϊον A.
66 ἀρηϊφίλῳ Th. 317 St. Ἄρευ βασιλήϊον E. 26 βασιληΐδα Th.
462. 892 St. βασιλεῦ δαΐδων A. 275 (vgl. ἐν δαῖ λυγρῇ Th. 650.
674) δαΐφρων A. 119 E. 654 δαϊζομένου fr. 103 δηϊοτῆτος Th.
852 δηϊοτῆτι Th. 662 Δηΐων fr. 70. 3 insgesammt vom St. δαϝ
(vgl Alkman fr. 79 Bergk πνεῦμα πῦρ τε δάϝιον) ληΐδ' Th. 444
ληΐζετ' E. 702 ληΐccεται (Conjunctiv Aor.) E. 322 von der W. λαϝ
Curtius Grdz.⁴ 265, die auch dem Compar. λώϊον E. 350. 433. 759.
810 zu Grunde liegt, vgl. Brugman de prod. suppl. Stud. IV 153
Λητοΐδης A. 479 Λητοΐδην fr. 49. 3 aus dem St. Λητοϝι woraus Λητώ
hervorgieng, ebenso nach dessen Analogie Δαναΐδης A. 229 νήϊα E. 508
(νήϝια) Νηληϊάδαο fr. 138. 2 St. Νηλευ ὀλώϊον Th. 591 hervorgegangen
aus ὀλοϝιον vgl. Brugman de prod. suppl. Stud. IV 162 Πανοπηΐδος
fr. 113 St. Πανοπευ πατρώϊον E. 376 vom St. πατρο, der in den
Compositis vorkommt; wie oben erwähnt worden, geht es auf πατροϳιος
zurück, woraus πατρώϊος ward; Πληϊάδες E. 615. 619 Πληϊάδων
E. 383 Πληϊάδας E. 572 aus Πλεϝιάδες vgl. Brugman, Stud. IV.
165 πλωΐζεcκον E. 633, zu Grunde liegt der St. πλοϝ; χρηΐζων E.
351. 499 χρηΐζειν E. 367, auch dies Wort hatte höchst wahrscheinlich ein Digamma hinter dem Wurzelvocal, vgl. Brugman 158. Hieran
schliesst sich ἀχρήϊος E. 297, das aus ἀχρεϝέςιος hervorgieng, dann
ἀγλαΐη A. 272 ἀγλαΐαι A. 285 ἀγλαΐαις E. 272 Ἀγλαΐην Th. 909.
945 Ἀχελώϊον Th. 340 θαλαμήϊα E. 807 Καδμηΐδι E. 162 Κερκηΐς

Th. 355 Κρηνηίc Th. 359 (den letztén drei Eigennamen liegen offenbar Stämme auf ευ zu Grunde) λήιον A. 288 πολυλήιος fr. 80. 1 μαντήια fr. 80. 8 οἰκήιον E. 457 ποιμνήιον E. 787 πολεμήια A. 238, die letztgenannten Wörter mit Dehnung des alten α-Ausganges, vgl. G. Meyer Kuhns Zeitschr. XXII. 494. Contrahirt erscheinen nur die Adiect. ἠῷος E. 548 A. 396 aus ἠόcιος ἠώιος (W. ἠος) καλλιπάρῃον Th. 238. 298. 960. 976 καλλιπαρῄουc Th. 270. 907 (παρήιον = lesb. παραύα, aus welchem Diphthong Curtius Grdz.⁴ 405. 389 auf die W. ἀϜ in ἀίω aufmerksam macht, wodurch sich das urspr. Offenbleiben der Vocale erklären würde); ὀρεκψ́οιcι fr. 110. 5.

2. Wörter die im In- oder Anlaut uncontrahirte Vocale zeigen: ἄατος Th. 714, wie ἄαται A. 101 auf ἄϜαμαι auf ἄϜατος zurückzuführen.

ἄεθλον Th. 437 A. 311 ἀέθλψ A. 305 ἀέθλουc Th. 951. 994 ἄεθλα E. 654 ἀεθλεύωcιν Th. 435 vom St. vad, mit vor Digamma vorgeschlagenem α (lat. vadimonium) Curtius Grdz.⁴ 249. Contrahirt dagegen ἆθλος Th. 800 ἆθλ' E. 656.

ἀείδειν E. 662 A. 394 ἄειδον Th. 75 ἀοιδή Th. 60 ἀοιδῆc Th. 48. 917 E. 659 A. 205 ἀοιδῇ Th. 44 A. 282 ἀοιδήν Th. 22. 104 E. 583 fr. 227. 2 ἀοιδῆcι E. 1 ἀοιδόc Th. 99 E. 26 ἀοιδῷ E. 26 ἀοιδόν E. 208 ἀοιδοί Th. 95 fr. 132. 2 fr. 227. 1. Das α ist gleichfalls prothetisch vor einstigem Digamma, Curt. Grdz. 247.

ἀείρας E. 691 fr. 174. 5 ἀεῖραι E. 761 ἀειρόμεναι E. 540 St. ἀcϜερ woraus ἀϜερ ward, Curt. Grdz. 356. Dagegen ἀρέcθαι Th. 628 ἀρθεὶc E. 551 ἄρῃαι E. 632. A. 107 ἀρέcαντο A. 255. Dazu gehört ἀερcιπόται A. 316 ἀερcιπότητος E. 777; ebenso steckt dieselbe Wurzel in offenbleibenden Subst. ἄορ Th. 283 A. 221. 457. χρυcάορα E. 771 χρυcάορον fr. 227. 3 Χρυcάωρ Th. 281. 287 Χρυcάορι Th. 979.

ἀέξει E. 6 ἀέξων A. 96. 434 ἀέξειν Th. 474 ἀέξεται E. 377 ἀέξηται E. 394 ἀέξετο Th. 135. 524. 641 ἀεξομένοιο E. 773, aus St. ἀ-Ϝεξ hervorgegangen mit prothet α, W. vaks Curtius Grdz.⁴ 386.

ἀεcίφρονα E. 315. 335. 646 ἀεcιφροcύνῃcι Th. 502. ἀίδιον A. 310.

'Αμαθαονίδαιc fr. 222. 2.

ἀυτῆc A. 346. 433. 459 ἀύτευν A. 309 W. ἀϜ Curtius Grdz. 390. ἀυτμή Th. 696. 862 hängt mit der W. des vorhergenannten zusammen.

ἔαρ E. 492 (Nom.) 477 (Acc.) ἔαρος E. 569 ἔαρι E. 462 (mit Synizese), aus Ϝεcαρ hervorgegangen.

'Ερμάων fr. 46. 1.

ἐύc aus ἐcύc entstanden bleibt offen im Nom. Masc. Th. 565 E. 50 A. 26 ἐύ Th. 885, ausserdem in den Compositis, wenn auf das υ Doppelconsonanz folgt: ἐϋδμήτοιο fr. 76. 4 ἐϋδμήτων A. 242 ἐϋζώνος fr. 138. 1 ἐϋζώνοιο A. 31 ἐϋκτίμενον A. 81 ἐϋμμελίηc A. 368 ἐϋμμελίην fr. 133 ἐύξοον A. 351 ἐυπλεκέων A. 306 ἐυπλόκαμον fr. 51 Schoemann (bei Goettling fehlt es) ἐυπλόκαμοι fr. 163. 5 ἐυρρείτην Th. 343 ἐυccώτρου A. 273 ἐυcτέφανος Th. 255. 1008 E. 300 fr. 13. 2 ἐυcτεφάνῳ Th. 983 ἐυcτέφανον Th. 196 A. 80 ἐυcφύρου A. 16 ἐυcφύρῳ A. 86 ἐύcφυρον Th. 961 ἐυτροχάλῳ E. 599. 806 ἐύτροχον A. 463. Koechly schreibt auch Th. 723 Πεφρηδώ τ' ἐύπεπλον, doch ist mit Goettling und Schoemann richtig εὔπεπλον zu lesen, ebenso εὔτυκτον A. 136, obzwar cod. F u. a. ἐύτυκτον aufweisen. Hiezu kommt die Nebenform mit gedehntem E-laut ἠύν Th. 817 ἠυκόμοιο Th. 241 E. 165 ἠυκόμουc Th. 267.

ἠέ Th. 864 E. 209. 710 A. 345.

ἠέλιοc ('Héλιοc) an 6 Stellen der Theog. 9 der Erga und einer in den Fragm.; dass zwischen den beiden anlautenden Vocalen ein Consonant ausfiel, beweist die hesych. Glosse ἀβέλιοc · ἥλιοc Κρῆτεc. ἠέρι Th. 9 ἠέρα Th. 697 E. 125. 223. 255, das Compositum ἠεροειδής un 3 Stellen in der Theog. 1 in den Erga, ἠερόειc an 8 Stellen in der Theogonie; gesagt; W. ἀΓ, Nom. ἀήρ E. 549.

ἠίθεον fr. 107; zu Grunde liegt die W. vīdh, Curtius Grdz.[4] 567, das η soll nach Curtius' Ansicht aus prothetischem ε gedehnt sein.

'Ηιόνη Th. 255.

ἠύτε fr. 223. Sehr wahrscheinlich ist die Ableitung Kvicala's, Untersuch. auf dem Gebiete des Pronom. (Wien. Akad. 1870) p. 54 aus ἦ cΓοτε, woraus wie ὕπνοc = cυπνοc aus skt. svapnas ἠcυτε und ἠύτε ward.

ἠώc, 5 Mal in der Theog. 8 Mal in den Erga, ἠῷοι (= ἠócιοc) E. 548 A. 396 vgl. äol. αὔωc, lakon. ἀβώ = πρωΐ.

'Ιαωλκόc A. 380 'Ιαωλκόν A. 474, dagegen ἐc 'Ιωλκόν Th. 997. Κάικοc Th. 343. ·

.ΚήυΞ A. 472 Κήυκα A. 354. 476 aus ΚάϜαΞ hervorgegangen, Brugman de prod. suppl. Stud. IV 152.

κλέοc Th. 530 A. 107 St. κλεϜεc, so auch 'Ηρακλέηc Th. 318. 527, βίη 'Ηρακληείη an 5 St. der Theog. 6 der Aspis. Κλέεια fr. 13. 2 aus ΚλεϜεcια Κλεοδαίου fr. 9. (Sonstiges siehe bei der Declin.)

λόεcθαι E. 749 λοεccαμένη E. 522 λοεccάμεναι Th. 5, St. λοϜ. Λυκάονοc fr. 136. 1.

ὀάρουc Th. 205 ὀαριcμούc E. 789 von der W. Ϝερ sagen, vgl. Curtius Grdz.[4] 346; über das anlautende o sind die Meinungen getheilt, siehe Curt. a. a. O. Bugge Stud. IV 337.

ὄιεc E. 234 ὀίων Th. 446 ὄιc (Accus.) E. 775, St. ὄϜ. ὀιcτοί A. 130.

οὔατα E. 546 οὔαcιν Th. 701. 777, urspr. οὔcατα, Curt. Grdz.[4] 405.

πάιc Th. 178. 565. 746 E. 50. 376 A. 26, urspr. πάϜιc altlatein. pover.

Ποceιδάων E. 687 fr. 44. 2. 76. 4 Ποceιδάωνα Th. 15; dagegen Ποceιδῶν Tȟ. 732, was auffällig ist. Es ist nicht unmöglich, dass an dieser Stelle die ionische uncontrahirte Form Ποceιδέων,
die cod. v wirklich auch überliefert, herzustellen ist, da auch cod.
M und V darauf hinweisen, indem sie die offene Form Ποceιδάων
haben, die freilich metrisch unmöglich ist.

πρηῦνει Th. 254 πρηῦνειν E. 797; das zu Grunde liegende
πραῦc (neben πρᾷοc) gieng aus πραj-υ-c hervor, Curtius Grdz.⁴ 284.

προῖϜέιc A. 154.

πρωῖ E. 461 aus πραϜο-ι entstanden, das ein Locativ von
πραϜοc skt. pûrvas ist; Brugman de prod. suppl. Stud. IV. 154.

ῥέεθρα Th. 695 E. 738 καλλιρέεθρον Th. 339, aus ῥεϜεθρον.

ῥηιδίωc Th. 90. 442 E. 43. 215. 288 ῥηῒδιον E. 453. 454
ῥηιδίη E. 292.

caώcει fr. 139. 1 Σαώ Th. 243; die W. ist noch nicht hin-
reichend aufgeklärt, wahrscheinlich enthielt sie ein Digamma.

τριχάϊκεc fr. 7. 1.

Τυφάονα Th. 306 Τυφαόνιον A. 32.

φάοc, 5 Mal in Theog. 3 Mal in Erga 2 Mal in den Fragm.
aus φάϜοc; daher φαεινοῦ A. 122 φαεινῷ A. 142 φαεινοί A. 225
φαείνει Th. 372 E. 528 Φαέθοντα Th. 987 φαέθων Th. 760 φαε-
ciμβρότου Th. 958.

Χάοc Th. 116. 700, urspr. χάϜ-οc Curt. Grdz.⁴ 196.

χλοερῷ A. 393 von χλόη, das auf χλο-Ϝη zurückgeht, Curtius
Grdz.⁴ 202.

Diärese, d. h. Spaltung eines ursprünglichen Diphthongen er-
leidet nur ὀιΖύοc E. 113. 177 A. 351 ᾽Οιζύν Th. 214 ὀιζυρῇ E.
639 ὀιζυροῖciν E. 195. Diese Wörter sind nämlich abgeleitet von
ὀῖ-ζω einem onomatopoietischen Verbum, das zum St. die Interjection
ὀῖ hat, welche schon den urspr. Diphthongen aufwies, vgl. Renner
de dial. antiq. Gr. poes. eleg. et iamb. Stud. I a 189.

Einige Wörter weisen wie die Verba contracta vocalische
Assimilation auf: θόωκοι fr. 187. 2; die Grundform ist θάϜακοc,
woraus θάϜοκοc θάωκοc θόωκοc geworden ist; hieraus muss die
contrahirte Form θῶκοc entstanden sein, die sich E. 493. 574 vorfindet; weiters φόωcδε Th. 669, das auf φάϜοcδε zurückgeht, woraus
zunächst φαωcδε dann φόωcδε ward; ἐξεφαάνθη Th. 200 aus
ἐξεφαένθη hervorgegangen.

Keine Assimilation dagegen ist in ἄαται A. 101 anzunehmen,
das man verschiedentlich in ἄεται und ἄται zu ändern versuchte.
Vielmehr ist hier höchst wahrscheinlich ein Verbum ohne Themavocal zu statuiren ἄϜαμαι, vgl. Sonne Kuhns Zeitschr. XIII. 418.

Von Contractionen haben wir an dieser Stelle nur noch zwei
zu berühren. Die Präposition πρό verschmilzt mit dem Augmente

in προύθηκε Th. 537 προύκειτο A. 312. Alle übrigen Fälle von offenen und zusammengezogenen Formen werden bei der Betrachtung der Flexionen erörtert werden.

V. Synizese, Krasis und Apokope.

Die Synizese zusammenstossender Vocale innerhalb eines Wortes, von der allein wir hier zu sprechen haben, ist eine bei Hesiod ziemlich häufige Erscheinung. Wir finden sie in der Vocalverbinduug:

εα: im Anlaute ἔαρι E. 461 im Anfang des Hexameters; im Auslaute in der Flexion der A-Declin. θεά Th. 426 θεάν Th. 196 (εἰρέαc Th. 804 wäre möglich hieherzuziehen, doch nimmt man besser den Ausgang αc als kurz an, siehe die A Declin.) χρυcέαc A. 188; consou. Declin. ἀφρογενέα (nach der Conjectur von Reiz für das unmögliche Ἀφρογένειαν, das Goettling aufnahm) Th. 196 ἀψεύδεα Th. 233 Γηρυονέα Th. 982 Ἐπιμηθέα Th. 511 Ἡρακλέα A. 448 (nach Goettlings Lesart in A. 458 auch da) Κυπρογενέα (nach Goettling für Κυπρογένειαν) Th. 199 νείκεα E. 33 πολέαc E. 580 πολυγηθέα Th. 941 Πολυδεύκεα fr. 33 Προμηθέα Th. 510 τεύχεα E. 150 Φιλομμηδέα Th. 200 Ψεύδεα Th. 299 (Variante Ψευδέαc gleichfalls mit Synizese zu lesen); im Pronom. cφέαc Th. 624 A. 326 und im Adverb. ῥέα E. 5.

εαι: βούλεαι E. 647 (cod. V βούλει) ἵξεαι E. 477.

εο: χάλκεον Th. 764 χρύcεον E. 109.

εοι: χάλκεοι E. 150 χρυcέοιcι Th. 12.

εω: Im Genetiv Sing. der A-Declin. ἀβούτεω E. 451 Ἀίδεω Th. 311. 768. 774 Αἴητεω Th. 994 ἀργέcτεω Th. 870 ἐριβρύχεω Th. 832 Κρονίδεω Th. 57 E. 71; Genetiv Plur. der A-Declin.: ἀγορέων E. 30 ἀπαcέων Th. 79. 361 αὐτέων A. 237 βαινουcέων A. 232 εὐοχθέων E. 477 κεφαλέων Th. 828 μελιccέων fr. 44. 5 Νυμφέων Th. 130 οἰνέων E. 572 παcέων Th. 828 πυλέων Th. 741. 774 A. 246; Genet. der O-Declin.: δενδρέων fr. 249 θεῶν Th. 44; Ausgang der sog. attischen Declin.: Βριάρεωc Th. 139. 714 Ὀβριάρεωc Th. 734 Βριάρεων Th. 817. Gonet. Pl. der conson. Decl. ἀγγέων E. 475 θεμιcτέων Th. 235 κηδέων Th. 102 μηδέων Th. 200 τευχέων A. 71; Verbalausgang: ἐρέω E. 202 νοέων E. 286 und im Adverb ἀcτεμφέωc Th. 748.

εω Dativausgang: ἀργυρέῳ E. 144 (die Hdschr. ἀργυρῷ, jene richtige Conjectur von Spohn-Goettling) δενδρέῳ E. 583 κηλέῳ Th. 865 Ὀβριάρεῳ Th. 617 χρυcέῳ E. 129. (ἀργυρέῳ δενδρέῳ und χρυcέῳ verkürzen ausserdem die auslautende Silbe vor folgendem vocalischen Anlaute.

εη: cιδηρέη (Var. cιδήρη) Th. 764 χρυcέηc Th. 975 χρυcέην Th. 822. 962. 1005 E. 65 A. 199 fr. 138. 3.

εη: ἀργαλέη E. 640, die auslautende Silbe auch noch vor vocal. Anlaut verkürzt.

ηε: βαcιλῆεc (BO βαcιλεῖc) E. 263 ἐπηετανόν E. 607.
οω: βοῶν Th. 983; Goettling will die sonst unerhörte Form βῶν.
υω: nur im Eigennamen Ἠλεκτρύωνοc A. 3 Ἠλεκτρύωνα A.
82 Ἠλεκτρυώνηc A. 16. 35 Ἠλεκτρυώνῃ A. 86. Das υ kam hier
dem Spiranten F sehr nahe.

αοι: Th. 48 ἀρχόμεναί θ' ὑμνεῦcι θεαὶ λήγουcαί τ' ἀοιδῆc,
doch ist die hier nothwendige Synizese durch die Lesart λήγουcί τ'
ἀοιδῆc beseitigt, obzwar jene nicht gerade unmöglich wäre, da ja
ψδή aus ἀοιδή hervorgieng.
    Von der Krasis findet sich natürlich noch selten Gebrauch
gemacht; sie ist angewendet 1. beim Artikel in τὠμιcυ E. 558
mit Psilosis; 2. bei der Coniunction καί, was sich bei Homer noch
nirgend vorfindet (Il. Φ 108 ist nicht οἶοc κἀγώ sondern καὶ ἐγώ
zu lesen) u. z. in κεἰc E. 44 nach cod. M, während BTβSQ das unmögliche κ' εἰc aufweisen; κἀκεῖνοc E. 295 (Schäfer καὶ κεῖνοc)
κἄν E. 357 nach ST (O κᾄν), wie auch Tzetzes und Moschopulos
lasen; so Goettling, Steitz, Schoemann, Flach, während Koechly-
Kinkel ὅ γε καὶ μέγα δώῃ nach Hermanns Vorgange schreibt; mit
Aspiration in χώ Th. 284 (= καὶ ὁ). 3. bei οὕνεκα Th. 88. 235.
464 E. 138 fr. 7. 2. 77. 2, οὕνεκ' Th. 144. 197. 534 E. 517. 4.
in τοὔνεκα mit Psilosis Th. 88 τοὔνεκ' E. 49.
    Apokope. Die Anwendung der Apokope ist auf die Partikel
ἄρα und etliche Präpositionen beschränkt.
    Jene Partikel weist aber nur einen Fall auf, der auf Conjectur
gestützt ist, nämlich E. 372 wo die Ueberlieferung πίcτειc ἄρα
ὁμῶc καὶ ἀπιcτίαι ὤλεcαν ἄνδραc bietet, Guiet und Dindorf emen-
dirten ἄρ τοι ὁμῶc, was auch Goettling aufnahm.
    Unter den Präpositionen finden wir apokopirt: 1. ἀνά: ἄνδιχα
E. 13 ἂν δὲ θεοῖcι χεῖραc ἔχον A. 246 ἀνcτρέφεται Th. 763 cod.
Par. C. und einige geringere Hdschr. haben das metrisch unmögliche
ἀναcτρέφεται. Mit Uebergang des ν in μ vor Labialen und μ:
ἄμπαυμα Th. 55 ἄμ πέλαγοc Th. 190 ἄμ φυτά E. 571 (L ἄμφυτα)
ἄμβατοc E. 681 ἄμ μέcον A. 209 (M ἂν μέcον).
    2. κατά : ἐνικάτθεο E. 27 ἐγκάτθεο E. 627 ἐγκάτθετο Th. 487.
890. 899. Mit Uebergang des τ in andere Laute in Folge Assimilation: κάββαλε A. 462 κάββαλ' Th. 189 καββάλετ' A. 130 κὰδ
δύναμιν E. 336 κὰδ δ' ἄρ' ἀπ' οὐρανόθεν A. 384 κὰμ μὲν ἄροτρον
E. 439. Ganz abgefallen ist auch das τ in καυάξαιc E. 666. 693,
das unmittelbar aus καϜάξαιc hervorgieng, und in κακτάμεναι
A. 453.
    3. παρά : πὰρ δ' αὐτῆc Th. 64 πὰρ δ' αὐτοῖc A. 305 πὰρ
δ' Ἀχλύc A. 264 πὰρ Διί E. 259 πὰρ δ' ἴθι E. 493 πὰρ δ' ἰχθύεc
A. 317; das hier, weil πάρ in der Thesis steht, metrisch mögliche
παρά findet sich auch wirklich in einzelnen Hdschr., doch haben
die besten die Apokope. πὰρ Ζηνόc E. 87 (β u. a. haben das
metrisch unmögliche παρὰ Ζηνόc, vor Ζ bleibt bei Hesiod nämlich

nie eine vocalische Kürze ungelängt) πὰρ Ζηνί Th. 388 (πάρ in der
Thesis) ἄλλῃ παρκλίνωςι E. 262, so nach Bβ u. a., da die andern
Hdschr. das unmetrische παρακλίνωςι überliefern.
    4. περί : περίαχε Th. 678 aus περϝίαχε hervorgegangen (siehe
bei Digamma) περοίχεται Th. 733 aus περϝοίχεται, wenn auch
das Digamma an unserer Stelle nicht mehr gefühlt ward. Curtius
stellt οἴχομαι mit Recht zur W. Ϝικ Grdz.[4] 498. Ahrens sah irriger
Weise in den beiden Verben eine Elision wie in πέροδος C. I. 1688
v. 15. 16.*) Doch da die beiden Verba digammirt waren, so haben
wir es mit keiner Elision des ι vor einem Vocale, sondern mit einer
thatsächlichen Apokope vor einem Consonanten zu thun.

Consonantismus.

1. Das Digamma.

Das Digamma ist wie bei Homer, so auch bei unserem Dichter
noch ein lebendiger Laut; unzweifelhafte Beweisstellen liegen in
ziemlicher Zahl vor. Man würde aber sehr irren, zu glauben, dass
es sich bei allen Wörtern eines Stammes, der es nachweislich besass,
wiederfinden müsse (wie dies Flach meint, Proleg. zur Theog. und
Vorbemerkungen zu seiner Ausg. der Hesiod. Ged.). Im Gegentheil,
bei einem und demselben Worte finden wir bald Digammawirkung,
bald nicht. Doch herrscht auch keine Willkür darin, wie es für
den ersten Augenblick scheinen könnte. Die Gesetze, welche Hartel
in seinen Hom. Stud. III für die Stellung des Digamma bei Homer
gefunden hat, lassen sich vollinhaltlich auch für die Hesiodischen
Gedichte aufstellen. Dabei werden wir freilich gewahr, dass die
Vernachlässigung der Digammawirksamkeit bei Hesiod noch einmal
so weit vorgeschritten ist als bei Homer. Positive Resultate lassen
sich übrigens nur aus der Betrachtung des anlautenden Digammas
gewinnen und selbst da nur theilweise, indem Wörter, die am Versanfang oder nach einem mit Doppelconsonanz auslautenden Worte
stehen, ausser Betracht kommen müssen. Ebensowenig lässt sich
ein unbestreitbarer Schluss auf die Existenz des Digamma ziehen,
wenn bei kurzvocalischem Auslaute vor einem sonst digammirten Worte
ein ν ephelkystikon steht, ohne dass eine Längung der dem letzteren
vorausgehenden Silbe eintritt, indem es schwer zu entscheiden ist,
wann das ν in den Text hineinkam. Auch auf das inlautende
Digamma lässt sich nur indirect schliessen. Mitunter erscheint der
Spirant auch unter anderem Gewande versteckt. Im Folgenden
soll nun eine gedrängte Uebersicht der genannten Digammaverhältnisse in den Hesiodischen Gedichten gegeben werden.
    Die Functionen des Digammas im Anlaute sind bei Hesiod
folgende:

---

*) Verhandl. der 13. Philologenvers. zu Göttingen 1852 p. 76.

I. Lange vocalisch oder diphthongisch auslautende Silben werden durch Digamma in ihrer ursprünglichèn Quantität erhalten, wenn sie in der Arsis stehen.

II. Auch in der Thesis wird in einzelnen Fällen auslautende · vocalische oder diphthongische Länge vor Digamma bewahrt, vornehmlich bei καί, indem dies Wörtchen durch das Ankuüpfen eines neuen Satzgliedes eine grössere Kraft gewinnt; namentlich geschieht dies im vierten Fusse.

III. Consonantisch auslautende Silben, die in der Arsis stehen, werden mit Hilfe des nachfolgenden Digamma gelängt. Diese Positionsbildung findet auch

IV. ausnahmsweise in der Thesis statt, aber nur beim Pronomen person. der 3. P. im Dativ οἶ.

V. Digamma behebt den Hiatus bei auslautenden vocalischen Kürzen vor scheinbar vocalischem Anlaute. In dieser Function zeigt sich die Wirkung des Digammas am öftesten.

Dagegen wird die Wirkung des Spiranten vernachlässigt:

1. Wenn eine auslautende vocalische oder diphthongische Länge vor digammirtem Worte in der Thesis steht.

2. Die Positionslänge bei kurzem consonantischen Auslaute vor folgendem Digamma tritt nicht ein, wenn die Silbe in der Thesis steht.

3. Endlich gibt es eine Reihe von Fällen, wo vor ursprünglichem Digamma Elision stattfindet.

Der leichteren Uebersichtlichkeit wegen bezeichnen wir in der folgenden Zusammenstellung der Wirkungen und Vernachlässigungen des Spiranten die verschiedenen Fälle bei einem jeden Wortstamm, der nachweisbar mit Digamma anlautete, den oben aufgestellten Gesetzen entsprechend mit römischen und arabischen Ziffern, mit jenen die Wirkungen, mit diesen die Vernachlässigungen.

Fαγ (ἄγνυμι): III. εἰ χ' ἕτερον ἄξαιc E. 434, so Par. C (Koechly-Kinkel) die anderen Hdschr. ἕτερόν γ' ἄξαιc, wo γ' offenbar unverständiger Weise eingeschoben ward, um die Länge des ον zu erklären; schon Bentley fand das Richtige. V. ἐπὶ νῶτα ἔαγε E. 534.

Fαδ (urspr. cFαδ, lat. suad-vis) V. κέλαδοί τε ἄδον Th. 926 ἀείσατε, ἡδυέπειαι Th. 965. 1021.

Fαναk (ἄναξ ἀνάccω): V. cὺν 'Απόλλωνι ἄνακτι Th. 347 τοῖο ἄνακτοc Th. 493. 859 Κρόνου υἱὲ ἄναξ Th. 660 ὀρνυμένοιο ἄνακτοc Th. 843· πατρὶ ἄνακτι Th. 932 ἑκατηβελέταο ἄνακτοc Λ. 100 ἀμφὶ ἄνακτα Α. 179 ἐc Κήυκα ἄνακτα Α. 354 'Ενυαλίοιο ἄνακτοc Α. 371 Βήλοιο ἄνακτοc fr. 46. 2 ἠδὲ ἀνάccει Th. 403 ἠδὲ ἀνάccειν Th. 883.

3. μέγ' ἄνακτι Th. 486 ἀριδείκετ' ἀνάκτων Th. 543 δῶκε δ' ἄνακτι fr. 174. 2. Hiezu kommt καὶ πλείcτων ἤναccε fr. 112. 2 wo das temporale Augment auf das völlige Verschwinden des anlautenden Spiranten weist (Flach änderte ἐFάναccε).

Ϝαχ (ἠχέω ἠχή ἠχώ ἠχέτα ἠχήεις) 1. ςκιδναμένη· ἠχεῖ Th. 42 U ἀνθεῖ καὶ ἠχέτα Ε. 582 V ἄγνυτο ἠχώ Α. 279. 348 ἡ δέ τε ἠχή Α. 438. 1. δόμοι ἠχήεντες Th. 767 2. κυανόπτεροc ἠχέτα τέττιξ Α. 393 3. ὑπὸ δ' ἤχεεν Th. 835. Ϝάcτυ: V. ἀνὰ ἄcτυ Th. 91 die jüngere Lesart für ἀν' ἀγῶνα, (obzwar jenes Stob. flor. LXXX 15 und alle Hdschr. haben, doch der Schol. bemerkt ἀνὰ ἄcτυ· γρ. ΑΝ' ΑΓΩΝΑ ἀντὶ τοῦ ἀνὰ τὸ ἄθροιcμα was durch Schol. BM zu Il. Ω 1 bestätigt wird, vgl. Koechly-Kinkel krit. Apparat.). Ϝε (urspr. cϜε skt. sva) a. in der Genetivform εἷο: V. ὅc ἂν μετὰ εἷο Th. 392 b. in der Dativform οἷ: Ι γλυκερή οἱ ἀπὸ cτόματοc ῥέει αὐδή Th. 97 καί οἱ πεφραδέτην Th. 475 οἵ οἱ ἀπεμνήcαντο Th. 503 καί οἱ ἐπ' αἰετὸν ὦρcε τανύπτερον Th. 523 καί οἱ τοῦτ' ὀνόμην' ὄνομ' ἔμμεναι fr. 77. 2 καί οἱ ἐπίcκοπον Ἄργον ἵει fr. 4. 1. II. ὡc δή οἱ φράccαιτο Th. 900 III. ἐννέα γάρ οἱ νύκτας ἐμίcγετο Th. 56 ταύτην γάρ οἱ μοῖραν ἐδάccατο Th. 520 αὐτὸc γάρ οἱ ἐπῶρcε βίην Α. 69 τὸν μέν οἱ ἐδέξατο Γαῖα Th. 479 ὅν οἱ ἔδωκε Α. 125 IV. τὼc γάρ οἱ φραcάτην Th. 892 ὥc γάρ οἱ διέκειτο Α. 20; beide Male ist γάρ in der Thesis des ersten Fusses lang; hiezu kommt ἦ μέν οἱ πατέρ' ἐcθλὸν ἀπέκτανε Α. 11. Goettling und Koechly-Kinkel haben μήν, doch gegen die Ueberlieferung der meisten Hdschr., denn μέν hat MFCHBμ. Flach hat richtig μέν Ϝοι geschrieben. Im Hinblick auf jene beiden Fälle muss gewiss auch hier das gut überlieferte μέν festgehalten werden, um so mehr als es auch hier in der Thesis des ersten Fusses gelängt ist. Bei Homer hat nur das einzige Personalpronomen der dritten P. und mit Ausnahme eines Falles wieder nur der Dativ die Kraft derartige kurze Wörtchen, besonders μέν und γάρ zu längen, vgl. Hartel Hom. Stud. III. 72. V. ἔνθα δέ οἱ cπέοc ἐcτί Th. 301 ἔνθ' ἄρα οἱ δάccαντο Th. 303 πόρεν δέ οἱ ἀγλαὰ δῶρα Th. 412 πολλή τέ οἱ ἕcπετο τιμή Th. 418 καί τέ οἱ ὄλβον ὀπάζει Th. 420 οὕνεκά οἱ πέπρωτο Th. 464 ἤ δέ οἱ Th. 509 ἀμφὶ δέ οἱ cτεφάνους Th. 576 ἀμφὶ δέ οἱ cτεφάνην Th. 578 χάλκεον δέ οἱ ἤτορ Th. 764 ἐκ δέ οἱ ὤμων Th. 824 ἐκ δέ οἱ ὄccων Th. 826 τρεῖc δέ οἱ Εὐρυνόμη Χάριτας τέκε Th. 907 Καδμείη δ' ἄρα οἱ Cεμέλη τέκε φαίδιμον υἱόν Th. 910 τὴν δέ οἱ ἀθάνατον Th. 949 πολύν τέ οἱ ὤπαcεν ὄλβον Th. 974 πάντα δέ οἱ χροῖ κόcμον ἐφήρμοcε Ε. 76 ἐν δ' ἄρα οἱ cτήθεccι Ε. 77 ἔργον, ὅ οἱ Διόθεν θέμιc ἦεν Α. 22 ἀλλά οἱ εὐχωλέων οὐκ ἔκλυε Φοῖβος Α. 68 μάλα γάρ νύ οἱ ἄρμενα εἶπε Α. 116 ὄccε δέ οἱ πυρὶ λαμπετόωντι ἐίκτην Α. 390 ἐccυμένωc δέ οἱ Α. 411 ἀμφὶ δέ οἱ βράχε τεύχεα Α. 423 πάγος δέ οἱ ἀντεβόλησεν Α. 439 ἀκάματον δέ οἱ ὦρcε θεὰ μένος fr. 4. 3 οὐδέ οἱ ὕπνος ibid. Ἱππότην δέ οἱ υἱὸν ἐνὶ μεγάροιcιν ἔτικτεν fr. 83. 3 οἶνος δέ οἱ ἔπλετο μαργός fr. 94. 2 ἧδε δέ οἱ κατὰ θυμὸν ἀρίcτη φαίνετο βουλή fr. 110. 1. c. In der Form des Accusativs ἕ V. ἀλλά ἑ ἷc ἐδάμαccε

Th. 332 κρύψεν δέ έ χερσί Th. 482 οὐδέ έ λήθει E. 268 ἤδη μέν τέ ἕ φημι A. 359 φιλεῖ δέ έ μαλθακὸς ὕπνος fr. 94. 4. Vernachlässigungen des Digamma weist das Personalpronomen der dritten Person selbst nicht auf, wohl aber das abgeleitete Prou. possessivum ὅς, das in πατέρα ὃν Ἄρην A. 59 und θυγατέρα ἥν Th. 819 auch Erhaltung des vocalischen Auslautes und wegen der Erinnerung an den einstigen Anlaut cF auch sogar Längung des kurzen α ermöglicht; bloss den Hiatus behebt Dig. bei ὅς in ἀφίκετο ὄνδε δόμονδε A. 38. Dagegen erscheint bei dem Possessiv Dig. vernachlässigt:

1. τέρπεται ὃν κατὰ θυμόν E. 358 ἐφίληςε καὶ ὃν χρηστήριον εἶναι fr. 80. 6. 2. μέγα νήπιος ᾧ ἐνὶ οἴκῳ E. 131 ἀνόςτεος ὃν πόδα τένδει E. 524. 3. εὐνῆς ἔνεχ' ἧς ἀλόχοιο fr. 82. 2. Die Form ἑός kommt ausser Betracht, da bei ihr Dig. nicht nachweisbar ist.

Fέαρ (ἔαρ εἰαρινός) III. πολιὸν ἔαρ E. 477.
3. μήτ' ἔαρ τιγνόμενον E. 492 ἄλλος δ' εἰαρινός E. 678 (εἰαρινός hatte wahrscheinlich das Dig., vgl. Curtius Grdz.[4] 391).
Fεθ (ursp. cFεθ, vgl. Curtius Grdz.[4] 305, über die Digammaspuren bei Homer Hoffmann quaest. hom. II 38) in ἦθος: II. νόμουc καὶ ἤθεα Th. 66 βίοτον καὶ ἦθε' ὁπάccαc E. 167 πόλιν καὶ ἤθεα E. 222 οἴκῳ καὶ ἤθεcι E. 325 V. ἵνα ἤθεα E. 699 wie nach Aristot. Oikon. I. 4 gegenüber der Ueberlieferung der Hdschr. ὥc κ' ἤθεα zu lesen ist, vgl. Koechly-Kinkel zu der Stelle.
2. ἐπίκλοπον ἦθος E. 67. 78. 3. ἀνθρώποιcι κατ' ἤθεα E. 137.
Fεκ (in ἕκητι ἑκών, vgl. Curtius Grdz.[4] 135) V. Διὸς μεγάλοιο ἕκητι E. 4.
2. ὅτε κέν τις ἑκών Th. 232.
Fεκάς (Ἑκάτη, Femin. zu Ἕκατος, ἑκάς, ἑκηβόλος ἑκατηβόλος ἑκατηβελέτης) I. ὑποκυсαμένη Ἑκάτην Th. 411 κικλήcκει Ἑκάτην Th. 418 ἐν τεμένει ἑκατηβόλου A. 58 III. Ἀπόλλωνος ἑκατηβελέταο A. 100.
1. Μουcάων καὶ ἑκηβόλου·Th. 94. 2. γαῖαν ἑκὰς πάτρης fr. 7. 2 εὔχονται δ' Ἑκάτη Th. 441.
Fέκαcτος; der erste Bestandtheil dieses Wortes ist wahrscheinlich der Pronominalst. cFε, Curtius Grdz.[4] 460. Das Digamma im Anlaute ist inschriftlich bezeugt in der von Curtius neuerdings edirten lokrischen Inschrift, Stud. II 441 wir lesen dort Formen dieses Wortes mit F Z. 9. 26. 28. 30. Demgemäss V. εὖ δὲ ἔκαcτα Th. 73 κεφαλαὶ δὲ ἑκάcτῳ Th. 151. 672 οἳ δὲ ἔκαcτοι Th. 370 τιμὴν δὲ ἔκαcτον Th. 393 ὑπ' αὐλητῆρι ἔκαcτος A. 283. 299 (einige Hdschr. haben A. 283 vor ἔκαcτος ein δ').
1. ὥc τοι ἔκαcτα E. 393. 2. ὅc τις ἔκαcτος Th. 459. 3. εὖ νῦν μοι τάδ' ἔκαcτα fr. 178. 1.
Fέξ (ἕκτος ἑξήκοντα), der urspr. Anlaut war cF (vgl. das baktr. khshvas) aus cFεξ ward FεΞ wie aus cFε Fε geworden ist. Das F

im Anlaut ist bezeugt in den herakl. Tafeln, wo wir z. B. Fέκτα II.
106 lesen, vgl. Meister de dial. Heracl. Ital. in Curtius Stud. IV.
404; ebenso auf der lakon. Inschr. C. I. 1511. I. πέντε δὲ cυcκιάcαι,
ἕκτψ δ' εἰc.ἄγγε' ἀφύccαι E. 613 οὐδὲ μὲν ἡ πρώτη ἕκτη E. 785.
3. εὖτ' ἂν δ' ἑξήκοντα E. 564.

Fελ (εἰλυφάω ἕλιξ ἑλίccω Ἑλικών ἑλικῶπις, vgl. Curtius Grdz.[4]
360) I. δι' Ἐρχομενοῦ εἰλιγμένος fr. 201. 2 ἀκροτάτψ Ἑλικῶνι
Th. 7 III. εἰλίποδας ἕλικας βοῦς E. 795. V. ἱερὴν φλόγα εἰλυφόωντες
Th. 632. **3.** ποιμαίνονθ' Ἑλικῶνος Th. 23 ἄγχ' Ἑλικῶνος E. 639 wahrscheinlich auch αἵ θ' Ἑλικῶνος Th. 2, wo θ' übrigens Einschubs-
partikel sein könnte. δεινὸν ὑβριcτὴν ἄνομόν θ' ἑλικώπιδι κούρῃ
Th. 307, so die besten Hdschr. (MFCEO), während auch ὑβριcτήν
τ' ἄνεμον ἑλικώπιδι κούρῃ überliefert ist, wo F den Ausgang ον
längt. Doch spricht der Context und die Autorität jener Hdschr.
für die ersterwähnte Lesart. Dagegen scheint der Eigenname Ἑλίκη
in Ἄρνη τ' ἠδ' Ἑλίκη A. 381 Ἄρνην τ' ἠδ' Ἑλίκην A. 475 nicht
hieher zu gehören, da dieser möglicherweise das im Arkadischen
in der Bedeutung von salix vorkommende ἑλίκη repräsentirt, welches nach den verwandten Sprachen zu schliessen urspr. einen S-
Anlaut hatte, vgl. Curtius Grdz.[4] 136 Gelbke de dial. arcad. Curt.
Stud. II 13.

Fελπ (ἐλπίc ἔολπα = FέFολπα) V. αὐτόθι Ἑλπίc E. 96 κενεὴν
ἐπὶ ἐλπίδα E. 498 καί cε ἔολπα E. 475. **1.** οὔπω ἔολπα E. 273.

Fεπ (ἔπος εἶπον ὄψ ὄccα = Fοκja) I. παραιφάμενοι ἐπέεccιν
Th. 90 ἀχρεῖος δ' ἔcται ἐπέων νομός E. 403 ὃc εὖ εἰπόντι πίθηται
E. 295 ἀγαλλόμεναι ὀπὶ καλῇ Th. 68 II. ἐξ ἀρχῆς καὶ εἴπαθ' ὅ τι
πρῶτον γένετ' αὐτῶν Th. 115 III. καθαπτόμενος ἐπέεccι E. 332
καί μιν ἀμειβόμενος ἔπεα πτερόεντα προσηύδα A. 117 ῥηίδιον γὰρ
ἔπος εἰπεῖν E. 453 ἤ τι ἔπος εἰπών E. 710 εἰ δὲ κακὸν εἴποις E.
721. V. ἤ τι ἔπος E. 710 ἄλλο δέ cοί τι ἔπος ἐρέω A. 330 μάλα
γάρ νύ οἱ ἄρμενα εἶπε A. 116 περικαλλέα ὄccαν ἱεῖcαι Th. 65 διὰ
cτόμα (Goettling cτόματ' nach dem einzigen cod. Taur.) ὄccαν ἱεῖcαι
Th. 65. **1.** μένος ἀcχέτου, ὄccαν ἀγαύρου Th. 832 wie Goettling,
Schoemann, Flach schreiben, Koechly-Kinkel ἄcχετον nach der Ueberlieferung der Mehrzahl der Hdschr., wogegen der Context für jene
Lesart spricht. **2.** ῥηίδιον γὰρ ἔπος E. 453 ἄμβροτον ὄccαν Th.
43 ἐπήρατον ὄccαν ἱεῖcαι Th. 67. **3.** ὄφρ' εἴπω Th. 645 θαρcύνους'
ἔπεα A. 326 δεινὰ δ' ὑπόδρα ἰδοῦc' ἔπεα πτερόεντα προσηύδα
A. 445.

Fερ (ἐρέω εἰρημένος) I. ἀνδρὶ φίλψ εἰρημένος E. 370 III. ἄλλο
δέ cοί τι ἔπος ἐρέω A. 330.

Fεργ (ἔργον ἔργμα ἐργάζομαι ἔρδω) I. ὦ Πέρcη, ἔργων μεμνη-
μένος εἶναι E. 641 ζωῇcιν ἴκελαι, ἔργα κλυτοῦ Ἡφαίcτοιο A. 244

οὐδ' ἐπιμετρήϲω· ἐργάζευ, νήπιε Πέρϲη E. 397 II. ἔρδειν, καὶ ἔργον
E. 382 οὔ πω ἔργα ἰδυῖα E. 521 ἔργῳ ἐργάζεϲθαι E. 382 III. τὸν
φθάμενος, ἔργον τελέϲας E. 554 V. μετάτροπα ἔργα Th. 89 ϲχέτλια
ἔργα Th. 124. 238. 254 κακῷ δ' ἐπετέρπετο ἔργῳ Th. 158 ἀεικέα
μήϲατο ἔργα Th. 166. 172 ἀμύμονα ἔργα Th. 264 μέρμερα ἔργα
Th. 603 χειρῶν τε βίης ἅμα ἔργον ἔφαινον Th. 677 κάρτος δ'
ἀνεφαίνετο ἔργων Th. 710 καί νύ κεν ἔπλετο ἔργον Th. 836 ὃϲ
μέγα ἔργον ἐν ἀθανάτοιϲιν ἀνύϲϲας Th. 954 ὅμως ἐπὶ ἔργον ἐγείρει
E. 20 μεμηλότα ἔργα E. 231 τὸ δὲ ἔργον ἐτώϲιον E. 440 ἀλλ'
ἐπὶ ἔργῳ E. 444 μακάρων ἐπὶ ἔργοιϲ E. 549 βροτήϲια ἔργα E. 773
προβάλοιτό τε ἔργον E. 779 μέγα ἔργον Λ. 22. 38 θέϲκελα ἔργα
Λ. 34 θαυματὰ ἔργα Λ. 165 κλυτὰ ἔργα Λ. 297. 313 ἐπ' ἰϲχύι
ἔργματ' ἔχουϲαι Th. 823 τὸ ἐργάζεϲθαι ἄμεινον E. 314 ἐπ' ἤματι
ἐργάϲϲαιο E. 43.

1. μινύθῃ δέ τοι ἔργον E. 409 μελέτη δέ τοι ἔργον ὀφέλλει
E. 412 προφέρει δὲ καὶ ἔργου E. 579 ἥϲυχοι ἔργ' ἐνέμοντο E. 119
ἠὲ καὶ ἔρξας E. 710 τὼ ἐργάζεϲθαι ἀρίϲτω E. 438. 2. ὤριον ἔργον
E. 422 ξυνήονας ἔργων Th. 595. 601 ἀνέρας ἔργων E. 494 κακὸν
ἔρξῃ E. 327 πρότερος κακὸν ἔρξῃς E. 708 ἀταϲθαλίη μέγα ῥέξαι
Th. 209 παρακαίρα ῥέζων E. 329.   Hiezu kommt εἴ κε πάθοι, τά
κ' ἔρεξε fr. 217, wo das einfache ρ in ἔρεξε auf den Verlust des
Spiranten weist. 3. ἐπ' ἔργοιϲ Th. 146 αἵ τ' ἔργ' ὠρεύουϲι Th. 903
ἀπ' ἔργου E. 28 coì δ' ἔργα E. 306 καί τ' ἐργαζόμενος E. 309
ἐπ' ἔργῳ E. 382 ὅϲ κ' ἔργου E. 443 πάρα δ' ἔργα βόεϲϲιν E. 454
ἠὼς γάρ τ' ἔργοιο E. 578 γῆν δ' ἐργάζεϲθαι E. 623 ἐπ' ἔργματι
E. 801 χαλκῷ δ' εἰργάζοντο Λ. 151 ὦδ' ἔρδειν E. 35. 382. 760
οὐδ' ἔρδειν E. 136 κὰδ δύναμιν δ' ἔρδειν E. 336 τοῦτ' ἔρδοιϲ
E. 362.

Ϝερυ (wahren, der consonantische Anlaut erwiesen durch αὐέρυ-
ϲαν, vgl. auch Hoffmann quaest. hom. II 49) in ἐρύω ἔρυμα ἐρυμνός
— I. ἔϲϲαϲθαι ἔρυμα χροός E. 536.

2. οὐδ' ἔρρηξεν χαλκόν· ἔρυτο δὲ δῶρα θεοῖο Λ. 415. 3. ἡ
δ' ἔρυτ' εἰν Ἀρίμοιϲιν Th. 304. Γλήκωνά τ' ἐρυμνήν fr. 201. 1.

Ϝερυ(ϲ) (ziehen nicht zu verwechseln mit dem vorhergehenden,
vgl. Curtius Verb. I. 177) in ἐρύω ἐρυϲάρματες I. ἐπ' ἠπείρου ἐρύϲαι
E. 624 III. ἐχέμεν ἐρυϲάρματας ἵππους Λ. 369.

3. περιφραδέως δ' ἐρύϲαντο fr. 234.

Ϝεϲ (ἔννυμι εἷμα ἐϲθής) I. ἀργυφέῃ ἐϲθῆτι Th. 574 V. ἠέρα
ἐϲϲάμενοι E. 125. 255 ἠέρα ἐϲϲαμένη E. 223 καὶ τότε ἔϲϲαϲθαι
E. 536.

3. κατὰ δ' εἵματα δεύῃ E. 556.

Ϝέϲπερος (mit Ἑϲπερίδες) V. ὕει ποτὶ ἕϲπερον E. 552.

2. ἐν γαίης πρόϲπαρ Ἑϲπερίδων Th. 516. 3. ἵν' Ἑϲπερίδες
λιγύφωνοι Th. 275 (Th. 215 steht Ἑϲπερίδες im Versanfange, es
konnte demnach hier allenfalls Dig. sich vorfinden).

Ϝέτος III. τρὶς ἔτεος θάλλοντα φέρει E. 131.

3. ἐννέα πάντ' ἔτεα Th. 803.
Fιὸ (ἰδεῖν·οἶδα εἶδος ἴδρις ἴϲτωρ) II. ἐρατὴ καὶ εἶδος ἄμωμος
Th. 259 V. θαῦμα ἰδέϲθαι Th. 575. 581 A. 140. 224 fr. 44. 4
θαῦμα ἰδεῖν A. 318 ἐπέφαντο ἰδεῖν Λ. 166 κλῦθι ἰδών E. 9 ἐc
ἄντα ἰδών A. 432 δεινὰ δ' ὑπόδρα ἰδοῦϲ' A. 445 cὺ δ' εὖ μάλα
οἶϲθα A. 355 ἤπια δήνεα οἶδεν Th. 236 πάντων φάρμακα οἶδεν
fr. 139. 2 οὐδὲ ἴϲαϲιν E. 40 (so nach ΜμΒΟβV Suidas s. v. ἡμί-
cεια) παῦροι δ' αὖτε ἴϲαϲι E. 814 παῦροι δὲ ἴϲαϲιν E. 824, so für
das überlieferte παῦροι δέ τ' ἴϲαϲιν, wo τ' geradezu störend ist.
ἄφθιτα μήδεα εἰδώc Th. 545. 550. 561 fr. 35. 2 πάντων πέρι
μήδεα εἰδώc Th. 559 E. 54 πεπνυμένα εἰδώc E. 731. Das Femininum dieses Particips weist in der Ueberlieferung unzweifelhaft
nur an einer hesiodischen Stelle den Spiranten auf, nämlich im
Eigennamen Ἰδυῖα Th. 352 Κλυτίη τε, Ἰδυῖα τε; aus dieser Stelle
lässt sich mit Bestimmtheit folgern, dass in Th. 960 γῆμε θεῶν
βουλῇϲιν Ἰδυῖαν καλλιπάρηον das ν ephelkyst. bei βουλῇϲιν nicht
ursprünglich ist. Sonst findet sich überall εἰδυῖα im Texto. Nach
Ahrens Rhein. Mus. 1843. 176 sqq. jedoch und Hartel Hom. Stud.
III 35 ist überall im homerischen Texte ἰδυῖα herzustellen nicht
nur möglich, sondern nothwendig, da das Feminin des Part. Perf.
gewöhnlich den kurzen Stamm aufweist, vgl. ἀρηρώc ἀραρυῖα (siehe
die betreffende Partie bei der später folgenden Betrachtung der
Verbalverhältnisse). Und so lässt sich auch bei Hesiod überall verfahren: wir lesen Th. 264 ἔργ' εἰδυῖαι, woraus sich natürlich ἔργα
Fιδυῖαι ergibt; ebenso wird Th. 313 λύγρ' εἰδυῖαν zu λυγρὰ Fιδυῖαν
E. 521 οὔ πω ἔργα Fιδυῖα aus ἔργ' εἰδυῖα. Nur Th. 887 πλεῖϲτα
θεῶν εἰδυῖαν scheint widerstreben_zu wollen, da hier Fιδυῖαν (mit
langem ι) gelesen werden müsste. Doch jedes Bedenken verschwindet
völlig, wenn wir Hartel Hom. Stud. III 35 folgend annehmen, dass
sich hier im Anlaute das Digamma vocalisirte und mit ι zu einer
Art Diphthongen verschmolz, so dass υἰδυῖαν zu lesen ist; es ist
genau derselbe Fall wie Hom. P 5. — ἀπειρέϲιον κατὰ εἶδος fr.
58. 3 μεγάλῳ ἐπὶ εἴδει Th. 153 ὅτε ἴδρις cωρὸν ἀμᾶται E. 778,
die Ueberlieferung hat ein überflüssiges τ' vor ἴδρις, das offenbar
wegen des anscheinenden Hiatus eingeflickt ward, vgl. Bergk Philol.
XXX. 677. ἤματι, ἴϲτορα φῶτα E. 792.

1. πρίν γ' εὔξη ἰδὼν ἐc καλὰ ῥέεθρα E. 738 ἕκαστοι ἴϲαϲιν
Th. 370 ἀγώμενος ἠδὲ καὶ εἶδος Th. 619 κατελεγχέτω εἶδος E.
714. 2. πάντα μάλ' ἀμφὶς ἰδών E. 701 οὐδὲ θεῶν ὄπιν εἰδότες
E. 187 πολυήρατον εἶδος Th. 908 παρθενικῆς καλὸν εἶδος E. 63
οἵ τε πόνου καὶ διζύος ἴδριές εἰμεν A. 351 κάτεχεν Χάος· εἴϲατο
δ' ἄντα Th. 700 ἐτήτυμος εἴδετο fr. 169. 5 ὅϲτιc ἂν εἰδείη fr. 177.
2. Ausserdem haben wir drei Fälle zu erwähnen, wo das Digamma
zwar nicht im Wortanlaut, wohl aber im Anlaute des zweiten Theiles
der Zusammensetzung stand: γεινόμενόν τ' ἐϲίδωϲι Th. 82 Ἀρκτοῦρον
δ' ἐϲίδη E. 610 ἠγάϲθη προϲιδοῦϲα fr. 206. 2. 3. οὐδὲ τό γ' οἶδ'

E. 456; τ' ist hier bei τό durchaus nothwendig, denn dies wäre in
seinem Hinweise auf das Folgende soust matt und tonlos; ἦν δ'
εἶδος Ὀλυμπιάδεσσιν ὁμοίη fr. 83. 2.

ϜιϜαχ reduplicirt aus Ϝαχ (ἰαχή ἰάχω) III. τόccῃ ὁ μὲν ἰαχῇ
A. 441 V. ἀλλὰ μέγα ἰάχων A. 451. An dieser Stelle wird nicht
nur der Hiatus vermieden, sondern sogar Längung des α erzielt;
wir müssen uns das so vorstellen, dass das folgende Digamma im
Flusse der Rede auch noch zum vorausgehenden vocalischen Auslaute herübergezogen ward, so dass thatsächlich Doppelconsonanz
hervorgebracht wurde, also μεγαϜϜιαχων wie das bei den durch die
Dauerlaute verursachten Längungen der Fall ist z. B. Φᾱcίν τε
Ῥῆcόν τ' Th. 340; vgl. meine Hesiod. Unters. 19 sq. und 23.
3. φέρον δ' ἰαχήν Th. 708 δεινὴ δέ cφ' ἰαχὴ ἄραβός θ' ἅμα
γίγνετ' ὀδόντων A. 404 ἀμφότεροι δ' ἰάχοντες A. 436. Nicht
hieher zu ziehen ist περὶ δ' ἴαχε γαῖα μέλαινα Th. 69 und φωνῇ ὑπ'
ἀμφοτέρων μεγάλ' ἴαχον A. 382, da hier das Digamma keineswegs
vernachlässigt ist, wie später gezeigt werden wird.

Ϝικ, höchst wahrscheinlich liegt diese Wurzel den Wörtern ἔοικα
ἴκελος εἴκελος ἐίκειν (= ϜεϜίκειν) zu Grunde, vgl. Curtius Grdz.[4]
648. I. παρθένῳ αἰδοίῃ ἴκελον Th. 572 E. 71 τῷ ἴκελοι E. 535
τῇ ἰκέλη A. 198. κλυζομένῳ ἴκελος A. 209 τῷ ἴκελος A. 392
εὐειδῇ ἰκέλην fr. 83. 4. III. ζωῇςιν ἴκελαι A. 244 V. πυρὶ λαμπετόωντι ἐίκτην A. 390 ἀπορρίψοντι ἐοικώς A. 215 ἐρρίγοντι ἐοικώς A. 228 πλήθοντι ἐοικώς A. 314 οὐδὲ ἐοικός Th. 295 nach
CV, so auch Flach (die anderen Hdschr. haben das in den Zusammenhang minder passende ἐοικός) φλογὶ εἴκελα A. 451 εἰς ὦπα
ἐίκειν E. 62.   •
2. τίκτουσιν δὲ γυναῖκες ἐοικότα τέκνα τοκεῦςι E. 235.
3. προγένοντ' ἴκελοι A. 345.

Ϝιόλαος; dieser Eigenname weist durchweg Spuren des anlautenden Digamma auf: I. cὺν ἀρηιφίλῳ Ἰολάῳ Th. 317 κυδαλίμου
Ἰολάου A. 74 κλειτοῦ Ἰολάου fr. 83. 1. ὦ Ἰόλαε A. 78. 118 III.
κρατερὸν Ἰόλαον A. 77 ἀμώμητος Ἰόλαος A. 102 κρατερὸς Ἰόλαος
A. 323 διόγνητος Ἰόλαος A. 340 κυδάλιμος Ἰόλαος A. 467.

Ϝίον (Veilchen) III, κάτεχεν ἰοειδέα πόντον Th. 844. V. Ἀδμήτη
τε, Ἰάνθη Th. 349 (Ἰάνθη == Veilchenblüte).

Ϝῖρις; dieser Name zeigt sehr oft Spuren des Dig. bei Homer;
V. πόδας ὠκέα Ἶρις Th. 780 Ζεὺς δέ τε Ἶριν ἔπεμψε Th. 784.

Ϝίς: III. πέδιλα βοὸς ἶφι κταμένοιο E. 541 V. ἀλλά ἑ ἶς ἐδάμαccε Th. 332.

2. αὐτὰρ Ἰφικλῆα λαοccόῳ A. 34, so ist, glaube ich an der Stelle
zu lesen, vgl. meine Hesiod. Unters. 22. 3. οὐδ' Ἰφικλείδην A. 111.
Bentley's Conjectur οὐ Ϝιφικλείδην ist unmöglich, da οὐδέ wegen
des engen Zusammenhanges mit V. 110 ἐπεὶ οὔ τοι ἀτάρβητον Διὸς
υἱόν nothwendig ist. ἠδ' Ἴφιτος fr. 70. 4.

Fîcoc: V. ἐγείνατο ἶςον ἑαυτῇ Th. 126 τὸ δ' ἀέξετο ἶςον
ἁπάντῃ Th. 524 κακὰ κέρδεα ἴc' ἄτῃcι E. 352. 1. τότε δὴ τρίποδι βροτοὶ ἶςοι E. 533 πρωτηρότῃ ἰςοφαρίζοι
E. 490. Fοῖκοc: I. ἔν τ' ἀπύρῳ οἴκῳ E. 525 II. τημοῦτος cπεύδειν καὶ
οἴκαδε καρπὸν ἀγινεῖν E. 576 ὅττι τάχιστα πάλιν οἰκόνδε νέεςθαι
E. 673 οὐδὲ τό γ' ἐν οἴκῳ E. 364 nach cod. Flor. E. u. Aug.
Goettling und Koechly εἰν; nicht hieher gehört jedoch E. 407, wo
alle Codd. εἰν haben. ἐc οἶκον im Versanfang E. 428 nach einigen Hdsch. (vid. Koechly-Kinkel krit. App.), da diese Lesart die
ältere zu sein scheint. μελέτην ἐχέμεν οἰκήϊα θέcθαι E. 457. V. ὧ
ἐνὶ οἴκῳ E. 131 χάλκεοι δέ τε οἶκοι E. 150 μινύθουcι δὲ οἶκοι E.
244. 325 πονηcάμενος κατὰ οἶκον E. 432 ἀπόδρεπε οἴκαδε βότρυς
E. 611 τεῷ ἐγκάτθεο οἴκῳ E. 627 τεὸν ποτὶ οἶκον E. 695.
2. Χάριτες τε καὶ "Ιμερος οἰκί' ἔχουcιν Th. 64 πατρώϊον οἶκον
E. 376. 3. ἔνθ' ἄρ' ὅγ' οἰκείων Th. 330 ἐντύναcθαι, ἵν' οἴκαδε
E. 632 ἦλθε δι' οἴκου fr. 174. 1.
Fοινο (οἶνοc οἰνοχόη οἴνη) I. ὅcτιc ἄδην πίνει, οἶνοc δέ οἱ
ἔπλετο μαργόc fr. 94. 2 II. τῆμος πιόταταί τ' αἴγες καὶ οἶνοc ἄρι-
cτοc E. 585 τὴν φθάμενοc οἴναc περιταμνέμεν E. 570.
2. βίβλινοc οἶνοc E. 589 ἱέμεν οἴνου E. 596 πινέμεν οἶνον
E. 502. 3. μηδέ ποτ' οἰνοχόην τιθέμεν κρητῆροc ὕπερθε E. 744.

Ausser Betracht kommen die Stellen mit ν ephelkystikon, da
es sich meist nicht feststellen lässt, wann es in den Text gelangte:
περὶ δέ cφιcιν ἄγνυτο ἠχώ A. 348 τῇcιν ἄδον Th. 917 τόν ῥ'
ἐφίληcεν ἄναξ fr. 77. 1. ἀθανάτοιcιν ἀνάξειν Th. 491 ἀθανάτοιcιν
ἀνάccει Th. 506 ἀθανάτοιcιν ἄναξεν Th. 837 καταφθιμένοιcιν ἀνάccων Th. 850 πᾶcιν Τυρcηνοῖcιν ἀγακλυτοῖcιν ἀνάccων Th. 1016
μακάρεccιν ἀνάccων A. 328 ἄνθεcιν εἰαρινοῖcι Th. 279 E. 75
μαρτυρίῃcιν ἑκών E. 282 ἔφραcεν ἔργ' ἀίδηλὰ fr. 125. 2 εἰ δέ κεν
ἐργάζῃ E. 312 "Αρην ἄχος εἷλεν· ἐρυccάμενοc δ' ἄορ ὀξύ A. 457
ὀφθαλμοῖcιν ἴδῃc A. 335 ὀφθαλμοῖcιν ἴδοντο Th. 451 ὀφθαλμοῖcιν
ἰδεῖν Th. 701 μετέπρεπεν ἰδμοcύνῃcιν Th. 377 ὠκείαν τέκεν 'Ιριν
Th. 266 ἀπέκτανεν ἶφι δαμάccαc A. 11 Ζωοῖcιν ἐοικότα Th. 584
cκυλάκεccιν ἐοικότα Th. 834 ἠδ' οὔαcιν ὄccαν ἀκοῦcαι Th. 701
ἥρπαcεν ᾧ παρακοίτῃ Th. 928 .χολωcάμενος φρεcὶν ᾗcιν E. 47
ἔνδοθεν οἴκου E. 523. 601. 733.

Was nun das inlautende Digamma betrifft, so weisen darauf
folgende Composita (nach den oben angeführten Stämmen geordnet):
Λυcιάναcca Th. 258 ἀέκητι Th. 529 ἀμφιελίccac fr. 93. 6 ἀνάελπτα
Th. 660 ἀεργόc E. 303. 312. 498 ἀεργῷ E. 302 ἀεργόν E. 44.
310 ἀεργίη E. 311 ἀμβολιεργόc E. 413 ἀμηχανοεργῶν fr. 129. 2
ἐτωcιοεργόc E. 411 εὐεργέc E. 629 ὀμβριμοεργόc Th. 996 ταλαερ-
γῶν E. 46 ταλαεργούc E. 791. 796 ἀρτιέπειαι Th. 29 ἠδυέπειαι
Th. 965. 1021 Καλλιόπη Th. 79 περιέccαcθαι E. 539 εἰνάετεc Th.
801 ἐνναετήρῳ E. 436 τεccαρακονταετήc E. 441 ἀείδελα fr. 96

ἀιδές A. 477 ἀίδηλα E. 765 fr. 125. 2 Ἄιδος A. 227 Ἀιδόσδε
A. 254 Ἀίδης Th. 850 Ἀίδαο E. 153 Ἀίδην Th. 455 Ἀίδεω Th.
311. 768. 774 Ἀιδωνεύς Th. 913 ἀίδρις A. 410 ἀιδρείῃσι E. 685
εὐειδής Th. 250. 354 εὐειδῆ fr. 83. 4 ἠεροειδέι Th. 252 ἠεροειδεῖ
Th. 757 ἠεροειδέα Th. 873 E. 620 θεοειδέι Th. 350 ἰοειδέα Th.
3. 844 πολύιδριν Th. 616 προιδέσθαι A. 386 ἀεικέα Th. 166. 172
ἐπιεικές fr. 82. 5 ἐπιείκελον Th. 988 A. 182 ἐπιείκελα Th. 968.
1020 ἄοικον E. 602 φερέοικος E. 571 (dagegen φερές-βιος Th.
698 und φερεσσακέας A. 13 vom St. φερες).

Ausserdem liesse sich noch innerhalb mehrerer Wortformen
das Digamma herstellen, so E. 475 καί σε FέFoλπε E. 534 ἐπὶ νῶτα
FέFαγε E. 205 ἔFειπεν Th. 542. 546 προσέFειπεν Th. 643 μετέFει-
πεν und sonst. Offenbar ist es erhalten in λόεσθαι = λόFεσθαι E.
749 λοεσσαμένη E. 522 λοεσσάμεναι Th. 5; ὄιες E. 234 ὄίων Th.
416 ὄις (acc. pl.) E. 775.

Schliesslich bleibt uns noch übrig auch der Wörter zu gedenken, die den Spiranten versteckt enthalten.

Dahin gehört zunächst Ἄιδος εἴσω Δ. 151 (wie Hom. Γ 322
Z 284) mit langem α, während es an allen übrigen Stellen kurz ist.
Die Länge rührt offenbar davon her, dass das Digamma in den
Vocal υ übergieng und demnach eigentlich im Anlaute eine Art
Diphthong entstand; Hartel Hom. Stud. III 23 ist der Ansicht, man
könnte wie αὐ-ιδ-ετοῦ auch Ἄϋιδος schreiben, nur das gewohnte
Ἄιδος habe davon abgeschreckt, während man dasselbe bei αὐίαχοι
unbedenklich that.

Zweimal finden wir bei Hesiod παῖς: Th. 178 ὁ δ' ἐκ λοχεοῖο
πάις ὡρέξατο χειρί und E. 376 μουνογενὴς δὲ πάις εἴη πατρώιον
οἶκον φερβέμεν; die Längung ist beide Male etymologisch erklärbar,
wenn wir annehmen, dass das urspr. Digamma, das in dem Worte stand
(πάFις vgl. altlatein. pover) sich vocalisirte und so mit dem folgenden ι eine Art Diphthong bildete, also etwa παυις, wie das bei
dem später zu erörternden μεγάλ' υἱαχον A. 382 der Fall war.
Bergk Griech. Literaturgesch. I p. 1021 Note 128 will παῦις herstellen, weil sich auf Vasen „παῦς" d. h. ΠΑΥΣ finde, was jedoch
eher als πάυς (= πάυις) sich darstellt.

Im Partic. ἀπουράμενοι A. .173 (bei Hom. activ ἀπούρας)
haben wir gleichfalls ein verstecktes Digamma; es liegt nämlich der
Stamm Fρα zu Grunde, vgl. Curtius Verb. I 193. Das F hat sich
hinter dem ο der Präposition vocalisirt und so entstand der Diphthong; vgl. Hartel Hom. Stud. III 27.

Ganz ähnlich verhält es sich mit der bekannten interessanten
Form καυάξαις E. 666. 692; diese entstand aus καFάξαις, indem
vor dem Digammaanlaute des Verb. Fάγνυμι die Präpos. κατά Apokope erlitt wie in κακτάμεναι A. 453. (Ich dachte in meinen hesiod.
Unters. p. 39 daran, dass zunächst eine Assimilation in κατFάξαις
eintrat, woraus καFFάξαις ward, doch habe ich jetzt die Ueberzeugung

gewonnen, dass die Annahme auch das τ in κατϜάξαιc sei ausgefallen, ohne eine Assimilation einzugehen, viel mehr für sich hat, vgl. Giese, über den äol. Dial. 254 (Hartel Hom. Stud. III 82 Hinrichs de hom. eloc. vestig. aeol. 26 sq.). Aus κα-Ϝάξαιc nun ward durch einfache Vocalisirung des Spiranten καυάξαιc.

Ebenso entstand der Diphthong αυ in πιφαύcκεαι Th. 655 bezeugt durch codd. COV, während die anderen die Variante πιφάcκεαι bieten. Die Wurzel ist φαϜ, vgl. Curtius Grdz.[4] 298. In Folge Antrittes des Iterativsuffixes vocalisirte sich das Dig. und verschmolz mit dem vorausgehenden α zum Diphthong αυ.

Auf dieselbe Weise entstand der Diphthong in αὐλαξ, das wir bei Hesiod zweimal finden ἐν αὔλακι Ε. 439 ἰθεῖαν αὔλακ' ἐλαύνοι Ε. 434. Es ist nämlich mit Zuhilfenahme des α prothet. aus ἀ-Ϝλακ-c hervorgegangen, vgl. Curtius Grdz.[4] 569.

Auch εὔκηλοc Ε. 671, das bei Homer neben dem gewöhnlichen ἔκηλοc vgl. Hinrichs u. a. O. 35 viermal vorkommt, verdankt seinen Diphthongen gleichfalls dem Spiranten Ϝ, es hängt nämlich zusammen mit der W. Ϝεκ und hiess ursprünglich mit prothetischem ε wahrscheinlich ἐϜέκηλοc, mit Synkope ἐϜκηλοc, woraus durch Vocalisirung εὔκηλοc entstand, vgl. Curtius Grdz.[4] 135. 561 Buttmann Lexil. I 146.

Neben den Formen χέει Ε. 421 A. 396 lesen wir fr. 42. 1 καὶ γάρ cφιν κεφαλῆcι κατὰ κνύοc αἰνὸν ἔχευεν und Ε. 583 λιγυρὴν καταχεύετ' ἀοιδήν; hier erscheint der Diphthong im Präsensstamme χευ, wie dies im äolischen Dialekt der Fall ist z. B. Alk. fr. 42. 1 χεῦον ἔμοι μύρον, vgl. Hartel, Hom. Stud. III 36; ebenso lesen wir neben ἀλέαcθαι Ε. 446. 734. 780 (== ἀλέϜαcθαι) ἐξαλέαcθαι Ε. 105. 758. 802 die Formen ἀλεύαcθαι Ε. 505. 798 ὑπαλεύαcθαι Ε. 557 und ἀλευόμενοι Ε. 535, in welch letzteren das Ϝ sich vocalisirte.

Besonders interessante Beispiele eines versteckten Digammas bieten περὶ δ' ἴαχε Th. 69 περίαχε Th. 678 μεγάλ' ἴαχον Α. 382. Auf den ersten Anblick sollte man annehmen, der in ϜιϜαχ vorhandene Spirant sei hier ganz verschwunden und die Länge des ι rühre vom Augmente her. Doch muss es sehr auffällig erscheinen, dass, während dieser Stamm bei Homer (vgl. Hartel a. a. O. III 32) und Hesiod das Digamma im Allgemeinen fest bewahrt hat, gerade das Imperfectum eine Ausnahme machen sollte. Ja selbst da erscheint die consonantische Kraft sofort, wenn ι kurz ist (μέγᾰ Ϝίαχον Hom. Δ 506 Ρ 317). Es ist demnach mit Hartel a. a. O. 33 zweifelsohne anzunehmen, dass die Länge des ι nicht vom Augment herrühre, sondern durch Vocalisirung des Dig. eine Art Diphthong υι sich entwickelte, also περὶ δ' υἴαχε, μεγάλ' υἴαχον; περίαχε ist selbst beweiskräftig für die vorgebrachte Ansicht; es trat hier nämlich Apokope vor dem Dig. ein, wie in περοίχεται Th. 733, das eigentlich urspr. περϜοίχεται hiess, vgl. Curtius Grdz.[4] 498, durch die Vocalisirung entstand περυίαχε (vgl. den Abschnitt über die Apokope).

Noch ein das Dig. betreffender Punct bleibt uns zu erwähnen
übrig. Th. 862 steht im Anfange des Verses ἀτμῇ θεςπεcίῃ (καίετο
γαῖα), während wir Th. 696 ἀϋτμή am Versende vorfinden; dies
Wort hängt mit der W. ἀϝ hauchen zusammen (vgl. Curtius Grdz.[4]
391) in der letztgenannten Form ist das ϝ vocalisirt und ward offenbar wegen der schwierigen Aussprache offen gelesen; in ἀτμῇ dagegen ist jede Spur des Spiranten verschwunden wie im gemeingr.
ἀτμόc.

2. Andere Consouanteu.

Liquida ρ.   Diese erscheiut ausgefallen in μεμάποιεν (Versschluss) A. 252 (metrisch unmöglich nämlich ist die Lesart von.
FSμVH u. a. μεμάρποιεν) und im Inf. μαπέειν A. 231. 304, während
wir E. 204 μεμαρπώc und A. 245 (höchstwahrscheinlich, die Ueberlieferung ist ziemlich verschieden, siehe Koechly-Kinkel, krit. App.)
μέμαρπον leseu. Der Stamm mit ρ ist offenbar der ursprünglichere,
wie skt. març lat. mulcere◆beweist, vgl. Curtius Grdz.[4] 456. Aehnliche
Synkope im Inlaut zeigt ποτί neben kret. πορτί, δαρδάπτω für
δαρ-δαρπ-τω.

ν ephelkystikon.   Dieses erscheiut vielfach auch vor con-
sonantischem Anlaute zum Zwecke der Positionsbildung; und zwar
können wir mehrere Gruppen vou Anwendung desselben unterscheiden:

1. In der Declination: Th. 63 ἔνθα cφιν λιπαροί 329 γου-
νοῖciν κατέναccε 398 cὺν cφοῖciν παίδεcci 778 μακρῇciν πέτρῃci
871 ἐκ θεόφιν γενεῇ 1016 πᾶciν Τυρcηνοῖciν E. 198 λευκοῖciν
φαρέεcci 242 τοῖciν δ᾽ οὐρανόθεν 431 γόμφοιciν πελάcαc A. 277
τῇciν δὲ χοροί 339 χερcὶν καὶ κῦδοc 343 ἐν γάρ cφιν μένοc fr.
42. 1 καὶ γάρ cφιν κεφαλῇci fr. 206. 1 τῇciν δὲ φιλομμειδὴc
Ἀφροδίτη fr. 63 cφὶν δ᾽ αὐτοῖc.

2. In der Conjugation. Th. 167 πάντας ἕλεν δέοc 173 γήθηcεν
δὲ μέγα 412 πόρεν δέ οἱ 424 ἔλαχεν Τιτῆci 570 τεῦξεν κακόν
602 πόρεν κακόν 700 κάτεχεν Χάος 735 ναίουciν, φύλακας 769
ἐcτᾶcιν, δεινόc 898 ἤμελλεν τέξεcθαι E. 235 τίκτουciν δὲ γυναῖκεc
236 θάλλουciν δ᾽ ἀγαθοῖci 244 τίκτουciν· μινύθουcι 360 ἐπάχνωcεν
φίλον 391 ναίουciν· γυμνόν 531 φεύγουciν· καὶ πᾶciν 616 δύνω-
ciν τότ᾽ ἔπειτ᾽ A. 36 τέλεcεν δ᾽ ἄρ᾽ ἐέλδωρ 115 μείδηcεν δὲ βίη
Ἡρακληείη 415 ἔρρηξεν χαλκόν 472 θάπτεν καὶ λαόc fr. 131. 2
ἔτεκεν Νικόcτρατον fr. 174. 6 ἔcτειχεν Φύλακος.

3. Bei Ortsadverbien und Nominalstämmen mit Localsuffixen:
Th. 323 ὄπιθεν δὲ δράκων 574 κατὰ κρῆθεν δὲ καλύπτρην 723
οὐρανόθεν κατιών 767 πρόcθεν δόμοι 777 νόcφιν δὲ θεῶν E. 242
οὐρανόθεν μέγ᾽ ἐπήγαγε 457 πρόcθεν μελέτην 765 ἐκ Διόθεν
πεφυλαγμένος A. 22 Διόθεν θέμις ἦεν 130 ἐξόπιθεν. πολλοί 132
πρόcθεν μὲν θάνατον 246 ἔντοcθεν πυλέων.

An dieser Stelle sei es uns auch gestattet, die Fälle anzuführen, wo sich in der Partikel κέν, deren ν ein stammhaftes ist, skt. kam, (vgl. Deventer de litera ν Graecorum paragogica Monast. 1863), dieser Laut auch vor Consonanten erhielt: Th. 170 ἐγώ κεν τοῦτο 232 ὅτε κέν τιc ἐκών 793 ὅc κεν τήν Ε. 43 ῥηϊδίωc γάρ κεν καί 354 ὅc κεν δῷ 354 ὅc κεν μὴ δῷ 361 εἰ γάρ κεν καί 362 τάχα κεν μέγα 485 τόδε κέν τοι φάρμακον.

Sibilans c. Diese fiel bekanntlich öfter im Anlaute der Wörter ab. Bei Hesiod finden wir es so bei μικρόc fr. 169. 2. Doch hat sich bei diesem Worte das c erhalten in: cμικρόν Ε. 360 cμικρὸν ἐπὶ cμικρῷ Ε. 361, so dass die ältere Form die gewöhnlichere ist. Erhalten ist anlautendes c im Compositum ἐπιcμυγερή Α. 264, sonst μογερόc, während Hesychios cμυγερῶc· ἐπιπόνωc bewahrt hat, das bei Homer nur in der Compos. ἐπιcμυγερῶc γ 195 vorkommt. Apollon. Rhod. Δ 1063 (Merkel) οἵη μιν ἔπι cμυγερὴ λάβεν αἶcα wandte die alte Form an, um Positionslänge zu erzielen. Gutturale Mutae. Ein Böotismus liegt vor in der Anwendung des Namens Φῖκ' ὀλοήν Th. 326 für Σφίγγα. Schol. zu Theog. 326 u. Α. 32 φῖκα δὲ αὐτὴν (Cφίγγα) οἱ Βοιωτοὶ ἔλεγον. Hesychios (ed. M. Schmidt) hat die Glosse Φῖγα· φῖκα. cφίγγα; dazu kommt Φίκιον ἀκρότατον Α 33 der Berg bei Theben, wo die Sphinx hauste; auch davon berichtet Hesychios Φίκιον· ὄροc Θηβῶν. Die Tenuis κ ist offenbar der ursprüngliche Laut, aus dem erst die Media ward. Curtius Grdz.[4] 186 vergleicht mit diesem Vorgange φικιδίζειν bei Suidas mit cφίγκται οἱ κίναιδοι καὶ ἁπαλοί bei Hesychios. Die Länge des ι ist offenbar Ersatzdehnung für ausgefallenen Nasal.

Das ursp. anlautende γ in γδοῦποc (verwandt mit κτύποc) ist bewahrt im Compositum ἐριγδούποιο Th. 41, verloren aber in δοῦποc Th. 70. 703. 705 und μετάδουποι Th. 823.

Dentale Mutae. Die Media δ ist in äolischer Weise (vgl. Ahrens de dial. Aeol. 74) vor μ nicht zu c erweicht in der 1. Plur. ἴδμεν Th. 27. 28. 656 im Infin. ἴδμεν fr. 172. 2 und im Partic. προπεφραδμένα Ε. 655.

Aelteres τ ist (statt späteren c) erhalten in ποτί (aus προτί) an drei Stellen: ποτὶ ἕcπερον Ε. 552 ποτὶ οἶκον Ε. 695 ποτὶ Θήβην Α. 80.

Dass das τ in πτολέμοιο Th. 638 πτολεμίζειν Α. 358 πτολίεθρον Α. 81 πτολιπόρθῳ Th. 936 sich aus einem Jod entwickelt hat, das frühzeitig zu dem π hinzugetreten ist (sowie δ sich vor j bildete), hat Kuhn in seiner Ztschr. XI. 310 wahrscheinlich gemacht, vgl. Curtius Grdz.[4] 489.

Labiale Mutae. Sehr interessant ist das im fr. 174 V. 2 und 5 vorkommende cκύπφοc: 2 πλήcαc δ' ἀργύρεον cκύπφον φέρε 5 cκύπφον ἔχων ἑτέρῃ. Athenaios XI. p. 498 A überliefert dies Fragment mit der Bemerkung: Ἡcίοδοc δ' ἐν τῷ δευτέρῳ Μελαμ-

ποδίας cὺν τῷ π cκύπφον λέγει.*) Da sonst das Substantiv cκύφος
heisst, so ist klar, dass φ hier den Werth eines Doppelconsonanten
hatte, und die Schreibung πφ weist darauf hin, wie die Aspirata
entstand, nämlich aus der Verbindung einer Tenuis mit dem entsprechenden Reibungsgeräusch als Aspiration, vgl. Brücke, Grundz.
der Physiol. der Sprachl. 59. Es ergibt sich hieraus eine Verbindung von Tenues mit einer Art Spiranten. Beispiele der Art, wo
die Aspirata eine Art Mittelstellung zwischen einfachen und doppelten Consonanten darstellt, zeigen sich häufig im Griech., vgl. Roscher
de aspir. vulg. apud Graec. in Curtius Stud. I b. 121. z. B. ὀκχέω =
ὀχέω bei Pindar Ol. II 74; mit unserem Falle parallel ist Cαπφώ
vom St. coφo (vgl. Curtius Grdz.⁴ 689), neben welcher Schreibung
sich auf einer Müuchner Vase (bei Jahn 753) wirklich auch Cαφώ
findet.

Doppelconsonant Z. Dies geht oft aus ὸj = ὸι in der bekannten äolischen Weise hervor; wir lesen es bei Hesiod zunächst
im Präfix Zα = διά in Ζάθεον Th. 2 Ζαθέοιο Th. 6. 23 Ζαθέης Th.
300. 483 Ζαθέων Th. 253 Ζαθέοιcιν Th. 192 Ζαθέοις -Th. 990,
dann im Verb. Ζαμένηcε Th. 928, das sonst nicht vorkommt (das
Adj. Ζαμενήc Hom. Hymn. Herm. 307 Pind. Nem. IV 13 Soph.
Aias 137). Mitunter aber gieng das ι spurlos verloren, vgl. Curtius
Grdz.⁴ 606, bei Hesiod in δαφοινός A. 250 δαφοινεός A. 159 (vgl.
dūdum aus diudum).

Auch in ἀρίΖηλος E. 6 entstand das Ζ in derselben Weise,
nämlich aus ἀρίδjηλος, Curt. Gdz.⁴ 604.

Endlich ist noch μέΖε' ἔθεντο E. 513 (μέΖεα = μήδεα, αἰδοῖα)
anzuführen. In diesem Worte, das nach Gregor. Kor. p. 535 ein
speciell ionisches war, ist das Ζ offenbar auch auf ὸ zurückzuführen,
da die Form μήδεα vorliegt, die wir bei Hesiod Th. 180. 188. 200
lesen, Curtius Grdz.⁴ 644 sq. hat mit Recht darauf hingewiesen,
dass, wie es eine Lautentwicklung j zu dj gäbe (ι-Stämme, die
scheinbar Dentalstämme wurden), auch umgekehrt zu urspr. d ein
parasitisches Jod hinzutrete; dies ist der Fall bei unserem Worte;
aus ὸj ward dann wie bei den früher genannten Beispielen Ζ.

3. Dopplung der Consonanten.

a. Liquidae.

ἔλλαβεν Th. 179; das Doppel-λ geht hier nicht auf die Assimilation eines hinter dem Augmente wieder vorgetretenen Consonanten,
der ursprünglich den Anlaut bildete, wie z. B. ἔρρηξε A. 140. 415
W. Fραγ, sondern es liegt hier eine Längung der anlautenden Silbe
ε vor folgender Liquida im Innern des Wortes vor, wie das im Aus-

---

*) Damit ist zu vergleichen Stesich. fr. 7. 1 Bergk³, wo nach Casau-
bonus richtig zu lesen ist cκύπφειον δὲ λαβὼν δέπας κτλ.

laute oft geschieht, vgl. meine Hesiod. Unters. 19 sq. und 33, z. B.
Κλωθώ τε Λάχεσίν τε Th. 218. 905. Durch die flüssige Natur der
Dauerlaute wird thatsächlich Doppelconsonanz ersetzt; unter der
Mitwirkung der Arsis musste dies besonders möglich sein und wir
finden auch wirklich die Vershebung bei dieser Erscheinung als Be-
dingung, obzwar nicht als Ursache. Da die epische Sprache nur an
Doppelungen des anlautenden Consonanten hinter dem Augmente
gewöhnt war, so schrieb man ἔλλαβεν wie ἔρρηξεν, ohne auf den
Unterschied zu achten; vgl. auch Curtius Erl.² 41. . Dem entgegen
ward hinter einer Präposition in ἀπολείψας Th. 793 das λ in der
Schrift nicht gedoppelt, sondern nur die vorausgehende Silbe in der
Rede gelängt.   •
    E. 174 bieten die Hdschr. BLOl die Lesart μηκέτ' ἔπειτ' ὤφελ-
λον ἐγὼ πέμπτοισι μετεῖναι, die auch der Gramm. bei Cram. an.
Ox. III 221 kennt, auch in β ist ὤφειλλον (sic) aus ὤφελλον corrigirt, ὤφελον hat Sa, dagegen die übrigen mit Prokl. zu V. 169
ὤφειλον. Die Form ὀφέλλω (schuldig sein) ist älter als ὀφείλω,
das aus jenem durch Ausfall des einen λ und Ersatzdehnung hervorgegangen ist (vgl. Brugman, de prod. suppl. Curt. Stud. IV 121.
126), damit es sich von ὀφέλλω vermehren unterscheide. Im Hinblicke auf das häufige Vorkommen jener älteren Form bei Homer
(vgl. Hinrichs a. a. O. 54) und auf die Ueberlieferung eines grossen
Theils der hesiod. Hdschr. ist an unserer Stelle die Form ὤφελλον
herzustellen. Dies Verb findet sich ausserdem noch fr. 172. 2
ὤφειλες im Versanfang; so Tzetzes zu Lykophr. 682, dagegen Exeg.
II. 149 ὤφελλες, es scheint auch hier die letztere Form die ursprüngliche zu sein; ὀφέλλω „vermehren" lesen wir: ὀφέλλει E. 14. 412
ὀφέλλη E. 445 ὀφέλλοις E. 33 ὄφελλε (imper.) E. 213.
    Assimilation eines in der Zusammensetzung erhaltenen Conso-
nanten ist der Grund des doppelten μ in φιλομμειδής Th. 256. 989
fr. 206. 1; die verwandten Sprachen zeigen nämlich im Anlaut des
zweiten Wortbestandtheils ς, W. smi (gr. also urspr. ςμειδάω) vgl.
Curtius Grdz.⁴ 330. Erl.² 41.
    Doppeltes μ finden wir auch in Th. 200 ἠδὲ φιλομμηδέα, ὅτι
μηδέων ἐξεφαάνθη; so wird Aphrodite genannt. Es ist offenbar,
dass der Verfasser dieser Stelle (wahrscheinlich ein Interpolator, vgl.
Koechly-Kinkel) in dem geläufigen Epitheton φιλομμειδής ein Wort
fand, das sich mit einer geringen Aenderung zu einer etymologischen
Deutung dieses Beinamens gebrauchen liess (solche Namenerklärun-
gen sind in den hesiod. Gedichten häufig, vgl. Th. 195 sq. 198. 199.
282 sqq. fr. 77. 1 sqq.); das metrisch nothwendige Doppel-μ blieb
natürlich stehen.
    Die doppelte Liquida in εὐμμελίης A. 368 εὐμμελίην fr. 133.
1 kann für sich keine etymologische Begründung in Anspruch nehmen, da der Stamm des zweiten Bestandtheiles mit einfacher Con-
sonanz anlautet. Es muss vielmehr auch hier die Doppelung aus

dem Wesen der flüssigen Laute erklärt werden; indem das μ auch
zu der vorausgehenden vocalisch auslautenden Silbe gezogen ward,
bildete sich thatsächliche Doppelconsonanz; ein anderes Compositum
hingegen φερεμμελίης, das Mimnermos fr. 14. 4 Bergk kennt, scheint
jedoch sein doppeltes μ der Assimilation des im Thema φερεc (wie
bei Hesiod φερέcβιοc φερεccακέαc) auslautenden c zu μ zu verdanken.

Die Liquida ν finden wir verdoppelt zunächst in ἐννέπετε E. 2
(dagegen ἐνέποντεc E. 262); es tritt hier nämlich der St. cεπ sagen
hervor, lat. insece, aus dem Anfangsverse der Odyssia des Livius
Andronicus bei Gell. N. A. XVIII 9. 5 überliefert: virum mihi
Cħmena insece versutum, wo das hom. ἔννεπε so übersetzt wird.
Das anlautende c des Stammes assimilirte sich mit dem vorausge-
gehenden Consonanten.
ἐννεcίῃcι Th. 494.   Dieses Wort ist zusammengesetzt aus ἐν
und der W. ἑ, die einst consonantischen Anlaut hatte (Curt. Grdz.[4]
403) nämlich j (ἵημι = skrt. jijâmi), durch Assimilirung ergab sich
Doppel-ν.
ἔc τ' ἔννηφιν E. 410; das Subst. ἔνη erscheint sonst mit einem
ν, doch ist νν älter, indem dies Wort denselben Stamm besitzt, der
in ἔνιοι drinsteckt, skt. anjâ. Das eine ν ist demnach nichts Anderes
als Assimilation aus j, ἔνjη ward zu ἔννη, vgl. Curt. Grdz.[4] 310.
Dieser Ausdruck wird von Tzetzes zu Hes. E. 664 und von Moschopulos zu E. 404 und 767 mit Recht als äolisch für ἔνη bezeichnet;
ebenso von Gregor von Kor. 609: οὗτοι (οἱ Αἰολεῖc) πάντα τὰ
cύμφωνα διπλαcιάζουcιν ἐπὶ τῶν βραχέων· ὡc τὸ ἔννεπε ἔννη
κέννοc, vgl. Ahrens de dial. Aeol. 64.
Auch der bekannte Beiname des Poseidon Ἐννοcίγαιοc gehört
hieher; wir finden ihn im Nom. Th. 818 A. 104 Ἐννοcιγαίου Th.
930 Ἐννοcιγαίῳ Th. 441 Ἐννοcίγαιον Th. 456 ἐννοcίγαιον Th. 15;
dagegen ἔνοcιc Th. 681. 849 ἔνοcιν Th. 706 ἐνοcίχθων E. 66 fr.
44. 2. Zu Grunde liegt dem Namen die W. Fοθ, skt. vadh schlagen,
wir haben also urspr. ἐνFοcίγαιοc (vgl. Savelsberg de dig. 49),
worauf das F sich dem ν assimilirte; in den andern genannten Formen ist jede Spur des urspr. Spiranten erloschen, während in dem
bei Hesiod nicht vorkommenden εἰνοcίφυλλοc für den Ausfall des
einen ν Ersatzdehnung eintrat, vgl. Brugman, de prod. suppl. Curt.
Stud. IV 97.   Die Form ἐννοcίγαιοc nennt Joh. Diak. zu Hes. A.
102 äolisch, mit Recht, da ja die Aeoler diese Assimilation zu
Liquiden besonders liebten, vgl. auch Hinrichs, de hom. el. vest.
aeol. 52.
Endlich ist noch ἐρεβεννόc Th. 213 ἐρεβεννή E. 17 zu erwähnen, das in äol. Weise das Doppel-ν aufweist, aus ἐρεβεc-νόc
entstanden, während wir in φαεινόc Λ. 122. 142. 225 die ionische
Form haben, der übrigens auch φαεc-νόc φαεννόc zu Grunde liegt.
Bei der Betrachtung der Doppelungen der Liq. ρ lassen wir

alle Fälle bei Seite, wo es hinter Augment oder Reduplication sich
vorfindet, da dies ohnehin bei den Verben berührt werden muss;
wir erwähnen demnach nur die Wörter, bei denen in Folge von Zusammensetzung doppeltes ρ erscheint. Dies geschieht in:

ἀπορραίϲειν Th. 393; der Grund der Dopplung liegt höchstwahrscheinlich im urspr. Anlaute des Verb. ῥαίω, doch lässt es sich
bis jetzt nicht bestimmen, ob eine Beziehung zur Wurzel Ϝραϝ hier
vorliegt oder nicht; vgl. Curtius Grdz.⁴ 531.

ἄρρητοι E. 4 entstand aus ἀ-Ϝρητοι, W. Ϝερ lat. ver-bum, mit
Metathesis.

ἀνεπιρρέκτων E. 748, von den χυτροπόδεϲ gesagt, d. s. noch
nicht zu Opfern gebrauchte Kessel. Das Grundwort ist das Verbal-
adjectiv ῥεκτόϲ aus der W. Ϝερϝ.

ἐπίρροθοι E. 560 καλλίρροθον E. 737 mit ῥέθοϲ zusammen-
hängend; vielleicht lässt sich das doppelte ρ aus der alten Erklärung
Lykophr. 173 τὰ ζῶντα, δι' ὧν ῥέζομέν τι deuten, wornach das eine
ρ aus dem Ϝ dieses Verbs entstanden wäre.

ἀρρήκτοιϲι E. 96 von der W. Ϝραϝ, vgl. ἔρρηξεν A. 140. 415.
ἀπορρύτου E. 595 ἀμφιρρύτῳ Th. 983 βαθυρρείταο Th. 265
ἐυρρείτην Th. 343 καλλίρροον (ὕδωρ) E. 737 fr. 202 περιρρύτῳ
Th. 290 περίρρυτον Th. 193; die Wurzel dieser Wörter ist ϲρυ,
das ϲ assimilirte sich in den genannten Compositis, dagegen gieng
es spurlos verloren in εὐρῆοϲ (Πείροιο) fr. 216. 2 καλλιρέεθρον Th.
339 Καλλιρόη Th. 351. 981 Καλλιρόη Th. 288. In den früher
erwähnten Fällen steht die dem ρρ vorausgehende Silbe durchweg
in der Arsis, die also die Erinnerung an das urspr. ϲ unterstützte.

πυλύρρηνεϲ fr. 80. 3; das Wort kommt von der W. Ϝαρν, mit
Metathesis Ϝραν, dessen Digamma sich in der Composition in ρ
assimilirte; vgl. Curtius Grdz.⁴ 347.

τανύρριζοι A. 377, ῥίζα hatte im Anlaute urspr. den Spiranten
Ϝ wie das äolische βρίϲδα beweist.

ἀπορρίψοντι A. 215, auch ῥίπτω war einst digammirt, es hängt
mit W. Ϝρεπ zusammen Curtius Grdz.⁴ 353.

ἀψορρόου Th. 776 ἄψορρον Th. 659 mit Hyphärese des ο; dies
Wort kommt wahrscheinlich von der W. ἐρ, Curt. Grdz.⁴ 546.

b. Sonstige Consonantenverdopplung.

In κάββαλε A. 462 κάββαλ' Th. 186 und καββάλετ' A. 130
erlitt die Präposition κατά Apokope, worauf Assimilation eintrat.

Doppel-δ finden wir in ὑποδδείϲαϲ A. 98; dem Verb. δείδω
liegt nämlich die Wurzel δϜι zu Grunde, wie aus der neuaufgefun-
denen Korinther Bustrophedoninschrift hervorgeht, vgl. Curtius Stud.
VIII 465, wo wir den Eigennamen ΔϜΕΝΙΑ (im alten Alphabet ge-
schr.) an der Spitze eines Hexameters finden; ΔϜεινίαϲ (vgl. δεινόϲ)
bewahrte das Digamma, das sich in unserem Particip zu δ assimilirte.
Nachwirkungen des Ϝ finden sich bei Hesiod auch in den Längungen

παρὰ δὲ (ε) Δεῖμός τε Φόβος τε Λ. 195 ἐπὶ δὲ (ε) δεινοῖcι καρήνοιc
Λ. 236 (wornach die in meinen Hes. Unters. 22 aufgestellte Behauptung, der Grund der Längung sei j in der W. δjι zu verbessern
ist, der erwähnte ΔϜεινίαc war damals noch nicht bekannt).
ὅππῃ Th. 387 ὁππότ' Th. 478. 782 A. 126 (dagegen ὁπότ'
Th. 435) ὁππotέρην Th. 549; allen diesen Wörtern liegt der St. ka
zu Grunde, im Griech. mit Ϝ; das κ erscheint in den neuionischen
Formen κότε u. s. Aus ὁ-κϜοτε ward zunächst ὃπϜοτε und dann
durch Assimilirung ὁππότε; vgl. Curtius Grdz.⁴ 460.
ἀναccείαcα A. 344 (vgl. Hom. Hymn. Ap. 403 ἀναccείαcκε)
von der W. cϜε, deren Dig. in unserer Form assimilirt ist, Curtius
Grdz.⁴ 375.
ἐυccώτρου A. 273; das Wort hängt mit cεύω W. cϜυ, vgl.
Fick indg. Wb. 177 zusammen, das Ϝ ist auch im homerischen ἐπίc-
cωτρα Radreife Ψ 519 in c assimilirt. •
λαοccόοc A. 37 λαοccόου A. 3 λαοccόψ Ἀ. 54 (so und nicht
δορυccόψ lesen wir, vgl. Hesiod. Unters. 22). Auch dies gehört zur
W. cϜυ. Brugman do prod. suppl. Stud. Ιϒ 156 Note 71 legt dem
zweiten Bestandtheil die W. sku tegere zu Grunde.
μέccου E. 502 μέccψ Th.. 143 A. 144. 201 μέccοι A. 133
μέccῃ Th. 323 E. 233. 782. 795. 810. 820 μέccῃ E. 805 Λ. 462
μεccόθι E. 369 μεccηγύc A. 417. Das Doppel-c erklärt sich aus
μεθ-jo-c lat. medius skt. madhjas. Die Form mit einem c lesen wir
nur fünfmal: μέcον Th. 522. 709 E. 609 A. 209 μέcων fr. 179.
νεμεccᾷ E. 756 (neben νεμεcῶcι E. 303. 741) aus νεμεcιάω
νεμεcjάω mit Assimilation des j entstanden.
'Οδυccῆοc Th. 1012 mit stammhaftem Doppelsigma steht der
Form 'Οδυcῆι Th. 1016 gegenüber, worin das eine c wie in γένεcι
aus γενεc-cι ausgeworfen ist. 'Οδυccεύc mit Doppelsigma ist nach
der annehmbaren Ansicht Leskien's, Curt. Stud. II 87 dem Aor.
ὀδύccαcθαι nachgebildet, gewissermassen in participialer Bedeutung;
den Aor. ὠδύccατο lesen wir bei Hesiod Th. 617, der Stamm
ist ὀδυc.
ὀπίccω so durchweg, (ὀπίcω nie): Th. 488. E. 741 A. 92. 256.
ὅccοι Th. 154. 421 fr. 93. 4 ὅccαι Th. 183. 967 ὅccον Th.
49 E. 346 fr. 169. 1 ὅccα Th. 651 fr. 96 ὅcc' Th. 424; daneben
finden sich Formen von ὅcοc zwölfmal bei Hesiod, also gerade so
oft. Das Pronomen entstand aus jοτιοc und durch die vermittelnden
Phasen ὅτιοc ὅcιοc ὅcjοc ward es endlich zu ὅccοc, woraus durch Ausfall des einen c die spätere Form ὅcοc sich ergab.
τόccοc Th. 705 τόccῃ A. 441 τόccον Th. 720 (in demselben
Verse steht daneben ὅcον mit einfachem c) E. 660. 680 τόccοι
Th. 367. Dieses Pronomen entstand aus τότιοc, wie das latein. tot
beweist; hieraus ward auf demselben Wege wie bei dem vorhergehenden τόccοc und dann das bei Hesiod nur E. 711 in der Form
τόcα vorkommende τόcοc.

φερεccακέαc A. 13. Das Doppelsigma erklärt sich hier aus der Zusammensetzung des Themas φερεc und cάκοc; jenes Thema lesen wir bei Hesiod auch in φερέcβιος Th. 693. ὅττι E. 48. 60. 673 A. 21. 428 (an acht andern Stellen ὅτι), an den vier letztgenannten Stellen in Verbindung mit τάχιcτα. Doppel-τ entstand aus ὅ-τjι, das auf ὅ-κjι zurückgeht, vgl. Curtius Grdz.⁴ 482.

Declination.

I. Hauptdeclination.

1. A-Stämme.

Statt des langen α hat der altionische Dialekt η. Bei Hesiod zeigt sich hiefür α in folgenden Fällen:

Beim Subst. θεά, wie auch sonst ständig im Epos: in der Form des Nom. Th. 213. 314. 380. 405. 419. 432. 436. 573. 900. 1006 E. 72 A. 325. 343 θεάν Th. 196. 888. In Th. 426 θεὰ ἔμμορε τιμῆc ist θεά mit Synizese zu lesen.

Dagegen weisen die Composita η auf: Παcιθέη Th. 247; cod. Taur. schreibt zwar Παcιθόη, richtig bemerkt aber Goettling z. d. St. nempe librarius expectaverat Παcιθέα. Zu vergleichen ist damit homerisches Παcιθέην Ξ 269. 276 Λευκοθέη ε 334.

Th. 1008 finden wir Αἰνείαν, wie denn dieser Eigenname ständig im ep. Dial. das ᾱ hat.

Interessant ist Θεία τ' Ἡέλιον κτλ. Th. 371. Diese Lesung ist bezeugt durch den Schol. zu Apoll. Rhod. Δ 54 Eustath. zur Od. p. 1527, 57 und das Lemma des Schol. zu unserer Stelle. So übereinstimmenden Zeugnissen gegenüber ist Goettlings Aenderung Θείη, obzwar sie dem sonstigen epischen Sprachgebrauch entspricht, doch nicht anzunehmen. Anders steht die Sache mit Th. 135 Θείαν τε Ῥείαν τε wie Koechly schreibt; die Ueberlieferung variirt zwischen Θείαν resp. Ῥείαν und Θεῖαν resp. Ῥεῖαν. Goettling schrieb Θείην τε Ῥείάν τε (vgl. seine Allgem. Lehre v. Accent d. gr. Spr. 131), namentlich mit Rücksicht auf die Schreibung von M 1 (Θεῖᾱν) und V. 371, wo er für Θεία Θείη conjicirt. Mir scheint aber Θείάν τε Ῥεῖάν τε das Richtige zu sein, da bei Frauennamen auf εια kurzes α das Regelmässige ist. Damit stimmt Th. 453, wo statt des von cod. FCEOV überlieferten metrisch unmöglichen Versanfanges Ῥείη δ' ὑποδμηθεῖcα zu schreiben ist Ῥεῖα δ' ὑπ., worauf cod. M mit seiner Schreibung Ῥεία δ' ὑπ. wenigstens hinweist.

Weniger in Betracht zu ziehen ist Μελιβοία in fr. 134 Φέλλον εὐμμελίην τέκε τῇ Μελιβοίᾳ, das Herod. περὶ μονήρ. λέξ. p. 11. überliefert hat. Die Stelle scheint arg verstümmelt zu sein, die meiste Annehmbarkeit hat Bergk's Conjectur: τέκετ' Αἰγείδῃ Μελίβοια, vgl. Goettl. zu d. St.

Nicht minder corrupt ist fr. 199, das in der Ueberlieferung bei Achill. Tat. Jsag. in Arat. Phain. 169 Pet. den Dativ μανίᾳ aufweist.

Dagegen verlangt das zweimal vorkommende einstimmig überlieferte λαμπράν τε Cελήνην Th. 18. 371 Beachtung. Goettl. schrieb
λαμπρήν, weil dies die wahre ‘epische und ion. Form sei; doch ist
hier wol eine böotische Form zu constatiren und mit Recht haben
sämmtliche neuern Herausgeber λαμπράν stehen lassen. Consequent
müsste man jede Spur des Aeolismus und Dorismus aus Hesiod ver-
tilgen.

Die Form Ἡμέρα jedoch, die eine Anzahl von Handschr. aufweist, ist nach den codd. Vat. Par. und Med. von 4. Hand wie auch
Spitzner de versu Graec. her. 34 that und alle Ausgaben schreiben,
in Ἡμέρη zu ändern, wie wir es Th. 124 vorfinden, wo alle Hdschr.
η haben. Die Schreibung im Etym. Mag. 429. 26 und beim Schol.
zu Pind. Ol. II 58 ἡμέρα thut Nichts zur Sache, da den Citirenden
offenbar die attische Form vorschwebte.

Statt des erwarteten α zeigt sich η in Ἑρμείην E. 68 in der
Ueberlieferung des MLOβbSa Ven. 2, wiewol der ep. Dial. sonst
ständig Ἑρμείας sagt. Goettling, Schoemann und Flach haben deshalb auch Ἑρμείαν in den Text aufgenommen.

Endlich sind noch zwei Wörter zu erwähnen, die anstatt des
kurzen α im nom. η zeigen: fr. 75. 2 Schoemann (179 Marckscheffel),
das bei Goettling fehlt, Ἀcτερόπη δίη τε Κελαινώ Th. 260 δίη τε
Μενίππη und Th. 938 Μαίη τέκε κύδιμον Ἑρμῆν; an beiden Stellen
nahm Goettling Anstoss; wir glauben jedoch, dass der Dichter bei
der Bildung der Form δίη bereits ganz und gar die Abstammung
des Fem. δία aus δίϜια ignorirte und jene Form als regelmässiges
Femin. zu δῖοc etwa wie θείη zu θεῖοc gebildet hat. Nach derselben
Analogie mag dann Μαίη entstanden sein, während wir fr. 75. 3
Schoem. (bei Goettling fehlt es) Μαῖά τε καὶ Μερόπη lesen. Voss
versuchte unser δίη auch in das fr. 78 einzusetzen, indem er für
den bekannten Versanfang in den Eöen ἤ οἵη Ὑρίη — ἣν δίη Ὑρίη
zu schreiben vorschlug nach dem Schol., ein Bemühen, das um so
vergeblicher ist, als wir keinerlei Zusammenhang des einzelnen das
Fragm. ausmachenden Verses mit dem Vorausgehenden kennen.

Wir kommen zu den einzelnen Casus. Eine Reihe männlicher
Substantiva zeigt wie oft bei Homer im Nominativ statt des Ausganges ηc ein kurzes α. Es sind folgende: ἀκάκητα Προμηθεύc
Th. 614 Ἑρμάων ἀκάκητα fr. 46 εὐρύοπα Ζεύc Th. 514 E. 229.
239. 281 ἠχέτα τέττιξ E. 582 A. 393 ἱππηλάτα Κήυξ fr. 168 nach
der richtigen Conjectur von Bekker für κήρυξ, ἱππότα Περcεύc A.
216 ἱππότα Νέcτωρ fr. 45. 2 μητίετα Ζεύc Th. 56. 520. 904. 914
E. 104. A. 33. 383 νεφεληγερέτα Ζεύc Th. 558 E. 53. Alle diese
formelhaften Verbindungen stehen am Ende des Verses. Immer ist
es nur der Name eines Gottes oder Helden, mit dem jene Nominative
verbunden werden bis auf ἠχέτα τέττιξ. Mit Recht hat deshalb Bergk
Griech. Literaturgesch. I 853 in diesen formelhaften Wendungen
bezüglich Homers Aeolismen gesehen, die aus älterer Poesie stam-

men, was Hinrichs, de Homericae eloc. vestig. aeol. 96 neuerdings
bekräftigt hat. Und wirklich bestätigen auch die alten Grammatiker,
dass die Correption in ᾱ dem äolischen Dialekte angehört habe, so
Eust. 75, 30. τὸ ἱππότηϲ ἱππότα καὶ τὰ ὅμοια ἀπὸ τῶν εἰϲ ηϲ
εὐθειῶν εἰϲ α μεταπεϲόντα μεταπλαϲμὸν παράδοξον ἔπαθον — ἐϲτὶ
δὲ κατὰ τοὺϲ παλαιοὺϲ Βοιωτῶν καὶ Αἰολέων ὁ τοιοῦτοϲ τύποϲ τοῦ
ϲχηματιϲμοῦ, διὸ καί τινα ἐκ τούτων προπαροξύνονται, ὡϲ ἐνταῦθα
τὸ μητίετα Ζεύϲ. Vgl. Ahrens de dial. Aeol. 109. Ebenso zeigt
auch die eleische Inschr. C. I. Gr. 11 als Nom. τελέϲτα, s. Ahrens
de dial. Ael. 130. Hinrichs a. a. O. 94. Solcher äolischen Formeln
findet sich denn auch in unseren Gedichten eine Anzahl angewendet.
Drei von den vorkommenden Substantiven werfen auch den Accent
zurück ἀκάκητα εὐρύοπα und μητίετα, wie wir oben gesehen haben.
Einem dieser Nominative begegnen wir aber auch als Accusativ:
εὐρύοπα Ζῆν Th. 884, wie schon bei Homer Θ 206 Ξ 265 Ω 331;
zwar weisen einzelne Codd. (vgl. bei Koechly-Kinkel) Schwankungen
in der Lesart auf, aber die bedeutendsten bieten unsere Schreibung.
Die Form εὐρύοπα selbst ist hier offenbar wie an jenen homer.
Stellen durch Missverständnis gebildet. Da man εὐρύοπα wol kannte
(aus den Wendungen εὐρύοπα Ζεύϲ) und diese Form zugleich das
Aussehen eines accus. nach der consonantischen Declin. darbot, so
verwendeten die Rhapsoden ohne Weiteres diese Form auch in einer
accusativischen Verbindung (vgl. Hinrichs, a. a. O. 97).

Im Genetiv Sing. haben wir auch nur Formen der Masculina
hervorzuheben. Den Ausgang αο, aus αcjo entstanden, zeigen die
Genetive: 'Αΐδαο E. 153 Αἰήταο Th. 992 'Αλκείδαο A. 112 βαθυρρείταο Th. 265 Βορέαο E. 506. 547 ἐκατηβελέταο A. 100 Ναυβολίδαο fr. 70. 6 νεφεληγερέταο Th. 730. 944 E. 99 Νηλημάδαο
fr. 138. 2 Οἰδιπόδαο E. 163 Ὑπεριονίδαο Th. 1011 φλεγύαο A.
134 Φλεγύαο fr. 125. 4. Dieser Genetiv wird häufig von den Alten
als äolisch, speciell auch böotisch bezeichnet, vgl. Ahrens, de dial.
Aeol. 110. 3 und Anm. 4, dann 203. 2.

Neben dieser Genetivform findet sich die ionische Bildung auf
εω, welche durch Umspringen der Quantität unter gleichzeitiger
Schwächung des α zu ε entstand; alle diese Formen begegnen mit
einer einzigen Ausnahme in der Theogonie: ἀβούτεω Th. 870 'Αΐδεω
Th. 311. 768. 774 Αἰήτεω Th. 994 ἀργέϲτεω Th. 870 ἐριβρύχεω
Th. 832 Κρονίδεω Th. 572 E. 71. Mit Hyphärese des einen ε Βορέω
Th. 870.

Auffällig ist, dass wir neben Βορέαο und Βορέω auch der Form
Βορέου E. 518. 553 begegnen: ἴϲ ἀνέμου Βορέου und Θρηικίου
Βορέου; an ersterer Stelle hat cod. a das metrisch unmögliche βορέαο,
an der zweiten bietet B und einige andere Hdschr. Θρηικίου Βορέαο
νέφεα κλονέοντοϲ, was im Texte stehen kann, wenn νέφεα mit
Synizese gelesen wird. Ich glaube nun, dass an beiden Stellen die
Form βορέου nur wegen des benachbarten Genet. ἀνέμου und Θρηι-

κίου in den Text gekommen ist und zwar bei Gelegenheit der Alpha-
betumschreibung: ΒΟΡΕΟ konnte als βορέου oder βορέω gelesen
werden, welch letzteres im Texte gestanden ist, wenigstens E. 518.
An der zweiten Stelle kann die Lesart von B aufgenommen werden.
Von Locativformen in den α-Stämmen finden sich nur geringe
Reste: χαμαί Th. 272 A. 365, dann im Compositum χαμαιγενέων
Th. 879. Diesem stellt sich zur Seite Θηβαιγενέοc Th. 503. So ist
nämlich die überlieferte Form Θηβαγενέοc zu verbessern; vgl. Hartel,
Zeitschr. f. öst. Gymn. 1871. p. 607.

Der Genetiv. Plur. zeigt vier verschiedene Formen: Indem das
ursprüngliche Suffix cων an den Stamm trat, worauf das c zwischen
den beiden Vocalen ausfiel, entstand die Form auf αων. Sie ist bei
Hesiod am häufigsten vertreten: Ἀθηνάων fr. 106; in der Ueberlieferung bei Hesychios (ed. M. Schmidt) steht zwar s. v. ἐπ' Εὐρυγύῃ
ἀγών: Εὐρυγύης δ' ἔτι κοῦρος Ἀθηναίων ἱεράων, doch ist kein
Zweifel, dass Goettlings Vermuthung Ἀθηνάων zu schreiben die richtige Emendation herstellt. αἰειγενετάων Th. 548. 893. 993 αἰχμητάων
A. 178 ἀλλάων Λ. 260 βολάων Th. 683 δερκομενάων Th. 910
δυcομενάων E. 384 δυcφροcυνάων Th. 528 ἐάων Th. 46. 111. 633.
664 ἐπιτελλομενάων E. 383 εὐεργεcιάων Th. 503 θεάων Th. 103.
240. 366. 376. 965 θηλυτεράων Th. 590 A. 4. 10 ἱεράων Th. 1015
fr. 106 κρατεράων Th. 683 κρήνάων E. 758 κυανεάων A. 7
Λαπιθάων A. 178 μελιccάων E. 305 μερμηράων Th. 55 Μουcάων
Th. 1. 36. 93. 94. 100 fr. 210. 1 cβεννυμενάων E. 590 τάων E.
826 A. 6 Τηλεβοάων Λ. 178 τιμάων Th. 882.

Von diesen Genetiven sind zwei besonders hervorzuheben. Zunächst ἐάων, das viermal in der Theogonie in der festen Verbindung
θεοὶ δωτῆρες ἐάων am Versschlusse vorkommt, wie in Hom. θ 325.
Man hat diesen Genetiv verschiedenartig zu erklären versucht: Goettling zu Th. 664 findet den Stamm von εἰμί darin, „cuius Ε est pri-
migenia vocalis" und vergleicht einen hieraus gebildeten Nomin. ἐη
mit γέη; „δωτῆρες ἐάων igitur sunt ii, a quibus omne, quod est in
rerum natura, proficiscitur". Kühner, Ausf. Gr. I² 296. 9 nimmt ein
verschollenes ἔη = beneficium an, ohne es aber auf irgend welchen
Stamm zurückzuführen. Den Spir. asper schreibt er wegen Lehrs'
Forderung quaest. epp. 66 sqq. Buttmann Gr. § 35. A. 4.c hält ἐάων
für einen alten Gent. von τὰ ΕΑ die Güter (vgl. ἐύc). Von dem St.
ἐc in ἐύc = urspr. ἐcύc glaube ich, ist nun allerdings das Wort abzuleiten, so aber, dass wir einen Nomin. ἔη = ἔcη, der verloren gegangen ist, voraussetzen müssen, wornach dann δωτῆρες ἐάων die
Geber des Guten sind.

Der zweite bemerkenswerte Genetiv ist κυανεάων in A. 7 τῆc
καὶ ἀπὸ κρήθεν βλεφάρων τ' ἀπὸ κυανεάων τοῖον ἄηθ' κτλ. Hier
erscheint jenes Adjectiv mit βλεφάρων verbunden. Die Stelle ist
gut bezeugt, so durch den Schol. zu Il. T 1 u. Eustath. zur Il. p.
1363, 55; einige Codd. haben das metrisch unmögliche κυανέων, M

bietet κυανεώντων, einige weniger bedeutende Hdschr. κυανεόντων. Die letztere Schreibung entsprang offenbar der Absicht die vorhandene Schwierigkeit zu beheben. Doch ist, glauben wir, an der Ueberlieferung nicht zu rütteln; wir haben vielmehr hier statt des gewöhnlichen βλέφαρον, wie auch Kühner, Ausf. Gr. I 296. 9 meint, eine Femininform ἡ βλέφαρος vorauszusetzen, wie denn ja auch das Femininum βλεφαρίς vorkommt.

Den ionischen Ausgang εων zeigen folgende Wörter: ἀγορέων E. 30 ἀπαcέων Th. 79. 361 αὐτέων A. 237 (auf die früher erwähnten Gorgonen Bezug nehmend, daher empfiehlt sich nicht die Lesart von M u. a. αὐτῶν) βαινουcέων A. 232 δυcφρονέων Th. 102 (von δυcφρόνη wie εὐφρόνη) εὐχωλέων A. 68 κεφαλέων Th. 828 fr. 42. 3 μελιccέων fr. 44. 5 Νυμφέων Th. 130 οἰνέων E. 572 παcέων Th. 828 πυλέων Th. 741. 774 A. 246. An allen Stellen mit Ausnahme von Th. 102 A. 68. 246 ist εω mit Synizese zu lesen.

Neben diesen ionischen Genetiven begegnen wir aber auch zwei dorisch-äolischen mit der Contraction in ᾶν: θεᾶν ὁπὶ λειριοέccῃ Th. 41 und ἐκ μελιᾶν E. 145. An letzterer Stelle zeigt zwar die Ueberlieferung einige Varianten (M hat μελιάν aus μελιᾶν corrigirt, β μελιαν mit übergeschriebenem ῶ, N das unsinnige μελιάνων), aber sie rühren offenbar nur von einem Missverständnis her. Wie nun das Eindringen dieser Formen zu erklären ist, soll später im Zusammenhange berührt werden.

Endlich finden sich auch Genetive mit der Contraction in ῶν: αὐτῶν A. 377 (auf πέτραι bezogen) δικῶν E. 264 κυλινδομένων A. 378 (ebenfalls auf πέτραι bezogen) λιγυρῶν A. 278 (cυρίγγων) μοιρῶν fr. 173. 4 νιccομένων Th. 71 (von den Nymphen gesagt) παρειῶν A. 267 cκολιῶν E. 264 (δικῶν) cτιβαρῶν Th. 715 (ἀπὸ χειρῶν) τῶν (γε μὲν ἀλλάων) A. 260; χλούνων A. 168 mit in bekannter Weise zurückgezogenem Accente. Wir sehen, die Genetive dieser Art gehören meist der Aspis an; die zwei in den Erga vorkommenden cκολιῶν δὲ δικῶν stehen in einer offenbar späteren Interpolation. Der V. 71 der Theogonie, wo sich νιccομένων als gen. pl. f. findet, gehört zu einem der an den Anfang dieser Dichtung zusammengereihten Musenhymnen späteren Ursprungs, so dass nur cτιβαρῶν in der Thegonie und μοιρῶν in den Fragmenten übrig bleibt, woraus sich der Schluss ergibt, dass die älteren hesiodischen Dichtungen die contrahirte Genetivform auf ῶν gemieden haben.•

Im Dativ Plur. ist die regelmässige Endung die ionische ῃcι oder ῃc, und zwar: ἀγκοίνῃcι fr. 83. 5 ἀεcιφροcύνῃcιν Th. 230 Αἰακίδῃcιν fr. 222. 1 (so Schoemann u. Flach) αἰειγενέτῃcιν fr. 178. 3 ἀκαμάτῃcι Th. 519. 747 ἀλλήλῃcιν Th. 230 A. 375 (VC haben ἐπ' ἀλλήλαιcι, die übr. ἐπ' ἀλλήλαιc δὲ πέcωcιν) ἀλφηcτῇcι Th. 512 E. 82 A. 29 ἀλυκτοπέδῃcι Th. 521 ἀμφοτέρῃcιν Th. 533 ἀοιδῇcι E. 1 ἀργυρέῃcι A. 299 ἄτῃcιν E. 216. 352. 413 Ἀτρείδῃcιν fr. 222. 2 βήccῃcιν

Th. 860. 865 βουλῆιcιν Th. 318. 370. 960. 993 E. 16. 79. 99 γλώccηι
Th. 826 δίκηιcιν Th. 86 E. 219. 250 ὀνοφερῆιcι Th. 826 ἐπιφροcύνηιcιν
Th. 658 Ζωῆιcιν A. 244 Ζώνηιcι A. 233 ἡμετέρηιcι A. 367 ᾖcιν Th. 60
E. 47. 381 θαλίηιcι E. 115 ἰδμοcύνηιcιν Th. 376 ἰθείηιcι Th. 86 E.
36 ἰθυδίκηιcι E. 230 ἱκέτηιcι A. 85 καναχῆιcι A. 160 κείνηιcι Th. 877
κεφαλῆιcιν Th. 827. 829 fr. 42. 1 κνήμηιcιν A. 123 κοίληιcι E. 689
κονίηιcι A. 365 κορυφῆιcι Th. 1010 κυανέηιcι Th. 745 μακρῆιcιν Th.
778 μαρτυρίηιcιν E. 282 ὀξείηιcι A. 289 παλάμηιcι Th. 580. 866
A. 320 πάcηιcιν Th. 829 πέτρηιcι Th. 778 πληγῆιcιν Th. 857 πλή-
cμηιcι fr. 212 ῥίζηιcι Th. 812 E. 19 cῆιcι Th. 658 E. 107. 274
cκολιῆιcι E. 219. 250 cταφυλῆιcι A. 300 cφετέρηιcι E. 152 τέχνηιcι
Th. 496. 929 τῆιcιν Th. 917 A. 277 fr. 206. 1 φίληιcι Th. 283
φηλήτηιcιν E. 375 φραδμοcύνηιcιν Th. 625. 884. 890 E. 245 χηλῆιcι
A. 62.

Die Formen mit abgefallenem ι sind folgende: ἀθανάτηc A. 339
ἀιδνῆc Th. 860 αἰχμῆc A. 289 ἀργυρέηc Th. 791 A. 295 αὐτῆc
Th. 64 (αὐταῖc Schol. Pind. Ol. IX. 39) ἀφραδίηc E. 134. 330 βήc-
cιc E. 510 δεινῆc Th. 829 (neben κεφαλῆιcι) δίκηc E. 221 δίνηc
Th. 791 ἐλάτηc A. 190 ᾗc Th. 904 θαλίηc Th. 65 (M hat θαλίαιc)
E. 231 θεcπεcίηc Th. 827 (neben κεφαλῆιcιν) θηρευτῆc A. 388
νεφέληc Th. 745 παιπαλοέccηc Th. 860 (neben βήccηcι ἀιδνῆc)
cκολιῆc E. 221 cπονδῆc E. 338 cτιβαρῆc Th. 675 nach cod. υ u. a.;
die meisten Hdschr. haben cτιβαράc, was Schoemann mit Bezug auf
πέτρac in den Text nahm; Goettling u. Flach schreiben mit Recht
cτιβαρῆc, Koechly cτιβαραῖc; τροπῆc E. 479 ὠκείηc Th. 269.

Dative mit dem Ausgange αιcι finden sich keine bei Hesiod.
fr. 222. 1 schreibt zwar in der Ueberlieferung bei Suidas (ed. Bern-
hardy) Αἰακίδαιcι, mit Recht aber hat Schoemann hier Αἰακίδηcι
hergestellt, worauf der Schluss des zweiten Verses dieses Fragmentes
'Ατρείδηcι schon hinweist, indem hier ein ὁμοιοτέλευτον vorliegt.
Auch E. 230 haben einzelne codd. mit dem Lemma des Prokl. ἰθυδί-
καιcι, die bedeutendsten Hdschr. bieten ἰθυδίκηcι, so MμLQ (ἰθυδί-
κοιcι μετ' ἀνδράcι BOV).

Dagegen zeigen sich etliche Dative mit dem Ausgange αιc:
ἀγλαῖαιc A. 272 (M ἀγλαῖηc) ἀθανάταιc E. 62 αἷc Th. 215 (vgl.
Hom. Hymn. Aphr. 249) ἀκταῖc A. 213 ,(vgl. Hom. M 284) ἀλλήλαιc
A. 375 'Αμαθαονίδαιc fr. 222. 2 ἀπήναιc fr. 189, zweifelhafte Lesart;
Porson änderte in ἀπήναc. δίκαιc E. 36 εἰλαπίναιc fr. 132. 4 ἐχού-
caιc Th. 61 θεαῖc E. 62 (Hom. ε 119) μελπομέναιc A. 206 Μούcαιc
E. 658 παλάμαιc A. 219 ὑμνεύcαιc Th. 70. Auch diese Formen erscheinen meist in jüngeren Partien. Mehr als die Hälfte findet sich in
der Aspis und den Fragmenten; von den drei Fällen in der Theogonie
gehören zwei ἐχούcαιc und ὑμνεύcαιc Th. 61 und 70 den jüngeren
Musenhymnen an, so dass in dieser Dichtung nur αἷc v. 215 in
einer der älteren Partien übrig bleibt.

Der Accusativ Plur. ist insofern interessant, als wir bei Hesiod

eine Reihe von Beispielen vorfinden, welche die Correption der Endung α-vc vgl. C. I. 3050, 5 πρειγευτάνc aufweisen. Wir lesen
nämlich: "Αρπυιαc, 'Αελλώ κτλ. Th. 267 βουλὰc ὑπερμενέι Κρονίωνι
Th. 534 ἡμετέραc διὰ βουλάc Th. 653 δεινὰc ἀήταc E. 675 εἰρέαc
ἀθανάτων Th. 804 κοῦραc ὁμόφρομναc Th. 60 μεταναιέταc εἶναι
Th. 401 ἰδὲ Cκύθαc ἱππημόλγουc fr. 190 μετὰ τροπὰc ἠελίοιο E. 564.
663. Zweifelhaft ist Th. 184 wo die meisten codd. πάcαc δέξατο Γαῖα
schreiben, während F πᾶcαc ἐδέξατο hat. In diesen Accusativen ist
für den im ursprünglichen Suffix vc enthaltenen Nasal keine Ersatzdehnung eingetreten. Nach den Berichten der alten Grammatiker, vgl.
Ahrens de dial. Dor. 172. 1 u. Anm. 1, war dies eine Eigenheit des
dorischen Dialekts. Diese Accusativformen finden sich denn auch bei
Epicharmos, Stesichoros und Alkman, ganz besonders bei Theokrit in
den bukol. Ged. V. 136 κίccαc ἐρίcδειν XV. 65 περὶ τὰc θύραc, so
noch X. 35 καινάc VII. 87 und X. 38 καλάc IX. 11 τρωγοῖcαc IV.
2 αὐτάc IV. 3 und I. 83 πᾶcαc III. 3 und V. 73 τάc XXI. 1
τέχναc; auch Tyrtaios hat sie angewendet δημόταc ἄνδραc fr. IV.
5 Bergk δεcπόταc οἰμώζοντεc fr. VII. 1, ebenso Empedokles περὶ
φύc. 6 Mullach μυρίαc ὥραc. Bemerkenswert ist, dass wir die hesiod.
Accus. mit kurzem Ausgange zumeist in der Theogonie, in der Aspis
gar nicht vorfinden.

Wir haben auch der mit dem Suffixe φι gebildeten Casus zu
gedenken. Für den Dativ stehen: ἀγορῆφι Th. 89 ἀναιδείηφι E.
359 βίηφι Th. 496. 882 ἑτέρηφι E. 216 θύρηφιν E. 365 κεφαλῆφιν
Th. 578 E. 345. Hiezu kommt noch ἐc τ' αὔριον ἐc τ' ἔννηφιν
E. 410, hier ist ἔννηφιν bereits ganz adverbial geworden „über-
morgen", so dass es selbst mit der Präposition ἐc wie αὔριον verknüpft werden konnte.

Mit Localsuffixen sind nur wenige A-Stämme zusammengesetzt:
mit θεν: Λιλαίηθεν fr. 202 Πιερίηθεν E. 1; mit θι keiner, mit δε
gleichfalls nicht, dafür lesen wir mehrere mit dem Suffix Ζε, das nach
Curtius (Grdz.⁴ 615) richtiger Vermuthung aus jε (nicht cδε, wie
gewöhnlich angenommen wird) hervorgegangen ist, wornach dann
die betreffenden Formen etwa als eine Art Locativ zu fassen sind;
hieher gehören ἔραζε E. 421. 473 ἔραζ' A. 174. 264, von dem ver-
schollenen St. ἔρα die Erde (goth. air-tha); θύραζε Th. 750 E. 97
χαμᾶζε fr. 249. Dagegen ist μέταζε E. 394 aus dem genannten
Suffix und dem Adverb μετά zusammengesetzt, Curtius Grdz.⁴ 208.

2. O-Stämme.

Der sogenannte thessalische Genetiv auf o-ιο aus o-cjo entstanden findet sich bei Hesiod sehr oft, in der Theog. 77, den Erga 36,
der Aspis 38 und den Fragmenten 19 Mal; die spätere Form mit
dem Ausgange ou aber in der Theog. 101, den Erga 65, der Aspis
52 und den Fragm. 14 Mal. Die Erga zeigen also fast doppelt so
oft die Anwendung der jüngeren Form. In einer Reihe von Versen

stehen beide Genetivformen neben einander u. z.: Th. 6. 215. 274.
294. 605. 683. 737. 788. 808. 845. 852. 863. 870. 952. 958 E.
328. 384. 387. 735 A. 71. 122. 147. 153. 208. 223. 244. 371.
407 fr. 9.

Für den Vocativ Sing. erscheint wie bei Homer — φίλοc ὦ
Μενέλαε Δ 189 φίλοc I 601 ὦ φίλοc Υ 375 — die Nominativ-
form in A. 95 ὦ φίλοc.

Von Locativen haben wir nur οἶκοι E. 365 zu verzeichnen.

Im Accusativ Plur. findet sich A. 302 ὠκύποδαc λαγὸc ἤρευν
die dorische Form ohne Ersatzdehnung aus λαγο-vc gebildet, wie
wir dies auch im Accus. Plur. der A-Stämme gesehen haben. Solchen
Formen begegnen wir bei Pindar vâcoc Ol. II. 78 Christ (Accent nach T.
Mommsen) ἐcλόc Nem. III. 29; bei Epicharmos τὸc ἀνθρώπουc bei
Lorenz p. 268, 40. 13, ebenso sind sie inschriftlich erhalten wie z. B.
im Amphiktyonendecret C. I. Gr. 1688 z. B. 17. 39 τὸc-Αἰγιναίοc;
ebenso auf kretischen (2555.τὸc θεόc) kyrenäischen (1 τὸc κοινόc)
theräischen (2448 IV. 35 cτεφάνοc) koischen (2508 ἐc τὸc θεὸc
Cεβαcτόc); vgl. Ahrens de dial. Dor. 172. 173. Hartmann de dial.
Delph. 37.

Mit dem Suffix φι erscheint von O-Stämmen nur ἐκ θεόφιν Th.
871 gebildet.

Mit Localsuffixen zusammengesetzt sind: mit θεν οὐρανόθεν
E. 242. 355 ἀπ' οὐρανόθεν A. 384 πεδόθεν Th. 680, mit θι αὐτόθι
E. 96 μεccόθι E. 369 νειόθι Th. 567, mit δε ὄνδε δόμονδε A. 38
οἶκόνδε E. 554. 673 Οὔλυμπόνδε Th. 397 πεδίονδ' A. 378. Ausserdem sind hier κηρόθι A. 85 und ὑψόθεν Th. 704 E. 449 zu erwähnen,
die zu den der zweiten Hauptdeclination angehörigen Subst. κῆρ und
ὕψοc aus den Stämmen κηρο und ὑψο gebildet sind.

Die Substantive, welche o oder ε vor dem Stammauslaut haben,
bleiben bis auf einen einzigen Fall in einem Fragmente 222. 2 νοῦν
δ' Ἀμαθαονίδαιc im Versanfang, durchweg uncontrahirt.   Auch bei
Homer findet sich Contraction nur an einer Stelle κ 240 νοῦc; von
den griech. Elegikern haben nur Theognis 1183 und Solon XXVII.
13 νοῦc, Theognis ausserdem zweimal 350 u. 898 νοῦν.   Uncontrahirt
lesen wir bei Hesiod νόοc Th. 613. 1002 E. 482 νόοιο E. 685 fr.
240 νόψ Th. 661 νόον Th. 51. 122. 262. 537 E. 67. 105. 323.
373. 661. 714. 793 A. 5. 149 fr. 94. 3. 177. 2. ἁμαρτίνοον Th.
511 Ναυcίνοον Th. 1018 Ναυcίθοον Th. 1017 Πειρίθοον A. 179
fr. 155 πλόοc E. 665. 678. 682 πλόον E. 630 προχόῳ Th. 785
ῥόον E. 566 καλλίρροον ὕδωρ E. 737 fr. 202; Stamm auf ε ὀcτέα
Th. 540. 555. 557. 559. 561 A. 152, davon das Comp. ἀνόcτεοc
E. 524.

Die sog. attische Declination bleibt bei den Substantiven auf
den einzigen Eigennamen Βριάρεωc resp. Ὀβριάρεωc beschränkt.
Wir lesen den Nom. Βριάρεωc Th. 149. 714 Βριάρεων Th. 817
Ὀβριάρεωc Th. 734 Ὀβριάρεῳ Th. 617 (so nach Dindorfs Emen-

dation für Βριάρεψ und ὁ Βριάρεωc). An allen Stellen ist εω mit
Synizese zu lesen. Alle übrigen Substantiva, die sonst der attischen
Declination folgen, werden in gewöhnlicher Weise flectirt: λαόc A.
472. 475 λαόν E. 652 λαοί Th. 84 E. 227. 243. 764. 768 λαῶν
Th. 1000 E. 222 A. 41. 330 fr. 6. 35. 1. 111. λαοῖcι Th. 430 A.
27 λαοῖc Th. 88 Λαομέδεια Th. 257 λαοccόοc A. 37 λαοccόου A.
3 λαοccόψ A. 54 Ἰόλαοc A. 102. 323. 340. 467 Ἰολάου A. 74
Ἰολάψ Th. 317 Ἰόλαον A. 77 Ἰόλαε A. 78. 118 νηοῖc Th. 990.

II. Hauptdeclination.

Zunächst müssen wir einige Bemerkungen über Casussuffixe
vorausschicken. A. 158 lesen wir den Dual. ποδοῖιν, wie oft bei
Homer; die Form ist einfach dadurch zu erklären, dass das ursprüngliche Suffix φιν (skrt. bhjàm) an ποδο- antrat, wodurch ποδοφιν entstand; hieraus ward ποδοϝιν durch Erweichung des φ und in Folge
Ausfalls des ϝ und eingetretenen Guna-ı endlich ποδοῖιν.

Der Dativ Plur. zeigt häufig das ursprüngliche Suffix εccι (aus
εcϝι); daneben findet sich bei denselben Wörtern die spätere Endung.
Bewahrt haben das alte Suffix die Wörter: ἀκτίνεccιν Th. 760
ἄνδρεccι Th. 606 E. 484. 638 βελέεccι (aus βελεc-εccι) Th. 716
βόεccιν E. 454 fr. 80. 2 γεράεccι Th. 449 γηράντεccι (vom partic.
γηράc) Th. 188 διηνεκέεccιν Th. 812 δμώεccι E. 502. 766 fr. 174.
6 εἰλιπόδεccι Th. 290 fr. 80. 2 ἑλίκεccιν A. 295 Ἑλικωνιάδεcc'
E. 658 ἐπέεccιν Th. 90 E. 186. 332 θυέεccι E. 338; die Ueberlieferung ist hier schwankend: M hat cπονδῇ θυέεcι LONT cπον-
δῇcι θυέcci. Vat. 1384 hat unsere Lesart cπονδῆc θυέεccι, auf die
offenbar M hinweist; zudem bieten einige minder wichtige Hdschr.
cπονδῆcι θυέεccι, wodurch nach der nothwendigen Abstreichung des ı
gleichfalls jene Lesart beglaubigt erscheint; ἱππήεccι Th. 439 κατη-
ρεφέεccι Th. 594 κηφήνεccι E. 304 λεχέεccι Th. 798 μακάρεccι
Th. 128 E. 120. 139 A. 247. 328. 476 fr. 220 νεφέεccι E. 204
νήεccιν E. 164 Ὀλυμπιάδεccιν fr. 83. 2 ὀνύχεccι E. 204. 205 A.
427 ὀρνίθεccι E. 470 fr. 44. 3 παίδεccι Th. 398 E. 182. 399 Πανελ-
λήνεccι E. 528 πάντεccιν Th. 372. 402 πλεόνεccι E. 379 πόδεccιν
fr. 221. 2 πολέεccιν E. 119 πολυφραδέεccι Th. 494 πραπίδεccι Th.
608 πρυλέεccι A. 193 πτερύγεccι Th. 269 A. 134 cκυλάκεccιν Th.
834 Τιτήνεccιν Th. 650. 674. 882 φαέεccι fr. 83. 4 φαρέεccι E. 898
Χαρίτεccιν fr. 13. 1 χείρεccιν Th. 487. 575 E. 94. 152 A. 193.
266; in der Form χέρεccι Th. 519. 747 ὠκυπόδεccι E. 816 A. 470.
Zu den einzelnen Stammgruppen übergehend betrachten wir
zunächst die vocalischen Stämme.

1. Stämme auf ı.

Diese zeigen bei Hesiod fast durchweg die streng ionischen
Formen. Das ı des Stammes wird fast ständig gewahrt. Wir lesen
abgesehen von den Nominativen die

Genetive: βρώcιοc Th. 797 κόνιοc Th. 880 ὄφιοc Th. 322.
825 πόλιοc A. 239. 473 ὕβριοc E. 217.

Dative: παρᾰκοίτι A. 14. 16.   Dagegen δυνάμει A. 354, eine
Form die übrigens auch auf der ionischen Inschrift von Teos C. I.
Gr. 3044 A 31 vorkommt.

Accusative sind sehr häufig: ἄκοιτιν Th. 410. 608. 921. 927
E. 800. 946. 948. 953. 999 fr. 8 δόcιν E. 718 δύναμιν Th. 340
E. 336 ἕνοcιν Th. 706 κόνιν Th. 706 κτῆcιν Th. 606 Λάχεcιν Th.
218. 905 μῆνιν A. 21 μῆτιν A. 28 Νέμεcιν Th. 223 ὄφιν Th. 299.
334 πόλιν E. 189. 222. 527 A. 284. 469. 474 τέρψιν Th. 206
A. 273 τίcιν Th. 210 ὕβριν E. 134. 191. 213 Φᾶcιν Th. 340.

Nominativi Plur.: δίεc E. 234 ὕβριεc E. 146 und das Adject.:
ἴδριεc A. 351.   Daneben finden wir vereinzelt die Form πίcτειc E.
372 in einer offenbaren Interpolation V. 370—372.   Diese Verse
kennen mehrere gute Hdschr. gar nicht, nämlich MμLlQ, sie wurden
deshalb auch von Koechly mit der Athetese belegt.   Dazu kommt,
dass die beiden andern Nominative der ι Stämme, die in den Erga
vorkommen die strenge ionische Form zeigen. V. 372 speciell ist übel
zugerichtet in der Ueberlieferung, so dass, wenn er überhaupt seine
Stelle behalten soll; die Aenderung in πίcτειc δ' ἄρ τοι ὁμῶc καὶ
ἀπιcτίαι ὤλεcαν ἄνδραc vorgenommen werden muss; δ' ἄρ τοι für
ἄρα emendirte Guiet.

Genet. Plur.: ὀφίων A. 161; daneben πόλεων fr. 112. 2, was
aber mit Rücksicht darauf, dass es erst bei Plutarch. Thes. 16 überliefert ist, ganz wol in πολίων geändert werden kann, da πόλιc sonst
das ι des Stammes bewahrt hat (abgesehen von den vom erweiterten
St. πολει gebildeten Formen).   Ein Dativ Plur. kommt von keinem
ι-Stamme vor, wol aber der

Accus. δίc E. 775 aus ὄι-νc entstanden.

Das Substantiv πόλιc weist aber auch Formen des erweiterten
Stammes auf, doch nur in der Aspis und in den Fragmenten: πόληοc
A. 285 fr. 77. 4. 103 πόληα A. 105 πόληαc fr. 46. 3. Die Entstehung dieser Formen ist einfach: aus πολει-οc z. B. ward πολεj-
οc und in Folge Ausfalls des Spiranten Jod mittels Ersatzdehnung
πόληοc. Auch nach Hesiod finden wir diese Formen noch bei ionischen
Elegikern Theogn. 757 πόληοc Tyrt. XII. 15 πόληι.

An dieser Stelle müssen wir auch von den ι-Stämmen sprechen,
die zu scheinbaren Dentalstämmen geworden sind, indem sich aus
dem ι ein j entfaltete, das später vor sich ein δ erzeugte und dann
ausfiel. Vgl. hierüber Curtius Grundz.[4] 623. Im Accusativ traten
die ursprünglichen Formen hervor, wenn die Wörter Barytona sind:
Dahin gehört bei Hesiod zunächst der Accus. ἄψιν E. 426 mit in
äolischer Weise (vgl. äol. κνᾶμιν, Ahrens de dial. Aeol. 113) zurückgezogenem Accent, während das gemeingriechische ἀψῖδα mit dem
Accent auch die spätere Form zeigt. So findet sich auch noch

bei Euripides Iph. Aul. 14. 121. 350 die Form Αὖλιν von Αὐλίς,
während er den Accus. Αὐλίδα v. 88 anwendet. Den Accus. auf v
weisen ferner bei unserem Dichter auf: Ἔριν Th. 225 E. 16, während
Homer öfter ἔριδα hat, Θέμιν Th. 16. 135. 191 Ἴριν Th. 266. 784
κυανῶπιν Α. 356 Ἐριῶπιν fr. 51. 2 Schoem. (bei Goettling fehlt es),
wogegen z. B. Hom. Epigr. 1. 2 ἐριώπιδα vorkommt, ὄπιν Th. 222 E. 187.
251. 706, bei Homer neben dieser Form Π 388 φ 28 auch ὄπιδα
E 82 u 215. Dagegen zeigen bei Hesiod nur den späteren Accusativ
ἑλικώπιδα καλλιπάρῃον Th. 298 und ἑλικώπιδα κούρην Th. 998,
dann πολυκλήϊδα E. 817. Schwankend sind: γλαυκῶπις, das neben
γλαυκῶπιν Ἀθήνην Th. 13. 888 auch γλαυκώπιδα γείνατ' Ἀθήνην
Th. 924 und γλαυκώπιδα Τριτογένειαν Th. 895. 924 aufweist, dann
φύλοπις, dessen Accus. A. 200 φύλοπιν, dagegen A. 114 φυλόπιδα
lautet. Auch einen alten Dativ haben wir bei Hesiod zu verzeichnen,
der, trotzdem das Subst. in die Dentalstämme übergieng, den ursprünglichen ι-Stamm zum Ausdruck bringt, es ist ἐν δαῖ λυγρῇ Th. 650.
674, wobei δαῖς in der Bedeutung „Kampf" erscheint, so wie bei
Homer z. B. N 286. Der ι-Stamm tritt auch in der Composition
hervor δαΐφρων A. 119.

2. Stämme auf υ.

Bei diesen Stämmen ist besonders ihr Verhalten rücksichtlich
der Contraction bemerkenswert. Bei Hesiod stehen offene Formen
neben zusammengezogenen.

Vom Genet. Sing. ist die verschiedene Quantität in δρυὸς ἔλυμα
E. 436 und δρυὸς ἐν πετάλοισι E. 486 zu erwähnen; sonst lesen wir
die Genetive νηδύος Th. 460 Ὀιζύος E. 113. 177 A. 351.
Im Dativ finden wir Φόρκυϊ Th. 270 und Φόρκυι Th. 333;
die letztere Form zeigt nothwendige Contraction von υι, da dies die
vierte Arsis bildet; der offene Ausgang in Φόρκυϊ wird aber, nach dem
ständigen epischen Gebrauch bei mehrsilbigen Formen zu schliessen,
(vgl. Kühner, Ausf. Gr. I² 343 Anm. 4) in Φόρκυι zu ändern sein.
Die Codd. MCV haben zwar Φόρκυνι, was aber wegen Φόρκυνος
Th. 338 unmöglich ist. (Die Formen dieses Wortes, welche es von
einem ν-Stamm bildet, werden später berührt werden.) Sonst findet
sich nur ἰσχύι Th. 823 mit offenem Ausgange.
Von den Accusativen δρῦν Th. 35 ἴτυν A. 314 νηδύν Th. 487.
890. 899 Ὀιζύν Th. 214 τρίπηχυν E. 423 Φόρκυν Th. 237 ist
nichts Besonderes zu bemerken.
Im Nomin. Plur. erscheint nur ἰχθύες zweimal A. 213. 317
uncontrahiert, während wir in demselben Gedichte δρῦς vorfinden:
A. 376 πολλαὶ δὲ δρῦς ὑψίκομοι; darnach ist die Angabe Kühners
Ausf. Gr. I² 343. Anm. 4, dass der Nom. Plur. in der epischen
Sprache immer offen sei, zu berichtigen.
Von Dativen lesen wir ἰχθύσι E. 277 A. 215.

27*

Die Accusativo Pl. zeigen wieder offene und contrahirte Formen
neben einander: 'Ερινύας E. 803, in der Theog. dagegen 'Ερινῦς
185 und ἐρινῦς 472; βότρυας lesen wir A. 294, βότρυς aber E. 611;
nur contrahirt erscheint δρῦς E. 509 und ἰχθῦς A. 212.

Von den hieher gehörigen Adjectiven, die ihre Casus obliqui
aus dem erweiterten Stamm auf ευ bilden und bei vocalischem Anlaute des Suffixes das υ in F übergehen lassen, ist zu bemerken, dass
der Dativ eben wegen dieses Digammaausfalles offen bleibt (wie bei
Homer) so εὐρέι E. 507 ὀξέι A. 335. Der Accusativ von εὐρύς
lautet neben εὐρύν E. 246 εὐρέα an der einen Stelle E. 650 ἐπέπλων
εὐρέα πόντον, wie oft bei Homer. Von πρέσβυς (alt) lesen wir A.
245 πρέσβηες im Nom. Plur. vom gesteigerten Stamme πρέσβευ πρε-
σβεF. Wie schon oben beim Capitel über den Accent erwähnt ward,
ist Goettlings u. Koechly's Schreibung πρεσβῆες (nach den Hdschr.
bis auf M, die πρέσβυες hat) vom Nom. πρεσβεύς unmöglich.

3. Stämme auf ευ.

Den reinen Stamm zeigt der Vocativ Πηλεῦ fr. 71. 1. Die
Casus obliqui, deren Suffixe vocalisch anlauten, verwandeln das auslautende υ in F, in Folge dessen regressive Ersatzdehnung eintritt:
'Αχιλλῆα Th. 1007 βασιλῆος Th. 992 A. 473 βασιλῆι Th. 476. 486.
923 βασιλῆα Th. 897. 958. 985 βασιλῆες als Nom. od. Voc: Th. 88.
96 E. 263 mit Synizese zu lesen, nicht βασιλεῖς wie BO haben, fr.
32. 1. 3. 58. 3 βασιλήων Th. 82 u. E. 261 nach MBOINSTα und
Stobaeus, wobei βασιλήων mit Synizese gelesen werden müsste; dagegen
hat B das des Versmasses wegen ansprechendere βασιλέων; βασιλῆας
E. 38 fr. 130. Γηρυονῆι Th. 309 Γηρυονῆα Th. 287 γονῆα E. 331
Εὐρυσθῆα A. 91 ἱππῆες A. 305 ἱππήεσσι Th. 439 aus ἱππεFεσσι;
ἱστοβοῆι E. 431 ἱστοβοῆες E. 435 Λυγκῆος A. 327 Νηλῆος fr. 45. 4
Νηρῆος Th. 240. 263. 1003 'Οδυσσῆος Th. 1010 'Οδυσῆι Th. 1017
οὐρῆας E. 791. 796 τοκῆι Th. 155 τοκῆα Th. 138 τοκήων A. 239
τοκῆας Th. 469 A. 90 Φυλῆα fr. 220 nach der richtigen Emendation Hermanns, denn der Accus. Φυλέα in dem von Eustath. zu
Il. p. 125 überlieferten Φυλέα φίλον μακάρεσσι θεοῖσι ist metrisch
unmöglich; endlich noch Φωκῆες A. 25. Diese Formen mit η sind
auch auf ionischen Inschriften zu finden, vgl. Renner quaest. de dial.
antiq. Graec. poes. elegiac. et iamb. Curt. Stud. I a 224, z. B. auf
einer Inschrift von Priene C. I. II 2247 Τῷ 'Απόλλωνι τῷ Πριηνῆι.
(Ol. 112—115). Von den genannten Formen ist besonders der Dativ
ἱππήεσσι bemerkenswert, indem hier an den Stamm ἱππεF das alte
Suffix des Dat. Pl. εσσι antrat, während alle übrigen Dativi Pl. dieser
ευ-Stämme das jüngere Suffix σι aufzeigen, das an den auslautenden
Diphthongen treten kann z. B. βασιλεῦσιν Th. 80. 434 E. 202 τοκεῦσι
E. 235 u. s. Zu vergleichen ist mit jener Form das homerische
ἀριστήεσσι E 206 I 334. Die vereinzelte Stellung jener Form er-

klärt sich daraus, dass sie sich in dem Hekatehymnos (411—452)
vorfindet, der anderen Ursprungs ist als die Theogonie.
Doch es finden sich neben jenen altepischen Formen auch bereits jüngere Bidungen. Von βαcιλεύc lesen wir ὦ βαcιλεῖc E. 248.
Der Vocativ βαcιλεῖc in E. 263, den BO bieten, wurde schon oben
zurückgewiesen. Auch an jener Stelle ist die Form höchst bedenklich und es hat schon Hermann mit Recht Anstoss daran genommen
und sehr passend vorgeschlagen ὑμεῖc δ᾿ ὦ βαcιλῆεc ἐπιφράζεcθε
nach der Schreibung des cod. Viteb. zu lesen (zum Hom. Hymn. Dem.
137). Hiezu kommt von Nom. appellativis nur noch der Dativ κεραμεῖ in καὶ κεραμεὺc κεραμεῖ κοτέει E. 25 bezeugt durch Plat. Lys.
215'C Aristot. Pol. V. 8. 18 Plut. Mor. 473 A, so dass dieser eigentlich unter den Appellativis als einzige nicht streng-ionische Form
figuriert, die auf Existenzberechtigung Anspruch machen darf.
Die Nom. propria aber weichen in verschiedenen Casus ab.
Von Genetiven lesen wir Τυφωέοc Th. 869, entstanden aus ΤυφωεϜοc
durch Ausfall des Digamma ohne jede Nachwirkung. Im Dativ finden
wir Πηλεῖ Th. 1006 im ersten Versfusse; Goettling änderte zwar
in Πηλέι, aber einmal haben alle Hdschr. einstimmig jene Lesart
und dann ist auf die homerischen Beispiele hinzuweisen, wo wir
jenen Dativ Ω 61 gleichfalls zu Anfang des Verses lesen; so auch
Ἀχιλλεῖ Ψ 792 am Ende, Πορθεῖ Ξ 115 am Anfang des Verses. Von
Accusativen begegnen wir und zwar mit pothwendiger Synizese des
Ausganges εα Γηρυονέα (2. Arsis) Th. 982 (die codd. MCO und das
Lemma des Schol. haben Γηρυονῆα wie Th.. 287, das metrisch
unmöglich ist; Γηρυονή, das ein engl. Cod. des XVI. Jahrh. hat,
wollte Hermann in den Text aufnehmen), Ἐπιμηθέα Th. 511 in der
letzten Senkung Προμηθέα Th. 510 gleichfalls. In den übrigen
Fällen kann εα zweisilbig oder mit Synizesis als eine Silbe gelesen
werden: Ἐπιμηθέα E: 84 (2. Senk.) Θηcέα A. 182 (1. S.) Ἰλέα fr.
77. 1 (1. S.) Καινέα A. 179 (1. S.) Νηρέα Th. 233 (1. S.) Ὁπλέα
A. 180 (1. S.) Προμηθέα Th. 521 (4. S.) Τυφωέα Th. 821 (4. S.).
Das von Eustath. überlieferte Φυλέα fr. 220 entfällt, da es richtig,
wie oben bemerkt, Φυλῆα heissen muss. Ob nun das α in den genannten Accusativen lang wurde (durch Umspringen der Quantität des
vorausgehenden durch Ersatzdehnung gelängten Vocals aus ηα in εα),
oder ob das Digamma spurlos verschwunden ist, und α kurz blieb,
darüber lässt sich in unseren Fällen nicht entscheiden, indem ja alle
eine Lesung mit Synizese zulassen.
All den betrachteten Formen gegenüber muss man sich sehr
wundern, wenn man fr. 126. 2 Φυκτέωc ἀγλαὸc υἱόc, Ἐπειῶν ὄρχαμοc
ἀνδρῶν liest. Die rein attische Form Φυκτέωc behauptet sich aber
nur mit Hülfe der Synizese im Verse, und es ist demnach sonnenklar,
dass Φυκτέοc hergestellt werden muss, wie schon Boeckh und Marckscheffel thaten. Goettling blieb unbegreiflicher Weise bei Φυκτέωc,
während Schoemann und Flach das Richtige aufnahmen.

4. Stämme auf ου.

Hier kommt nur der St. βου in Betracht. Im Sing. und Dual. findet sich nichts Erwähnenswertes, wol aber im Plural. Hier lesen wir zunächst βοῶν ἕνεκ' εἰλιπόδων Th. 983 am Anfange des Hexameters, so dass, wenn diese Form festgehalten wird, Synizese eintreten muss. Daran stiess sich Goettling (siehe die Note zu d. St.) und wollte lieber βῶν schreiben, da nach Bekk. Anekd. 84 Sophokles im Inachos (fr. X. 7. 277 D.) βοῦ ἀντὶ τοῦ βοός gesagt habe. (Auch Aischylos gebrauchte βοῦ nach Choirobosk. in Bekk. Anekd. III. 1096.) Die Synizese ist aber durchaus zulässig. Als Dativ Pl. findet sich neben dem gewöhnlichen βουσί z. B. Th. 290 A. 12 auch die ältere Form βόεσσιν E. 454, so auch Hom. M 105. 111. Der Accus. Pl. lautet contrahirt βοῦς E. 452. 795; nur muss bemerkt werden, dass E. 452 zwei Hdschr. (Τα) βόας haben, was metrisch zulässig wäre; doch scheint mir die andere Stelle massgebend zu sein.

5. Stämme auf ο.

Ursprünglich lauteten diese Stämme auf οFι aus (vgl. Λητοΐδης aus ΛητοFι-δης), Curt. Erl.[2] 50. Auf Inschriften von Selinunt begegnet die Schreibung Λητῷ 'Αρκεςῷ, vgl. Ritschl im Rhein. Mus. XXI. 138. Die Theogonie weist in den verschiedenen Aufzählungen von weiblichen Gottheiten, Nymphen, Okeaninen ziemlich viele dieser Femininstämme auf, meist im Nominativ. Von den Casus obliqui kommen vor: Genetive Γοργοῦς A. 224 Κητοῦς Th. 336 Λητοῦς A. 202. Von Dativen nur Πυθοῖ ἐν ἠγαθέῃ Th. 499 Accusative: 'Αελλώ Th. 267 'Ενυώ Th. 273 Θηρώ fr. 83. 4 'Ινώ Th. 976 Κητώ Th. 238 Κλωθώ Th. 218. 905 Λητώ Th. 19. 406 Πεφριδώ Th. 273. Der Plural findet sich nur von Γοργώ und zwar nach der O-Declination Γοργούς Th. 274, während Γοργόνες A. 230 einen Uebergang in die ν-Stämme zeigt. Von

6. Dentalstämmen

kommt nur der St. ποδ in Betracht. A. 312 lesen wir den Nomin. τρίπος wie Hom. X 164. In regelrechter Weise ist der Dental vor ς ausgestossen worden, wie in den hom. Wörtern ἀελλόπος Θ 409 Ω 77. 159 ἀρτίπος Ι 505 Θ 310. Die Ersatzdehnung, welche in πούς unrechtmässiger Weise eingetreten ist, weil die griechische Sprache kurze einsilbige Substantiva meidet (vgl. Ahrens, de dial. Dor. 175) brauchte in dem Compositum nicht Platz zu greifen.

7. Stämme auf den Sibilanten ς.

Die auf ος ausgehenden Stämme zeigen im Genetiv meist die offene Form: "Αργεος fr. 82. 3 ἔγχεος A. 360. 365. 456 θέρεος E. 462. 584. 664 κράτεος Th. 647 μένεος Th. 688 ὄρεος A. 374. 386 οὔρεος Th. 860. 865 σάκεος A. 363 Χάεος Th. 123. 814; in allen diesen Fällen ist der Ausgang εος nothwendig. Contrahirt erscheint nur θέρευς E. 502 (nur cod. B nebst einigen geringeren hat θέρουc) und cάκευc ὑπὸ δαιδαλέοιο Λ. 334. 460. An der ersten Stelle hat nur C cάκεοc, wobei εο nothwendig mit Synizese zu lesen wäre, an der letzteren ist ευ überliefert durch MFSμVvCa u. a., während nur HE die Form cάκουc haben. Wir sehen Hesiod contrahirt εο nur in ευ und nicht in ου, wie wir das auch sonst durchaus finden werden. Im Dativ überwiegt die Zahl der contrahirten Formen. Den unzusammengezogenen γήραϊ E. 705 (5. Senkung) ἔγχεϊ Α. 417 (5. S.) εἴδεϊ Α. 5 (1. S.) κάρτεϊ Th. 73 (1. S.) 437 (4. S.) κέρδεϊ E. 644 (5. S.) ἐν cάκεϊ μεγάλῳ Α. 455 stehen gegenüber: μεγάλῳ ἐπὶ εἴδει Th. 153 im Versschluss, Ἄcκρῃ, χεῖμα κακῇ, θέρει ἀργαλέη E. 640 τούc τε θέρει cπείρουcιν Α. 399 ἴδει ἐν αἰνοτάτῳ Α. 397 im Versanfang, μεγέθει τε Α. 5 μένει δ᾽ ἐχάραccον ὀδόντας Α. 235 παντὶ μένει cπεύδων Λ. 364 Αἰγαίῳ ἐν ὄρει Th. 484 κτεινέμεναι μεμαὼc cάκει ἔμβαλε Α. 414 ἐν τεμένει ἑκατηβόλου Ἀπόλλωνοc Α. 58 γαῖαν ὕδει φύρειν E. 61 χήτει γηροκόμοιο Th. 605. Das Substant. cπέοc zeigt den Dativ cπῆι ἐνὶ γλαφυρῷ Th. 297; cπῆι entstand aus urspr. cπεϜεc-ι; daraus ward zunächst cπήεcι, dann durch Ausfall des c cπήει, endlich durch Contraction cπῆι.

Im Plural ist zunächst der Accus. χρέα E. 647 (mit Synizese zu lesen) hervorzuheben, aus χρέεα durch Hyphärese das ε entstanden, wie schon Herodian II. 245. 11 Lentz erklärte. Der Accus. κλεῖα προτέρων ἀνθρώπων Th. 100 (bei Homer κλέα) entstand aus κλεϜεc-α woraus zunächst κλεεcα und nach Ausfall des c mittels Contraction der beiden ε κλεῖα ward. Auch ein Genetiv Plur. ist anzuführen: χρειῶν oder wie vielmehr richtig zu schreiben ist χρείων E. 404. Diese Form entstand, wie Fritsch, de vocal. graec. hyphaer. in Curtius, Stud. VI. 98 richtig auseinandergesetzt hat, aus ursprünglichem χρεέcων mit Ausfall des Sigma und Contraction der beiden ε, so dass der Accent auf der zweitletzten Silbe zu stehen hat; und χρείων hat in der That die ursprüngliche Lesart des besten Cod. M gelautet, bevor von zweiter Hand das unrichtige χρειῶν hergestellt wurde, vgl. Koechly-Kinkel's Krit. Apparat.

Von den οc-Stämmen, die im Nominativ den Ausgang ωc haben, ist nur wenig zu sagen. Neben der Form ἠώc E. 547. 578. 579. 580 (als Eigenname auch Th. 378. 984 E. 610) finden wir in der Zusammensetzung auch schon die spätere attische Bildung: Ἑωcφόρον Th. 381. Von Casus obliquis kommen vor: Genet. ἠοῦc entstanden aus ἠοc-οc ἠο-οc durch Contraction E. 724. 821 Ἠοῦc Th. 451. Dat.: nur αἰδοῖ Th. 92 Δ. 354 aus αἰδοc-ι. Acc.: αἰδῶ (aus αἰδόc-α αἰδό-α) einige Hdschr. schreiben unrichtig αἰδώ; ἠῶ E. 574 Ἠῶ Th. 18. 372. Dazu kommt der St. χροc (Nom. χρώc E. 416. 588) mit den Formen χροόc Th. 191 E. 536 χροῖ Th. 74. 76 Α. 183 χρόα Th. 5 E. 198. 522. 575. 753 Α. 397 fr. 42. 2. Vgl. das über die τ-Stämme p. 419 Gesagte.

Die Substantiva auf αc sind in unserem Dichter nur spärlich

in den Casus obliquis vertreten. Im Genetiv lesen wir die offene
Form γήραος E. 331, im Dativ cέλαι Th. 867 nach MEv, während
die übrigen Hdschr. cέλᾳ haben (mit Ausnahme von O, die das
metrisch unmögliche cέλαϊ bietet); da das dem Dativsuffix vorausgehende α kurz ist, so ist die Form cέλᾳ unrichtig, vgl. das homerische
Vorbild unserer Stelle Θ 563 cέλαι πυρὸς αἰθομένοιο, so auch κέραι
Λ 385 γήραι λ 136 ψ 283 δέπαι κ 316. Der unrichtige Dativ γήρᾳ,
den einige Hdschr. und Schol. Monac. Λ. 245 kennen, entfällt, da
an dieser Stelle für γήρᾳ τε μέμαρται-γῆράc τε μέμαρπον oder γῆράc
τ᾽ ἐμέμαρπεν zu schreiben ist, vgl. Koechly z. d. St. Von dem letztgenannten Stamme finden wir auch einen Genetiv und Dativ Plur.:
γεράων Th. 393. 396 γεράεccι Th. 449. Besonders beachtenswert
ist aber der Accus. Plur. cκέπᾶ in E. 532 οἳ cκέπα μαιόμενοι πυ-
κινοὺc κευθμῶναc ἔχουcι. Das kurze α erscheint bei Homer
öfter: z. B. γέρα πεccέμεν Β 237 ἀριcτήεccι δίδου γέρα καὶ βαcι-
λεῦcι l 334 γέρα πάρθεcαν αὐτῷ δ 66. Hoffmann Quaest. hom. I. 86
meint, es scien diese Vocale ancipites. Kühner, Ausf. Gramm. I² 336.
3 vermuthet hier eine Elision eines α; Lobeck erkannte in unserem
hesiod. cκέπα einen Accus. Sing. P. El. I. 232. Das Richtige scheint
mir erst Fritsch, a. a. O. Stud. VI. 102 gefunden zu haben, wenn er
meint es sei cκέπᾶ (so wie κρέᾱ und γέρᾱ) nicht zum Nominativ
cκέπαc sondern zu einem von einem O-Stamme cκέπο abgeleiteten
Nominativ cκέπον zu stellen, wie es ja auch einen Λ-Stamm cκέπη
= cκέπαc gebe.

Unter den εc-Stämmen haben wir Substantive, die mit κλεοc,
das zu κλεεc sich abschwächte, zusammengesetzt sind, und adjec-
tivische Stämme zu unterscheiden. Von jenen finden wir nur zwei vor:
Ἡρακλέηc Th. 318. 527 aus Ἡρακλέϝηc; es kommt in dieser offenen
Form auch selbst bei Attikern vor z. B. Eurip. Herakl. 210 Ἡρακλέηc
ἦν Ζηνὸc Ἀλκμήνηc τε παῖc. Der Genet. lautet Ἡρακλῆοc Th. 530.
951 A. 74. 138, entstanden aus Ἡρακλεϝεοc, woraus jene Form
durch die Vermittlung von Ἡρακληεοc geworden ist. Der Dativ
Ἡρακλῆϊ Λ. 458 gieng aus Ἡρακλεϝεϊ Ἡρακληει hervor. Der
Accusativ Ἡρακλέᾱ Λ. 458 entstand aus Ἡρακλῆα (dies aus urspr.
Ἡρακλεϝεcα) durch Umspringen der Quantität; diese Form auf ῆα
zeigt das zweite mit κλεοc zusammengesetzte Nomen proprium
Ἰφικλῆα Λ. 54 wie die meisten Hdschr. haben; Goettling schrieb
Ἰφικλέα mit Synizese des εα; vgl. meine Hesiod. Unters. p. 22.

Die zweite Gruppe der εc-Stämme, nämlich die der adjectivischen,
zeigt zumeist offene Formen. Im Genetiv ist bemerkenswert die
Form εὐρῆοc Πείροιο fr. 216. 2 im Anfange des Hexameters; dieser
Genet. des Adject. εὐρεήc entstand, indem aus εὐρεϝεcοc zunächst
εὐρηεοc und endlich εὐρῆοc wurde; Goettling schrieb εὐρεῖοc (so
auch Schoemann und Flach); diese Form wäre dann durch Contraction
der beiden ε in εὐρεεοc enstanden, wobei für den Ausfall des Spiranten ϝ keine Ersatzdehnung eingetreten wäre. Offen ist der Dativ:

εὐαέι E.. 599, wie fast alle Hdschr. u. auch das Etym. Mag. 388,
28 schreiben (Goettling nach Lennep εὐαεῖ) ἠεροειδέι Th. 252 (ει
bildet die Senkung des 5. Fusses). κελαινεφέι Κρονίωνι Α.
53 (Vers-
schluss) ἑῷ μεγαθαρςέι παιδί Α. 385 (ebenso) νεοκηδέι θυμῷ
Th. 98 (ebenso) νηλέι χαλκῷ Tb. 316 (ebenso) νηλέι καπνῷ
fr. 248 (ebenso) περιηγέι χαίρων fr. 199 (ebenso) ὑπερμενέι Κρονίωνι
Th. 534 (ebenso). Contrahirte Formen des Dativs hingegen finden
sich nur drei: ἀτενεῖ τε νόῳ Th. 661 (3. Hebung) νεφέλη κεκαλυμ-
μένη ἠεροειδεῖ Tb. 757 im Versschluss und κυκλοτερεῖ μανία fr.
199 (3. Heb.), wo die Lesart ziemlich zweifelhaft ist.   Auch die
Accusative Sing. sind durchweg uncontrahirt bis auf καὶ λιμόν ἀτερπῆ
E. 647 im Versschluss, nach μLlQVSa während T auch die Variante
εα hat mit der Randglosse: γρ. ἀτερπέα λιμόν von anderer Hand,
und die übrigen Hdschr. mit O ἀτερπέα λιμόν schreiben. Ich zweifle
nicht, dass die letztere Lesart im Texte herzustellen ist, wie sie denn
auch wirklich Schoemann und Flach aufgenommen haben. Auch der
zweite contrahirte Accusativ in fr. 83. 4 Θηρώ τ' εὐειδῆ ἰκέλην
φαέεccι cελήνης ist wahrscheinlich erst später statt des ursprünglichen εὐειδέα, das mit Synizese zu lesen ist, in den Text gesetzt
worden.

Im Anschlusse an die Sigmastämme sind auch die Wörter zu
erwähnen die, eigentlich τ-Stämme, doch das.τ beweglich zeigen und
theilweise in die Sigmastämme übergehen. Vgl. Curtius Griech. Gr.[11]
§. 169 Anm. und Erl.[2] 67. Dahin gehört der Acc. ἱδρῶτα E. 289
vom St. ἱδρωτ, der bei Homer aber auch den Acc. ἱδρῶ von einem
c-Stamme bildet z. B. K 572 Φ 561; ebenso χρῶτα E. 556, das zu
dem oben besprochenen χρώς gehört, welches seine übrigen Formen
bei Hesiod aus dem c-Stamm bildet. Von κέρας und τέρας, deren
Flexion ebenso aus der Verschmelzung eines τ- und c-Stammes zu erklären ist, kommen bei Hesiod nur die Nominative vor, jenes Th. 789,
dieses Th. 744.

8. Liquidastämme.

Bemerkenswert sind hier nur die Stämme auf ερ. Wir unterscheiden zwei Gruppen, ohne und mit Synkope des ε.
Nicht synkopirte Formen zeigt:
ἀνήρ Nom. Th. 542. 643. 888 E. 265. 297. 357. 411. 413.
445. 447. 478. 495. 498. 605. 702. 713. 731 A. 42. 129. 214. 408.
fr. 173. 1. ἀνέρι E. 326. 559. 813 A. 48 ἀνέρα E. 192. 364. 754
ἀνέρ' E. 751 ἀνέρες Th. 197. 432 E. 303.
Synkopirt: ἀνδρός E. 240. 285. 451 ἀνδρί E. 302. 370. 680.
717 A. 55. 274 ἄνδρα Th. 987 E. 27. 317. 500. 704 fr. 210. 1
ἄνδρες Th. 95. 435 E. 3. 220. 308. 586 A. 238. 245. 272. 303
fr. 80. 3 ἀνδρῶν Th. 47. 220. 457. 468. 897. 923. 935 E. 59. 159.
527 A. 19. 27. 103. 148. 196. 270 fr. 49. 1. 93. 3. 126. 2 ἄνδρεccι
Th. 600 E. 484. 638 ἀνδράcι Th. 512. 592. 877. 967. 1019 E. 19.

412   A. Rzach: Der Dialekt des Hesiodos.

56. 82. 92. 157. 230 fr. 94. 1 ἄνδρας Th. 347 E. 318. 372. 666 fr. 93. 5.

ἀcτήρ Nom. E. 417. 565 ἀcτέρα Th. 381. Synkopirte Formen weist dieses Substantiv nicht auf. γαcτήρ im Accus. γαcτέρ' Th. 599 γαcτέρεc Th. 26; synkopirt nur γαcτρί Th. 539. Δημήτηρ im Nom. Th. 969 E. 300 Δημήτεροc E. 32. 393. 466. 597. 805 A. 290 Δημήτερι E. 465. Synkopirt: Δήμητροc Th. 912 Δήμητρα Th. 454. θυγάτηρ im Nomin. Th. 383. 776. 780. 975. 1011 A. 3. 197 θυγατέρα Th. 819 θυγατέρεc Th. 76 θυγατέρων Th. 346. Synkope zeigt: θυγατρί Th. 474 θύγατρα Th. 265 fr. 125. 4. μήτηρ im Nomin. E. 563. 825 μητέρι E. 130.'520 μητέρα Th. 169. 284. Mit Synkope: μητρόc Th. 448. 460. 914 μητρί Th. 932. πατήρ im Nomin. Th. 207. 502. 542. 617. 643. 838 fr. 49. 1. 93. 3. 95. 2 'πατέροc Th. 171, cod. a hat das metrisch gleichfalls mögliche πατρόc; πατέρα Th. 47. 71. 73. 457. 468 E. 2 A. 11. 59 πάτερ fr. 172. 1. Synkopirte Formen: πατρόc Th. 40. 164. 180. 262. 398. 472 A. 322. 471 πατρί Th. 36. 53. 580. 896. 932 E. 259 fr. 205.

Aus dieser statistischen Uebersicht ergibt sich, dass der Genetiv Sing. mit alleiniger Ausnahme des Eigennamens Δημήτηρ, von welchem selbst übrigens in der Theogonie nur die synkopirte Form vorkommt, durchweg Synkope zeigt. Demgemäss ist der Genet. πατέροc Th. 171, den eine Reihe von Handschriften zeigt, verdächtig und er ist in Anbetracht dessen, dass daneben achtmal die synkopirte Form erscheint und der cod. a auch wirklich an der Stelle das metrisch mögliche πατρόc bietet, unbedenklich zu streichen und statt seiner die letztgenannte Form in den Text aufzunehmen, wie es schon Goettling und nach ihm Schoemann und Flach mit Recht gethan haben; hiefür spricht sich auch Foerstemann aus, de dial. Hesiod. 19.

9. Comparativstämme auf ιον.

Die Comparativstämme auf ιον sind ursprünglich mit dem Suffix ians gebildet, skrt. ījans, Curtius, Erl.[2] 67. Zumeist ist von den beiden Consonanten das c verloren gegangen, aber mitunter schwand das ν vor c, welches dann zwischen zwei Vocalen ausfiel. In solchen Fällen wurden die beiden zusammenstossenden Vocale contrahirt. Bei Hesiod begegnen wir dieser Erscheinung in folgenden Formen: ἀμείνω E. 19 acc. sing. fem. (aus ἀμείνονcα ἀμεινοcα ἀμεινοα) ἀμείνω E. 294. 320 nom. pl. neutr.; dagegen ἀμείνονα als acc. sing. masc. fr. 5. 1, wo Hermann ἀπήμονα vermuthete. Sonst begegnen von contrahirten Formen nur noch μεῖζω δίκην E. 272 und ἀλλὰ πλέω λείπειν, τὰ δὲ μείονα φορτίζεcθαι E. 690, wo im selben Verse neben einander die Formen mit ausgefallenem ν beziehungsweise c vorkommen. Alle übrigen hieher gehörigen Fälle zeigen Ausfall des c, also uncontrahirte Form: ἀρείονα φῶτα E. 193 und als Eigenname Ἀρείονα A. 120 κρείccονac A. 210 μείονα Th. 447 E. 690 (acc. plur. neutr.) πλέονες A. 241. Die eine ähnliche, bisher jedoch nicht ausreichend erklärte Contraction im Accusativ zulassenden Substantiva Ἀπόλλων und Ποσειδῶν kommen für Hesiod nicht in Betracht, da wir durchweg nur die vollen Formen lesen: Ἀπόλλωνα Th. 14. 918 E. 771 fr. 227. 3 und Ποσειδάωνα Th. 15. Von letzterem lautet der Nomin. Ποσειδάων E. 667 fr. 44. 2. 77. 5 aber Th. 732 im Versschluss Ποσειδῶν nach der Ueberlieferung der meisten Hdschr. Diese Form, die sonst nicht episch ist, scheint demnach sehr verdächtig und es haben auch cod. M u. V die freilich metrisch unmögliche Form Ποσειδάων, welche immerhin auf eine andere als jene hinweist, nämlich auf ion. Ποσειδέων, das wirklich wenigstens cod. v bietet. Goettling hat mit Recht diese Form in den Text gesetzt, Koechly, Schoemann und Flach dagegen Ποσειδῶν.

10. Anomala.

a. Nomina propria.

Ἀίδης. Wir finden Formen von drei Stämmen gebildet, u. zw. von Ἀϊδ den Genetiv Ἀϊδος A. 151. 227 Ἀϊδόσδε A. 254; von Ἀϊδα den Nom. Ἀίδης Th. 850 Ἀίδαο E. 153 und den ionischen Gen. Ἀίδεω Th. 311. 768. 774 Ἀίδην Th. 455; endlich Ἀϊδωνεύς Th. 913.

Ἄρης Nom. A. 192. 346. 357. 441. Hier sind ebenfalls drei Stämme zu unterscheiden: Ἀρευ, wovon Ἄρηος aus Ἀρεϝος hervorgegangen ist E. 145 A. 109 (cod. F Ἄρεος, metrisch unmöglich) 181. 434 ἀντίος ἔστη Ἄρηος, dagegen cod. MSμνH ἀντίος Ἄρεος ἔστη unrhythmisch und ἀντίος Ἄρηος ἔστη VE metrisch unmöglich; Ἄρηος ferner A. 444, dagegen S l'ar. G. ἀντίη ἦλθ' Ἄρεος, ἐρεμνήν κτλ., dann fr. 70. 4. 126. 1. 131. 2 Ἄρηι Th. 933. 936 Ἄρηα Th. 922 (Ἄρην CV). Der zweite Stamm ist Ἀρες, im Genet. Ἄρεος A. 98 (Ἄρηος H Ἄρεως E metr. unm.) 191. 450 nach μSCa, denn die attische Form Ἄρεως, welche die übrigen codd. haben, ist zurückzuweisen, dann der Voc. Ἄρες A. 446. Endlich weist dies Wort einen dritten Stamm Ἀρα auf, der aber bei Hesiod nur im Accus. Ἄρην ἄατον πολέμοιο A. 59 (MFSB Ἄρη') βροτολοιγὸν Ἄρην ἐπιόντα A. 333 βροτολοιγὸν Ἄρην προσιόντα A. 425 (S hat Ἄρεα, was dann mit Synizese gelesen werden müsste) δριμὺ δ' Ἄρην ἄχος εἷλεν A. 457, Sa Ἄρη' und H Ἄρη. Wir sehen, dieser Accus. ist nur auf die Aspis beschränkt, bei Homer nur E 909; übrigens finden sich auch die übrigen zu diesem Stamme gehörigen Casus obliqui u. zw. der Genet. in der ion. Form Ἄρεω bei Archil. tr. 48 Bergk, der Dat. Ἄρῃ bei Alk. fr. 15. 1. B.

Ζεύς. Dieser Eigenname zeigt vier verschiedene Stämme in der Flexion; u. zw. Διϝ im Genet. Διός Th. 13. 25. 29. 51. 52. 76.

81. 96. 105. 316. 328. 348. 386. 485. 513. 537. 613. 708. 730.
735. 815. 893. 920. 944. 952. 966. 1002. 1022. E. 4. 36. 51. 79.
99. 105. 122. 256. 267. 626. 676. 769 Λ. 66. 110. 126. 150. 163.
197. 202. 320. 322. 371. 392. 413. 422. 424. 443. 448 fr. 77. 1.
163. 5. Διί Th. 36. 286. 580 E. 69. 259. 465. 724 Λ. 56. fr. 29.
2. 36. 1. Δία Th. 11. 468 E. 2. 52. 273. Derselbe Stamm steckt
in den Compositis: διπετέος fr. 212 Διόθεν E. 765 Λ. 22 διόγνητος
Λ. 340 διογνήτοιο fr. 125. 3 διοτρεφέος Th. 992 διοτρεφέων Th.
82 Διοτρεφές A. 118. Der zweite Stamm ist Ζευ, entstanden aus
Διευ Δjευ; hievon der Nom. Ζεύς, der 21 Mal in der Theog., 18
Mal in den Erga, 4 Mal in der Aspis u. 4 Mal in den Fragm. vorkommt; dann der Vocat. Ζεῦ κύδιστε Th. 548 (a hat Ζεύς) u. Ζεῦ
πάτερ fr. 172. 1. Der dritte Stamm ist Ζην, der speciell als alt-
ionisch bezeichnet wird von Herod. π. κλίς. ὀνομ. II. 642. 131 ἰστέον,
ὅτι τοῦ Ζῆν Ζηνὸς ἐφύλαξαν οἱ παλαιοὶ Ἴωνες τὴν κλίσιν. Hievon
Ζηνός Th. 41. 285. 529 E. 87. 245. 253. 416. 483. 661 fr. 112.
2. 177. 2 Ζηνί Th. 141. 388. 938 A. 318 Ζῆνα Th. 47. 457. 479.
568. Endlich haben wir noch des vierten Stamms Ζη zu gedenken,
der einzig in Th. 884 εὐρύοπα Ζῆν vorliegt (im Versschluss); einige
Hdschr. haben freilich die Wortstellung geändert Ὀλύμπιον ἀεὶ
Ζῆνα vgl. Koechly-Kinkel, krit. App. zu d. St. Doch da dieser Accus.
auch sonst in derselben formelhaften Verbindung am Versende vorkommt, Hom. Θ 206 Ξ 265 Ω 331, so ist nicht zu zweifeln, dass
wirklich die Form Ζῆν vorliegt. Goettling schrieb Ζῆν', weil der
folgende Vers zufällig vocalisch anlautet. Ueber den Accus. εὐρύοπα
ward schon gesprochen. Das Richtige erkannte G. Hermann elem.
doctr. metr. 351. Der diesem Accus. zu Grunde liegende Stamm entstand aus ΔjāF, vgl. Brugman de prod. suppl. in Curt. Stud. IV. 147
und es findet jener Accus. seine Parallele im skrt. djā-m, vgl. Curtius, Grdz.[4] 601, und im dorischen Δᾶν bei Theokrit in der Schwur-
formel οὐ Δᾶν IV. 17. VII. 39, vgl. Fritzsche, Theokr. Idyll. Anhang
p. 288. Der Nominativ Ζής kam nach Herodian. περὶ μον. λέξ. 16
Lehrs bei Pherekydes vor. Vom Eigennamen
      Θόας hat uns Choirob. bei Bekker Anekd. III. 1183, den Accus.
Θόαν bewahrt, fr. 104 ἡ δὲ Θόαν τέκεν υἱόν statt Θόαντα. Choiroboskos vergleicht damit ausser andern eine Stelle bei Alkaios, fr.
48 Bergk[3], wo der Accus. Αἴαν vorkommt. (Bergk freilich findet
einen Irrthum darin und glaubt es sei Αἴαν als Vocativ zu schreiben).
Wir haben hier aber nicht etwa einen Uebergang in die A-Declination
zu statuiren, wie Chorioboskos an jener Stelle thut, wenn er sagt
ἰσοσυλλάβως κλιθέντα οἷον ὁ Βίας τοῦ Βία ὁ Δρύας τοῦ Δρύα ὁ
Θόας τοῦ Θόα ὡς .... ὁ Αἴας τοῦ Αἴα ... παρ' Ἀλκαίῳ sondern da
die Aeoler das Accusativsuffix ν auch an consonantische Stämme zu
setzen pflegten, vgl. Ahrens de dial. Aeol. 113. 114, so ist wol auch
diese Form so zu beurtheilen; indem ν an den St. Θοαντ antrat,
musste nach den Lautgesetzen der Accusativ Θόαν lauten. Auch in-

schriftlich ist ein solcher Accus. bezeugt auf der metrischen lesbischen
Iuschr. C. I. 2169 λυκάβαν (vom Nomiu. λυκάβαιc).
Φόρκυc, hievon Φόρκυι Th. 270. 333 Φόρκυν Th. 237, daneben
aber von einem Stamme Φορκῦν Φόρκυνοc Th. 336 wie Hom. v 96.
b. Appellativa.
γόνυ; den einfachen Stamm haben wir nur im Compos. γουνοπαχήc A. 266 sonst γονατ: γούνατα E. 587. 608 γούναθ' Th. 460.
δόρυ weist ebenfalls zwei Stämme auf, von dem einen δουρί
A. 362 δουρικλειτῷ fr. 131. 1 δοῦρα E. 807, von dem zweiten:
δούρατι A. 462 δούρατα E. 456.
δῶ. Diese Nebenform zu δῶμα findet sich nur Th. 933 u. zw.
als Plural gebraucht: ναίει χρύcεα δῶ.
ἔρωc begegnet in dieser Form nur einmal fr. 113 δεινὸc γάρ
μιν ἔτειρεν ἔρωc Πανοπηΐδοc Αἴγλης, sonst ἔροc Th. 910 Ἔροc
Th. 120. 201.   Die letztere Form gehörte dem äol. Dialekte an,
Eustath. 136, 33 τὸ δὲ ἔρον Αἰολικόν ἐcτι. Richtig hat dies auch
schon Goettling in der Vorrede zu seiner Ausgabe² p. XXXII als
Aeolismus hervorgehoben. Bezüglich des homer. Gebrauchs siehe
Hinrichs de hom. eloc. vestig. neol. 97.
θέμιc. Die bekannten zwei Stämme finden wir auch bei Hesiod.
Von θεμι ist abgeleitet der Nom. θέμιc Th. 396 E. 137 A. 22. 447
und der Accus. im Eigennamen Θέμιν Th. 16. 135. 901. Dagegen
vom St. θεμιcτ der Accus. Plur. θέμιcτας Th. 85 E. 9. 221 ferner
der Genetiv θεμιcτέων Th. 235 (mit Synizese zu lesen). M hat zwar
θεμίcτων (nach Lennep θεμιcτῶν) p θεμιcτάων E θεμιcτίων oder
είων (Lennep), jene Form auf εων aber haben die meisten Hdschr.
In dieser ist nun wol keine heteroklitische wie von einem Subst.
θεμίcτη abgeleitete, wie Kühner Ausf. Gr. I² 355 meint, zu erblicken,
sondern es scheint mir dieser Genet. Plur. auf den urspr. St. θεμιcτι
(vgl. Curtius Grdz.⁴ 525) hinzudeuten. Wie aus πολι durch Steige-
rung πολει u. im genet. pl. πολειων πολεϳων πολέων ward, so aus
θεμιcτι der Genet. θεμιcτειων θεμιcτεϳων und endlich mit Ausfall
des Spiranten θεμιcτέων. Unsere Form ist demnach kaum ein Vor-
läufer der neuion. auf εων (II. Hauptdecl.) bei Hippokrates (Kühner
I² 325. 8).
κάρη; von dem einfachsten St. καρ (Accusativ κάρ Hom. π 392)
ist unter gleichzeitiger Metathesis abzuleiten ἀπὸ κρῆθεν A. 7 κατά
κρῆθεν Th. 574 (Hom. Π 548); zu dem mit Hilfe des Suffixes ατ
entstandenen κράτ (aus κρα-ατ contrahirt) gehört der Dativ κρᾶτί
A. 136. Einen dritten Stamm καρητ haben wir im Nomin. κάρη
Th. 42 E. 534 A. 223 und als Accus. Th. 118. 794 A. 138, ausserdem finden wir die Weiterbildung καρηατ in καρήατι Th. 577.
Schliesslich ist noch die Nebenform κάρηνα als Nom. Plur. in fr. 42.
3 und als Accus. A. 239 zu erwähnen, wozu der Dativ καρήνοιc A.
236 hinzutritt.

κύων; vom St. κυν κύνα Th. 309. 311 E. 604. 796 von κυον
der Nom. κύων Th. 769.

μείc E. 557, ionischer Nominativ entstanden aus μενc-c durch
Ersatzdehnung für den Ausfall des Nasals, auch schon bei Hom.
T 117, im hom. Hymn. auf Herm. 11, Anakr. fr. VI. 1 Bergk³ Pind.
Nem. V. 44 Christ.

ναῦc, aus dem Wortstamme ναυ (ναϜ) erklärt sich die Form
νηός Th. 998 E. 628. Im fr. 93. 7 lesen wir aber πρῶτον θ' ἰcτία
θέccαν νεὼc πτερὰ ποντοπόροιο; hier ist mehr denn ein Punct auffällig, zunächst θέccαν eine unerhörte Form (vgl. die Verba), ebenso
die durch die Quantitätsverhältnisse bedingte Theilung des Verses
in zwei Hälften; unzweifelhaft finden wir einen in den Erga ausge-
sprochenen Gedanken hier wiederholt E. 628: εὐκόcμωc cτολίcαc
νηὸc πτερὰ ποντοπόροιο; hier sind es aber die Ruder, welche als
Fittige des Schiffes bezeichnet werden; endlich muss die attische
Form νεώc, die da ganz vereinzelt begegnet, gerechten Verdacht
erregen: nach alledem ist offenbar die Stelle verderbt und es empfiehlt
sich nach Goettlings Vorschlag zu schreiben πρῶτον δ' ἐcτόλιcαν
νηὸc πτερὰ ποντοπόροιο mit Bezugnahme auf jene citirte Stelle,
indem ἰcτία offenbares Glossem ist. Den Dativ νηί finden wir E. 636.
650 νῆα E. 624. 631. 665. 671. 817 νηῶν E. 236. 649. 660 fr.
247 νηυcίν E. 634. 689. 808 und mit dem älteren Suffix εccι νήεccιν E. 164 aus urspr. ναϜεccιν; νῆαc Th. 875 E. 622. 809, aber
νέᾱc mit Synizese von εα E. 247 in der ersten, und fr. 93. 6 in der
vierten Senkung, durch Umspringen der Quantität entstanden. Von
demselben Stamme sind gebildet die Compos. Ναυβολίδαο fr. 70. 6
und Ναυcίθοον Th. 1017 Ναυcίνοον Th. 1018, von denen oben gesprochen ward.

ὄccε; der Dual. begegnet als Nom. in der epischen Formel ὄccε
δέ οἱ πυρὶ λαμπετόωντι ἐίκτην A. 390, als Acc. Th. 698. Neben
diesem Dual aber finden wir einen Plural nach der O-Declination, den
Homer noch nicht kennt: ὄccων Th. 826 ὄccοιcι A. 145. 426 ὄccοιc
A. 430, das metrisch unmögliche ὄccοιcι haben hier MFVSCHE. Die
Tragiker gebrauchen diesen Plural auch z. B. Aisch. Prom. 398
ὄccων, ebenso Theokrit XXIV. 73 Fritzsche.

οὖc; aus dem St. οὐατ ist gebildet οὔαcιν Th. 701. 771 οὔατα
E. 546; von dem aus ὄϜατ ὄατ in ὠτ contrahirten Stamm ist das
Adjectiv ὠτώεντα E. 657 abgeleitet.

ὕδωρ. Neben den gewöhnlichen Formen vom St. ὑδατ (urspr.
ὑδαρτ) begegnet uns an einer Stelle auch der Dativ vom einfachen
St. ὑδ ὕδει E. 61 (der gewöhnliche Dativ ὕδατι steht E. 739). Auch
Theognis 961 gebraucht jene Form, den Nom. dazu ὕδοc citirt
Choirobosk. in Bekk. Anekd. III 1209 aus Kallimachos, wo auch
unserer Stelle gedacht wird: ἔχομεν δὲ καὶ δοτικὴν διὰ τῆc ει δι-
φθόγγου ὡc παρ' Ἡcιόδῳ· γαῖαν ὕδει φύρειν.

υἱόc. Auch hier mehrere Stämme, 1. υἱ: Διὸc υἳι A. 150.

163 und der Accus. Dual. υἷε fr. 36. 2. 2. υἱευ in υἱέι Th. 476 υἱέες
Th. 368. Dagegen ist υἱεῖς überliefert in fr. 136. 1 im 1. Fusse,
wofür ich unbedenklich υἱέες herstellen möchte wie dies Th. 368
gleichfalls im ersten Fusse steht; eine zweite Stelle, wo sich υἱεῖς
findet, fr. 70. 3 kommt nicht in Betracht, da dieser Vers seiner
metrischen Schwierigkeiten wegen offenbar corrupt ist. Von demselben Stamme kommt noch vor υἱέας fr. 45. 1 u. 130. 3. St. υἱο, davon der häufige Nomin., dann der vereinzelte Accus. υἱόν E. 271
und der Voc. υἱέ Th. 660 u. fr. 178. 2 nach Scaligers Restitution.
χείρ; wir finden Formen vom Stamme χερ und χειρ. Von jenem
der Dativ Plur. χερσί Th. 186. 283. 482. 490. 553. 675. 719. 756
E. 192. 321. 725 A. 139. 188. 199. 214. 276. 292. 339. 367 fr.
96 nach der Ueberlieferung des Etym. Mag. 21, 26 und fr. 174. 3;
daneben von demselben Stamme der ältere Dativ χέρεσσι Th. 519.
747. Die übrigen Formen sind vom St. χειρ gebildet: χειρός Th.
182. 692 E. 480 χειρί Th. 174. 178 E. 468. 497 χεῖρες Th. 150.
671. 823 E. 148 A. 75 χειρῶν Th. 677. 715 χείρεσσι Th. 487 E.
94. 152 A. 193. 266 χέρας Th. 649. 973 E. 114. 739. 740 A. 117.
247. 263. 446 fr. 94. 3.

11. Metaplasta.

ἅρπαξ κακή als ἅπαξ εἰρημένον für ἁρπαγή nur E. 356.

ἄφενος erscheint E. 24 εἰς ἄφενον als Neutrum nach der O-
Declination flectirt. Die Lesart bezeugt durch cod. M, dagegen hat
Q und Stob. Flor. XXIX. 198 Eustath. zu Il. 73, 40 ἄφενος. Dem
entgegen findet sich ἄφενος als Neutr. im Accus. Th. 112, M hat ·
auch hier ἄφενον, ebenso Flor. D; endlich auch E. 637.

βλέφαρος ἡ; dieser Nominativ ist zu Grunde zu legen A. 7
βλεφάρων τ’ ἀπὸ κυανεάων; siehe oben das beim Genetiv der A-
Declination Gesagte.

δμῶος ὁ der Sklave erscheint E. 430. 470 neben den Formen
von δμώς: δμῶες E. 459 δμωῶν A. 276 δμώεσσι E. 502. 766 fr.
174. 6 δμωσί E. 597 δμῶας E. 573. 608. 939.

δώς E. 536 Nebenform zu δόσις entstanden aus δωτι-ς, gleich
dem latein. dos, vgl. Curtius Grundz.[4] 626, die Form ist ἅπαξ
εἰρημένον.

κρόκα E. 538 Accus. zum gewöhnlichen Nomin. κρόκη; den
Nom. Plur. κρόκες hat die Anthol. VI. 335. 5.

μάρτυς; wir lesen nur Acc. μάρτυρα E. 371 während bei Homer
auch der Nom. μάρτυρος vorkommt z. B. π 243.

μελεδῶνας E. 66, bei Homer dagegen lesen wir τ 517 μελε-
δῶναι, wo freilich Bekker μελεδῶνες schrieb. Unsere Formation
findet sich auch im hom. Hymn. auf Apoll. 532.

νίφα λευκήν E. 535, metaplastischer Accus. zu νιφάς.

οἴκαδε E. 576. 611. 632 findet sich neben οἴκόνδε E. 554. 673.

στίχες A. 170 metaplastischer Plural zu ὁ στίχος.

Τάρταρα τά lesen wir als Nom. Th. 119. 841 als Accus. Th. 725 neben Ταρτάρου Th. 736. 807. 822 Τάρταρον ἠερόεντα Th. 682. 721 Τάρταρον εὐρύν Th. 868 Τάρταρον ἐc κρυόενθ' A. 255. Die Stadt Tiryns erscheint in der Th. 292 Τίρυνθ' εἰc ἱερήν vom Nomin. Τίρυνc flectirt, während wir A. 81 ἦλθε λιπὼν Τίρυνθον (also von einem Nom. Τίρυνθοc) finden. Trotzdem diese Lesart metrisch nothwendig ist, schwanken doch die Hdschr. FμHB u. a. haben Τίρυνθ'.

Φύλακοc als Eigennamen lesen wir fr. 174, 6 als Nebenbildung zu φύλαξ, wie öfter bei Homer z. B. φύλακον Ζ 35 Φυλάκοιο ο 231, als Appellativum z. B. φυλάκουc Ω 566. Diese Formation und Flexion gehörte dem ionischen Dialekte an, vgl. Schol. zu Apoll. Rhod. A 132 φύλακοc· Ἰωνικῶc ὁ φύλαξ ..... τοῦ δὲ φύλακοc ὀξυντονητέον τὴν πρώτην. Ἡρωδιανὸc δὲ τὴν τελευταῖαν ὀξύνει. Dem entsprechend hat es auch Herodot angewendet, als Eigennamen VIII 39 Φυλάκου.

Gerade wie mit dem genannten Substantiv, verhält es sich mit dem Adject. χρυcάοροc, das wir in der Form χρυcάορον fr. 227. 3 vorfinden, während uns das regelmüssige χρυcάορα (von ἄορ) E. 771 und als Eigenname Χρυcάορι Th. 979 begegnet.

Von Defectiven finden sich ἄρναc Th. 23 vom Stamme ἀρν, δέμαc Th. 260 als Accus. der Beziehung, dann das Monoptoton γλάφυ πετρῆεν E. 539.

Es bleibt uns noch übrig einige Worte über die Anwendung des Suffixes φι und der Localsuffixe θε θι δε hinzuzufügen.

Mit φι wird von Substantiven dieser Declination nur verknüpft ἐΕ Ἐρέβεcφιν Th. 669; die Mehrzahl der Hdschr. hat Ἐρέβευcφιν, wo φι an die Genetivform angetreten, also der Casus eigentlich doppelt bezeichnet wäre; dasselbe stand auch Hom. I 572, wo aber Bekker mit Recht Ἐρέβεcφιν herstellte, was auch an unserer Stelle zu thun ist. Sonst ist nur noch das adverbiale ἶφι E. 541 A. 11 zu erwähnen.

Localsuffixe finden sich an Wörter dieser Declination angefügt u. zw. θε: Διόθεν A. 22 ἐκ Διόθεν E. 765 ἀπὸ κρῆθεν (κάρ) A. 7 κατὰ κρῆθεν Th. 574 (wie Hom. Π 548); θι nirgends, δε: Ἀιδόcδε A. 254 ἄλαδε E. 757 ἅλαδ' E. 631 οἶκαδε E. 576. 611. 632 Πυθοῖδε A. 480; so haben die meisten Hdschr., nur Par. G. Πυθῶδε, was Goettling in den Text aufnahm, doch mit Unrecht. Das Suffix δε tritt vielmehr hier an den reinen Stamm, der ja bei den Femininen, deren Nominativ auf ω ausgeht, ursprünglich auf das Bildungs-Suffix οFι, das nach Ausfall des Spiranten zu οι wurde, auslautete, wie wir das am Vocativ sehen, der ja den reinen Stamm darstellt.

Bezüglich des Genus haben wir noch hinzuzufügen, dass κίων als Masculin gebraucht wird E. 522 μέcον διὰ κίον' ἐλάccαc E. 779 κίοcιν ἀργυρέοιcι.

Adjectiva.

1. Flexion und Genus.

Theilweise unregelmässige Flexion, soweit dies nicht schon berührt ward, zeigen folgende Adjectiva: ἐύc Th. 565 E. 50 erscheint Th. 817 in der Form ἠύν im Accusativ; das Neutr. ἐύ ist Th. 885 im Sinne des Adverbs. εὖ gebraucht. . Ueber das viermal bei Hesiod in der Formel δωτῆρες ἐάων vorkommende ἐάων, das man mitunter als eine Form dieses Adjectivs auffasst, haben wir bei der A-Declin. bereits gesprochen. μέγας bildet seine Formen von den zwei Stämmen μεγα u. μεγαλο. Auffällig ist der Acc. Plur. Neutr. von 'ὀξύς in A. 348 ὀξεῖα χρέμισαν (ἵπποι); so haben fast alle Hdschr. Guiet hat ὀξέα τ' ἐχρέμισαν conjicirt, doch können wir diese Emendation, so einfach und gut sie ist, nicht annehmen, da jene Form nicht allein dasteht in der griech. Literatur; so lesen wir Arat. Phaen. 1068 θήλεια δὲ μῆλα. Diesen Formen liegt ein Fehler aus der Zeit der Alphabetumschreibung zu Grunde: es ist wol aus ὀξεϝα mit gesteigertem Stamme ὀξῆα geworden und dies wird für ὀξεῖα wieder herzustellen sein; solche Verwechslungen zwischen ει und η waren nicht selten, als einmal das etymologische Verständnis verloren gegangen war, vgl. Brugman, de Gr. 1. prod. supplet. Curtius Stud. IV.

πολύς; der Flexion dieses Wortes liegen zwei Stämme zu Grunde, die übrigens als ein einziger sich darstellen; aus πολυ dem ursprünglichen Stamme ist nämlich durch die Mittelform πολϝο mit Vocalisirung des υ vor dem thematischen Vocal πολλο, der zweite Stamm geworden; vgl. Curtius, Erlä 73. Der St. πολυ zeigt sich: im Nom. πολύς A. 274. 401 Acc. πολύν Th. 974 E. 232. 635. 652 πουλύν mit Epenthese des υ Th. 190 πολύ als Nom. Accus. u. adverbiell Th. 428 E. 127. 309. 433 A. 78. 114; im Plur. kommt von diesem Stamme nur πολέεσσιν E. 119 mit dem alten Suffix εσσι und πολέας E. 580 vor. Die Formen des St. πολλο dagegen sind: πολλός A. 475. Der Genetiv mangelt, wie überhaupt im epischen Dialekte. πολλῷ E. 677 πολλοί E. 763 A. 130. 209. 241. 316 πολλοῖσι E. 581 πολλούς Th. 995 πολλή Th. 418. 861 A. 269 πολλῇ Th. 9 πολλήν Th. 442 E. 538 πολλαί Th. 363 A. 376 zweimal, πολλάς E. 509 πολλόν als Nom. u. Acc. Neutr. Th. 787 E. 19. 207. 279. 320. 417 A. 48 πολλά als Nom. u. Acc. Th. 27 und noch viermal, in E. siebenmal A. 92 fr. 58. 2. 249 πολλῶν Neutr. Th. 447.

Zu ὠκύς lautet einmal das Fem. ὠκέα Th. 780 πόδας ὠκέα Ἶρις; sonst steht die gewöhnliche Form z. B. Th. 266 ὠκεῖαν. Der ionische Dialekt zeigt diese Bildung des Feminin. öfter, ja auch im attischen war sie nicht unerhört; vgl. Kühner, Ausf. Gr. I² 346 Anm. 12.

Bezüglich der Bildung der Adjectiva ist nur ὠτώεντα E. 657

bemerkenswert, das aus ὠτόϜεντα mit dem Suffix Ϝεντ (vaut) hervorgieng wie θυώειc κηώειc.

Was den Ausdruck des Geschlechtes betrifft, so zeigen bekanntlich bei Dichtern manche Adjectiva simplicia, eventuell Participia, die
sonst dreier Endungen sind, nur zwei. Bei Hesiod finden wir folgende:
ἀταρτηροῖο γενέθλης Th. 610 δαϊζομένου πόληος fr. 103, was Osann
richtig emendirt hat in δαϊζομένοιο πόληος Favorin. 781, 20: καὶ
τοῖc θηλυκοῖc ὀνόμαcιν ἀρcενικὰ cυντάττουcιν ἐπίθετα, ὡc παρ᾽
Ὁμήρῳ κλυτὸc Ἱπποδάμεια καὶ θερμὸc ἀυτμή καὶ ἁλὸc ·πολιοῖο;
hierauf wird das hesiod. Fragm. angeführt. Besonders bemerkenswert ist Th. 407. 409 Λητὼ κυανόπεπλον ἐγείνατο μείλιχον ἀεί
ἤπιον ἀνθρώποιcι καὶ ἀθανάτοιcι θεοῖcι μείλιχον ἐξ ἀρχῆc, ἀγα-
νώτατον ἐντὸc Ὀλύμπου. Hier ist also nicht nur der Positiv ἤπιοc,
sondern auch der Superlativ ἀγανώτατος zweier Endungen, womit
das homerische φωκάων ἀλιοτρεφέων ὀλοώτατος ὀδμή δ 442 zu vergleichen ist. Goettling nahm Anstoss an ἀγανώτατόν s. Note zu
Th. 408, welchen Vers er verwirft: aegre excusatur Homerico
ὀλοώτατος ὀδμή; warum, ist uns nicht klar geworden. Weiter finden
wir θερμὸc ἀυτμή Th. 696, so auch Hom. Hymn. Herm. 110; κλυτὸc
Ὠκεανίνη Th. 956 so nach MO und E; in der letztern Hdschr. steht
auch κλυτή, wie in allen übrigen, aber im Hinblicke auf das homer.
κλυτὸc Ἱπποδάμεια Β 742 und κλυτὸc Ἀμφιτρίτη ε 422 ist es unzweifelhaft, welche von beiden überlieferten Lesarten an unserer
Stelle die ursprüngliche ist; θῆλυc ἐέρcη Α. 395 (bei Hom. Τ 97
Ἥρη θῆλυc und öfter), während Th. 766 θήλειαί τε καὶ ἄρcενεc
die selbständige Femininform vorkommt. Δημήτεροc ἱερὸν ἀκτήν
Ε. 466. ἀλκτὴρ δ᾽ ἀθανάτοιcιν ἀρῆc γένεο κρυεροῖο Th. 657, Dor-
ville Vann. crit. 390 nahm Anstoss daran, indem er Ἀρεῦc oder
Ἄρεοc mit Synizese schreiben wollte, aber es findet sich eine Pa-
rallelstelle Α. 29, womit auch das homer. Vorbild Υ 100 zu vergleichen ist.

Anderseits begegnen wir in den hesiodischen Gedichten mehrfach zusammengesetzten Adjectiven, die dreier Endungen sind, u. z.
1. mit αν resp. α privans zusammengesetzte:
ἀθάναται Th. 968. 1020 ἀθανάταις δὲ θεαῖc E. 62 ἀθανάτῃc
χερcίν Α. 339 mit der Variante ἀθανάταιc ˙nach ΕμΗ und ἀθανάτοιc
in einigen geringeren Codd.

ἀκαμάτῃcι χέρεccι Th. 519, so nach CV, während die übrigen
Hdschr. ἀκαμάτοιcι haben, doch ist offenbar jenes die ursprüngliche ·
Lesart, da wir es Th. 747 allgemein überliefert wieder finden.

Dazu kommt der Eigenname Ἀδμήτη Th. 439.

Sonst zusammengesetzte Adjectiva: νέαc ἀμφιελίccαc fr. 93. 7
Θέτιc ἀργυρόπεζα Th. 1006 beides aus Hom. geläufig, ζείδωροc
ἄρουρα αὐτομάτη E. 118 nach einstimmiger Ueberlieferung; ἐννύχιαι Th. 10, vgl. Hom. ἐc δὲ Γεραιcτὸν ἐννύχιαι (νῆες) κατάγοντο
γ 178; auch Pindar Pyth. III. 79 Christ kennt dies Femin. μετα-

χρόνιαι γὰρ Ἴαλλον Th. 269 von den Harpyien gesagt; dies Fem.
begegnet hier zum ersten Male. Nicht hieher zu ziehen ist λακέρυζα
κορώνη fr. 163. 1, da dies Adject. kein zusammengesetztes ist, sondern sein Stammwort offenbar in λακερός hat; Foerstemann de dial.
Hesiod. 23 hält es fälschlich für ein Compositum.

2. Comparation.

Von der Comparation durch Antritt des Suffixes τερο τατο an
den reinen Masculinstamm ist zunächst προφερεστάτη Th. 79. 361
bemerkenswert, da es das einzige Beispiel ist, wo jenes Suffix an
einen consonantischen Stamm angesetzt ist.

Das Adjet. φίλος bildet nur φίλτερος E. 310 φίλτατον fr. 70.
2 φίλτατε A. 78.

Von πίων findet sich in πιόταται E. 585 die gewöhnliche Bildung des Superlativs.

Die Comparationsform mit dem Ausgange ιων und ιστος erscheint bei Dichtern im Allgemeinen häufiger als in Prosa, so auch
bei Hesiod:

zu ἀγαθός: ἀρείων E. 207 ἀρείονα E. 193 ἄρειον E. 158
ἄριστος E. 585. 694. 719 fr. 185 πανάριστος E. 293 ἀρίστῳ A.
48 ἄριστον fr. 95. 1 ἀρίστω E. 438 ἄριστοι E. 801 ἀρίστη E. 279.
471. 781 fr. 110. 1 ἀρίστην E. 766. 814. 820 ἄρισται E. 36.

Der einzeln stehende Comparativ ἀμείνων E. 285. 445. 776
ἀμείνονα A. 51 fr. 5. 1 ἀμείνω E. 19. 294. 320 ἄμεινον E. 314.
570. 702. 750.

Der Comp. βέλτιον findet sich nur E. 365 nach der Lesart des
cod. Gal., während alle übrigen βέλτερον schreiben, so dass dies
die eigentliche Ueberlieferung repräsentirt.

λώιον findet sich E. 350. 433. 759. 810.

Dazu noch φέρτερα A. 114 (svE Monac. mit zweiter Hand
φίλτερα) φέρτατος Th. 44, FEO haben den Compar. φέρτερος;
φέρτατε A. 330.

Von βραδύς lesen wir den Comp. βράδιον E. 528.

Zu κρατύς gehört κρείσσων E. 217 κρείσσονας E. 210 und der
Superlativ κάρτιστον Th. 981 mit Metathesis; der Positiv lautet bei
Hesiod καρτερός, wovon der Superl. κρατερώτατος Th. 864 vorkommt;
zwar hat hier M u. Bodl. a κάλλιστον, aber da das Adjectiv Attri-
but zu Γηρυονέα ist, so besteht kein Zweifel, welcher Lesart der
Vorzug zu geben ist.

κακός : κακίστη E. 266. 472; als Comp. erscheint χερείων E.
821 vom Posit. χέρης und χειρότερον E. 127 A. 51; dann ἧσσον
Th. 426 ἧσσω fr. 172. 1.

καλός: nur der Superlativ κάλλιστος Th. 120 ist belegbar.

Zu κυδρός gehört κύδιστε Th. 548.

μέγας : μείζων E. 380. 664 μείζω (δίκην) E. 272 μεῖζον E.
644. 721 μέγιστος Th. 49. 703 μέγιστε Th. 548.

μικρός: Hesiod kennt von Comparationsformen nur μείονα Th.
447 E. 690 als Acc. Plur. Neutr.

ὀλίγος: nur ὀλιγίστη E. 723.

πολύς : πλείων E. 380 πλεῖον Th. 531 E. 419 πλέονες A.
241 πλεόνων E. 380 πλεόνεσσι E. 379 πλέον E. 40. 559 πλέων
E. 690. Der Superlativ: πλεῖστοι fr. 58. 1 πλείστων fr. 112. 1
πλείστη E. 720. 723 πλείστην Th. 904 πλεῖστον Th. 231 πλεῖστα
Th. 887.

ταχύς: Der Comp. θᾶccον A. 95 nur als Adverb, ebenso der
Superl. τάχιστα E. 60. 673 A. 21. 208.

Ausserdem findet sich vom Stamme ῥιγ ohne Positiv ῥίγιον E.
703, wie schon bei Homer.

Ohne Positiv ist auch der Superlativ ὁπλότατος Th. 137 (Homer
kennt auch den Compar.) ὁπλότατον Th. 233. 478. 821 fr. 131. 2
ὁπλοτάτη fr. 138. 2 ὁπλοτάτην Th. 946 fr. 70. 5.

Superlativbildung zeigt, obzwar schon der Positiv superlative
Bedeutung hat, λοιcθοτάτην Th. 921 von λοῖcθος.

Doppelgradation finden wir bei χερειότερον E. 127 A. 51 vom
Comparativ χερείων und ἐπαccυτέρας Th. 716 von ἄccον mit äol.
υ für ο, dann vom Superlativ πρῶτος die Weitersteigerung πρωτίcτῃ
E. 811 und im Adverb πρώτιcτα Th. 24. 116 E. 109. 405. 458.

Zahlwörter.

Cardinalzahlen. Neben εἷς fr. 169. 4 findet sich Th. 145
die interessante Form ἔεις wol bezeugt von Eustath. 1055, 13. 1392,
36 vom Schol. zu Kallimach. Hymn. auf Demet. 53; Herodian περὶ
μον. λέξ. 18, 31 hat ἔεις ἐν μέcῳ ἐνέκειτο μετώπῳ; dagegen schreibt
das metrisch unmögliche εἷς der Schol. Amb. zu Od. α 106, übrigens
hat auch hier cod. Harl. ἔεις. Die Entstehung dieser Form kann doch
wol nur auf eine falsche Analogie zurückgeführt werden; wie sich vor
digammierten Wörtern vorgeschlagenes ε findet, so ist dies auch in
anderen Fällen eingetreten z. B. ἐέδμεναι ἐέcχατος ἐνέεικαν vgl.
Curtius Grundz.[4] 597; der Spiritus asper trat auf dieses anlautende.
ε wie bei ἐέccατο. Anders erklärt die Form namentlich Fritsch
de voc. graec. hyphaer. in Curtius Stud. VI 112; aus sa-van-s sei
ἔενς ἔεις entstanden, contrahirt in εἷς; in den Casus obliq. soll dann
wie in ὅς das anlautende ε abgefallen sein, ebenso wie vielleicht in
der äol. Form ἴος. — Als Femin. steht μία Th. 321 μί᾽ Th. 792
μιῇ Th. 278. Auch das bei Homer noch nicht vorfindliche Compositum οὐδείς treffen wir fr. 177. 1 im Mascul., sonst nur das Neutr.
οὐδέν Th. 295 E. 144. 311; von μηδείς nur das Neutr. E. 395 A.
98. Das äol. ἴος kennt Hesiod nicht.

δύο erscheint bald indeclinabel: αἱ δύο Th. 278 von den Gorgonen
gesagt, δύο παῖδας A. 112 δύο Πευκείδας A. 178, bald declinirt
mit dem Dual. des Substantivs verbunden: Nom. λέοντε δύω A. 402

Acc. υἷε δύω fr. 36. 2; mit dem Plural des Subst. δύω ἤματα E. 12 im Nom. Sonstige Casus finden sich nicht. Für δύω gebraucht der Dichter auch δοιοί u. z. δοιοί (κάπροι) A. 173 (δελφῖνες) A. 211; sv haben hier δοιώ; δοιὰ δὲ θέςθαι ἄροτρα E. 432; auch der Dual kommt vor δοιὼ δράκοντες A. 234 (δράκοντες hat die grosse Mehrzahl der Hdschr. MFSsμVCEa, die anderen δράκοντε). Von τρεῖς lesen wir nur den Nom. Th. 148. 321. 907 und den Acc. fr. 163. 3.

. τέccαρες kommt selbständig nicht vor, dafür die dorische Form τέτορες im Neutr. E. 698 ἡ δὲ γυνὴ τέτορ' ἡβώοι (ἔτη). Hiezu kommt die Bemerkung des Phavorinus bei Eustath. 1398, 23 s. fr. 241 Goettl. τέττορας Δωρικῶς λεχθέν, οὗ εὐθεῖα κεῖται παρ' Ἡσιόδῳ. An der ersteren allein massgebenden Stelle ist die Schreibung mit Doppel-τ schon des Metrums wegen unmöglich. Die Form τέτορες entstand aus τέτϝορες mit Ausfall des Digamma, denn es ist überhaupt sehr zweifelhaft, ob die Form τέττορες je existirt hat. Vgl. Allen, de dial. Locr. Curt. Stud. III. 224 und Ahrens de dial. Dor. 279. Mit einem τ findet sich τέτορες durchweg auf den herakl. Tafeln u. z. τέτορες selbst II. 34. 62. 98. 102 τετόρων II. 80. 86. 93 τέτορας I. 14. 80. 143. 171 τέτορα I. 115 bei Theokrit XIV. 16 τετόρων ἐτέων ebenso auf der delph. Inschr. C. I. 1690. Die übrigen Stellen, die die dor. Form aufweisen, vgl. Ahrens de dial. Dor. 279, schwanken zwischen der Schreibung mit einem und zwei τ, so daes die letztere nirgends eine sichere Grundlage hat. Von Cas. obl. lesen wir bei Hesiod nur τέτρασιν ὀφθαλμοῖσιν fr. 4, eine Form, die aus urspr. τετϝαρcι durch Ausfall des Dig. und gleichzeitige Metathesis entstanden ist; wir finden sie bei Homer nie, wol aber bei Pindar Ol. VIII. 68 Pyth. VIII. 81 Christ. Das äol. πίcυρες, welches Homer kennt, findet sich bei Hesiod nicht.

. Von ἐννέα (das 9 Mal vorkommt) ist zu bemerken, dass das doppelte ν, dessen Ursprung noch nicht ganz aufgeklärt ist (vgl. Curtius Grundz.⁴ 311 und Christ Lautl. 34), sich in der Zusammensetzung ἐνναετήρῳ E. 436 (M ἐνναετῆρε als Variante, darnach Koechly) erhielt, während es zumeist in den Ableitungen verschwindet, vgl. Curtius a. a. O. Dagegen ist Th. 801 offenbar die ionische Form εἰνάετες zu schreiben, die die grössere Zahl der Hdschr. bietet (Ma u. a. haben ἐννάετες) vgl. εἰνάς E. 810. 811.

Für zwölf lesen wir δώδεκα A. 162; wie aber aus den Compos. δυωδεκάμηνον E. 752 und δυωδεκαταῖον E. 751 und dem Ordinale δυωδεκάτη E. 774. 776 δυωδεκάτη E. 791 sich ergibt, kannte der hesiod. Sprachgebrauch auch die Form δυώδεκα.

Besonders interessant ist τριηκόντων E. 696. Der Vers lautet μήτε τριηκόντων ἐτέων μάλα πόλλ' ἀπολείπων; diese Lesart haben die meisten Codd., (τριάκοντα μlT, in welch' letzterem übrigens α aus ων corrigiert ist) sie wird bezeugt durch Proklos, Stob. Floril. LXXI. 429 Eust. zu Il. 97, 11. Dagegen kennt Tzetzes τριήκοντα,

das auch einige geringere Hdschr. haben, und O Vat. 915 τριήκοντ᾽,
das metrisch unmöglich ist; offenbar war dem Tzetzes der Genetiv
sehr auffällig, und auch in neuerer Zeit nahm Bentley daran Anstoss,
der an τριήκοντᾱ Fετέων dachte; so auch Foerstemann de dial. Hesiod.
26 und neuestens Flach, vgl. Proleg. zur Theog. 40. 53, der darin
eine sehr alte Verderbung zur Vermeidung des Hiatus erblickt. Die
Ueberlieferung ist offenbar von Alters her τριηκόντων gewesen,
denn schon das Scholion kennt diese Lesart, es lautet nämlich:
μὴ γράψῃς τριηκόντων εἴτε ʿΗσιόδου εἴτε μεταγραφικὸν τὸ πταῖσμα
τυγχάνει, ἀλλὰ τριάκοντα. πᾶσα γὰρ φωνὴ τὰ τρία γένη σημαί-
νουσα ἐν μιᾷ λέΞει ἄκλιτος ἔστιν · οἷον τριάκοντα πεντήκοντα
καὶ πάντες οἱ ἀριθμοί. Die Länge des α vor Fετέων könnte
allerdings erklärt werden, wir lesen auch Λ. 451 μέγᾱ Fιάχων,
indem das Digamma auch zu dem vocalisch auslautenden Worte
herübergezogen und so thatsächlich in der Rede eine Doppelconsonanz
erzielt wird, vgl. meine Hesiod. Unters. p. 23; aber wir wissen, dass
es eine Eigenthümlichkeit des äol. Dialektes war, selbst Cardinal-
zahlwörter zu decliniereo, Et. Mag. 290, 47: ἔστι δὲ εἰπεῖν ὅτι πολ-
λάκις αἱ διάλεκτοι κλίνουσι ταῦτα ὡς παρὰ ᾽Αλκαίῳ, worauf fr. 75
Bergk³ citiert wird, das nach der Restitution von O. Müller εἶc
(Bergk εἶc) τῶν δυοκαιδέκων lautet; das Etym. Mag. hat εἰc τὸν
δυοκαίδεκον und setzt hinzu ἀντὶ τοῦ δυοκαίδεκα; bei Alkaios finden wir hiefür noch ein zweites Beispiel fr. 33 B. παχέων ἀπὺ πέμ-
πων. Offenbare Nachahmungen dieses Gebrauchs liegen vor in Kal-
lim. fr. 67. 2 ἐκ δὲ τριηκόντων, ebenso Anth. 14, 3, 9. 123. 13
τριηκόντεσσιν Philodem. in d. Anth. 11. 41. 1.

In τεσσαράκοντα E. 385 und τεσσαρακονταετής E. 441 liegt
die Form τέσσαρες zu Grunde, die selbständig bei Hesiod nicht vorkommt.

μύριοι kennt Hesiod nur fr. 169. 3, sonst nur μυρίοι (unzähl-
lige) u. z. μυρία λυγρά E. 100 und τρὶς γὰρ μυρίοι εἰσιν ... ἀθάνατοι
E. 252 (RO μύριοι).

Ordinalzahlen. Neben dem häufigen πρῶτος finden wir, wie
oben bemerkt, auch den hievon gebildeten Superlativ πρωτίστη E.
811 und das Adv. πρώτιστα 6 Mal gebraucht.

τέταρτος kommt in dieser Form sowol ἄλλο τέταρτον E. 157
ἐν δὲ τετάρτῃ μηνός E. 800 als auch mit Metathesis vor τὸ δὲ τέτρα-
τον E. 596 A. 363.

Doppelbildung zeigt ἕβδομος iu ἑβδόμη E. 770 neben ἑβδομάτῃ
E. 805 fr. 224.

ὄγδοος kennt Hesiod nicht, dafür ὀγδοάτη E. 772 ὀγδοάτη
E. 790.

ἔνατος erscheint in E. 772 ἐνάτη (T ἐννάτη metrisch unmöglich); weiter lesen wir ἑνδεκάτη E. 774 ἑνδεκάτης E. 776, ohne
eine andere Form für dies Ordinale, während neben δυωδεκάτη E.

774. 776 δυωδεκάτῃ E. 791 auch δωδέκατος fr. 45. 2 vorkommt;
erwähnenswert ist noch τρισκαιδεκάτην E. 780.
Von anderen Zahlwörtern ist zunächst δυωδεκαταῖος E. 751
erwähnenswert, das zu den mit dem Suffix αιος gebildeten gehört,
die auf die Frage am wie vielten Tage? stehen. Häufigeren Gebrauch macht der Dichter der Erga von den Substantivnumeralien
auf αδ, hievon sind zu erwähnen εἰνάς (ionisch, gemeingriech. ἐν-
νεάς) E. 810. 811 τρισεινάδα E. 814 τριηκάδα E. 766 (gemeingriech. τριᾱκάς).

Pronomina.

1. Personalpronomina.

Der Nom. Sing. der ersten Pers. findet sich einmal in der älteren
Form ἐγών (skt. aham) ἐπ’ ἄεθλα E. 654, wo das ν wegen des
folgenden Vocals erhalten blieb; sonst ἐγώ Th. 164. 170. E. 10. 57.
106. 174. 208. 270. 286. 396. 398. 658 A. 89. 94 fr. 229. 1.
ἔγωγε nur E. 682. Der Genetiv lautet ἐμεῖο A. 361. 449, entstanden aus ἐμεςjo, enklitisch findet er sich in κέκλυτέ μευ Th. 614
mit ionischer Contraction. Der Dativ ist nur einmal orthotonirt ἐμοί
A. 94, sonst enklitisch μοί Th. 30. 31. 35. 114 fr. 172. 1. 178. 1.
Auch den Accusativ zeigt nur einen Fall der vollen Form ὡς καὶ νῦν
ἐπ’ ἔμ’ ἦλθες E. 396 sonst enklitisch μέ Th. 24. 33. 645 E. 656.
659 μ’ E. 662.
Die zweite Person Sing. lautet mit dem älteren τ an in τύνη.
Hesiod kennt es Th. 36 E. 10. 641 (Homer hat es 6 Mal). Bopp
Vergl. Gr. II 103 erklärt diese Form als aus τυ-νη entstanden,
während Cauer de pron. pers. form. et usu Hom. Curt. Stud. VII
104 die unserer Ansicht nach richtige Erklärung gibt, wenn er im
Hinblicke auf ἐγών und das böot. τούν skt. tvam jene Form aus
τυν und der Bekräftigungspartikel η entstanden denkt. Es ist noch
hinzuzufügen, dass dies η auch in τίη erscheint Th. 35. Sonst steht
cύ E. 27. 107. 335. 402. 408 A. 95. 119. 355. Der Genetiv lautet
cέο E. 478 und äol. cέθεν E. 343. 700. Im Dativ wechseln die
Formen τοί z. B. E. 344 und coί z. B. E. 34. Der Acc. lautet
durchweg cέ (an 21 Stellen).
Die dritte Person Sing. weist zunächst vom Pronominalst. sva
den Genetiv μετὰ εῖο Th. 392 auf, aus cFε-ιο Fε-ιο entstanden, mit
Digammawirkung. Der Dativ οἷ findet sich sehr oft, die Stellen mit
Digammawirkung wurden oben aufgezählt; auch der Accusativ ἕ
zeigt das anlautende Digamma Th. 332. 482 E. 268 A. 359 fr. 94.
4. Besonders interessant ist aber der von Apollon. de pron. 106 A
Bekk. überlieferte Dativ ἵν δ’ αὐτῷ fr. 204. Es ist zwar ἵν mit
dem Lenis überliefert, und auch Hesychios schreibt es in seiner Glosse
ἵν αὐτῷ· αὐτὸς αὐτῷ, doch ist entschieden der Spir. Asper das Richtige, denn Apoll. sagt selbst de pron. 70 B die Lesart ἵ in der

Ilias X 410 erwähuend: καὶ τὸ Ὁμηρικὸν ἔνιοι διὰ τοῦ ι γράφοντες προcπνέουcιν· ἐναλίγκιον ὡc ἳ ἅπαcα. Und Priscian erwähnt XIII. 2. 7 u. 8, dass ἳ das Digamma hatte, woraus naturgemäss dann der Spir. Asper hervorgieng. Vgl. Dronke, Rhein. Mus. IX 113 sqq. Es ist nicht unmöglich, dass, wie Dronke a. a. O. meint, dies Pron. ἳ, dessen Dativ wir bei Hesiod haben, von demselben Pronominalst. cFε Fε kommt, zumal da Korinna nach Apollon. de pron. 106 die Form ἕῖν gebraucht hat, vgl. Ahrens de dial. Aeol. 208. Die Bedeutung des Dat. ἳν ist an unserer Stelle eine reflexive, wie aus der Ueberlieferung und der hesych. Glosse hervorgieng, wiewol der Pronominalst. ϝα ursprünglich demonstrative Bedeutung hatte, vgl. Kvícala, Unters. auf dem Gebiete der Pron. p. 47. Homer kannte dies Pron. noch nicht, und es dürfte bei Hesiod zum ersten Male aufgetaucht sein, vgl. Herod. π. ἰλ. προc. χ 140: οὐκ εἶδε δὲ ὁ ποιητὴc οὔτε τὴν ἳ οὔτε τὴν cφεῖc.

Für den Accus. der 3. Pers. finden wir auch μίν gesetzt; dies Pron. gehört zum St. ἳ (lat. i·s) und entstand nach Döderlein's Ansicht, Reden und Aufsätze II 144, die auch Curtius Grdz.[4] 532 billigt, durch Doppelsetzung des Accusativs ἱμιμ, woraus durch Abfall des anlautenden ι und Abschwächung des auslautenden μ zu ν μίν hervorgieng, vgl. Pauli Epit. 79 altlat. einem = eundem. Bei Hesiod lesen wir dies Pron. für das Masc. Th. 174. 490. 542. 554. 565. 568. 726. 857. 868. 990 E. 48. 325. 515. 682. 708 A. 84. 111. 117. 219. 478 fr. 44. 7. Als Femin. Th. 127. 224. 423. 450. 899. 999 E. 18. 224. 258 A. 271. 440. Als Neutrum dagegen nirgends. Formen des Duals finden sich nur von der 1. Person. der Nom. νῶι mit dem Plural des zugehörigen Verbs A. 358 εἰ δὴ νῶι cυνοιcόμεθα πτολεμίζειν, der Dativ νῶιν A. 350 Κύκνε πέπον, τί νυ νῶιν ἐπίcχετον ὠκέαc ἵππουc ἀνδράcιν, οἵ τε κτλ., wo also νῶιν mit dem Dat. Plural ἀνδράcιν verknüpft ist.

Von Pluralformen lesen wir in der ersten Person ἡμεῖc fr. 163. 4, daneben in der Aspis 87 die äolische Form ἅμμεc, sonst keinen Casus.

Die zweite Person kommt in den Formen ὑμεῖc Th. 649. 963 E. 248 und im äol. Dativ ὕμμι gleichfalls nur in der Aspis 328 vor.

Desto zahlreicher sind die Pluralformen der dritten Person vom St. cφε, worin φ aus F erhärtet ist. Und zwar zeigen zunächst demonstrativen Gebrauch: Der Genetiv cφέων Th. 144. 361 mit nothwendiger Synizese (enklitisch). Der Dativ erscheint in der Form cφίν, aus cφε mit dem Suffix φι gebildet, worauf Hyphärese des ε eintrat Th. 63. 627 A. 114. 172. 258. 310. 343 fr. 169. 5 überall enklitisch; cφί ohne ν ephelk. A. 113. 152. 173 cφ' mit Elision des ι ᾿Α. 325 ἀγχίμολον δέ cφ' ἦλθε θεά A. 404 δεινὴ δέ cφ' ἰαχὴ ἀραβόc θ' ἅμα γίγνετ' ὀδόντων fr. 206. 2 κακὴν δέ cφ' ἔμβαλε φήμην. Die zweite Form des Dativs cφίcι aus cφε-cι entst. ist mit dem urspr. Locativsuffix cι gebildet, vgl. Cauer de pron. pers.

form. et usu Hom. Curtius Stud. VII. 109; die Form erscheint orthotoniert fr. 197 ἵνα cφίcι δῶκε Κρονίων, euklitisch nur in der · Aspis 279. 296. 348. Der Accus. lautet cφέ wie bei Homer z. B. Λ 111 in A. 62 cφ᾽ ἀμφιδεδήει und cφέαc Th. 624 enklitisch, ebenso A. 326. Reflexiven Gebrauch dagegen finden wir: im Dat. cφὶν δ᾽ αὐτοῖc in fr. 63, das von Apollon. de pron. 125 mit den Worten eingeleitet wird: ὑπὸ γὰρ ʽHcιόδου ἐν ἀρχῇ τεθεῖca (cφίν) εὐλόγωc ὠρθοτονήθη ἐν τρίτῳ (καταλόγῳ) cφὶν δ᾽ αὐτοῖc μέγα πῆμα; im Accusativ cφέαc Λ. 168 ἐν δὲ cυῶν ἀγέλαι χλούνων ἔcαν ἠδὲ λεόντων ἐc cφέαc δερκομένων und Λ. 403 ὡc δὲ λέοντε δύω ἀμφὶ κταμένηc ἐλάφοιο ἀλλήλοιc κοτέοντεc ἐπὶ cφέαc ὁρμήcωcι; reflexiv ist auch der nur Th. 34 vorkommende Accus. cφᾶc δ᾽ αὐτάc, welcher bei Homer nur an einer Stelle und da nicht orthotoniert, wie an unserer, sondern enklitisch sich vorfindet E. 567.

Die Reflexivpronomina sind entstanden, indem man das einfache Personalpronomen mit αὐτόc verband; zunächst wurden sie lose neben einander gestellt; so E. 265 οἵ τ᾽ αὐτῷ κακὰ τεύχει ἀνὴρ ἄλλῳ κακὰ τεύχων und die bereits erwähnten Fälle cφὶν δ᾽ αὐτοῖc fr. 63 cφᾶc δ᾽ αὐτάc Th. 34. Bei Hesiod finden wir aber zum ersten Male auch schon das aus den beiden genannten Bestandtheilen zusammengesetzte eigentliche Reflexivpronomen wenigstens in der 3. Person. Th. 126 γαῖα δέ τοι πρῶτον μὲν ἐγείνατο ἶcον ἑαυτῇ Οὐρανὸν ἀcτερόενθ᾽ κτλ. bezeugt durch den Schol. zu Soph. El. 86. Nach dem Schol. las auch Didymos ἑαυτῇ : Δίδυμοc δὲ τὸ ἶcον ἑαυτῇ κατὰ τὸν τῆc γεννήcεωc λόγον, ἤγουν ὅτι καὶ αὐτὸc ὥcπερ αὐτὴ ἐγεννήθη. Lehrs, quaest. ep. 114 und Muetzell, ebenso Hermann nahmen Anstoss an der Form, auch Goettling kussert z. d. St. seine Bedeuken „pro ἑαυτῇ antiquior poeta dixisset ἑοῖ vel οἱ αὐτῇ." Doch, glaube ich, ist das Reflexiv im Texte zu belassen, da sich auch anderweitig Spuren desselben in Hesiod vorfinden; Th. 469 sq. schreiben die meisten Hdschr. τότ᾽ ἔπειτα φίλουc λιτάνευε (ʽPέη) τοκῆαc τοὺc αὐτῆc; nur Flor. D. E und einige geringere Hdschr. haben αὐτῆc, was Goettling u. Koechly-Kinkel aufgenommen haben. Hieher gehört weiter E. 293 οὗτοc μὲν πανάριcτοc, ὃc αὐτῷ πάντα νοήcῃ — αὐτῷ hat M von zweiter Hand und die anderen Codd. mit Ausnahme von M man. I. μLSTa; ausserdem kennt es Proklos, Zenon bei Diog. Laert. VII. 25 Stob. Floril. IV. 53 Eustath. zur Il. p. 238. 13. Es ist demnach zweifellos αὐτῷ zu schreiben. Dagegen ist bei der Verschiedenheit der Ueberlieferung der Vers E. 296, der nach Koechly ὃc δέ κε μήτ᾽ αὐτῷ νοέῃ μήτ᾽ ἄλλου ἀκούων ἐν θυμῷ βάλληται lautet, schwieriger zu beurtheilen. Cod. B hat μήτ᾽ αὐτῷ, andere μήθ᾽ αὐτῷ Arist. Nicom. Ethik I 2 aber bezeugt μήτ᾽ αὐτόc, das auch M überliefert hat, und es scheint in der That dies letztere am besten in den Sinn zu passen; Goettling hat diese Lesart auch in den Text aufgenommen.

2. Possessiva.

Bemerkenwert ist hier zunächst die dorische Form des Possessivpron. der zweiten Pers. τεός, die sich neben cóc — cήν A. 104 cῆcι Th. 658 E. 107. 274 cάc A. 107 — aber nur in den Erga fünfmal vorfindet: τεῷ ἐγκάτθεο οἴκῳ E. 77 τεῷ ἐνικάτθεο θυμῷ 27 τεόν (κλῆρον) 341 τεὸν ποτὶ οἶκον 697 τεὴν διφῶcα καλιήν 374.

Die dritte Person zeigt die Formen ἑός und ὅς, endlich das ursprüngliche cφός, das sich Th. 398 findet: ἦλθε δ' ἄρα πρώτη Cτὺξ ἄφθιτος Οὔλυμπόνδε cὺν cφοῖcιν παίδεccι; offenbar hat sich hier diese Form als Rest der ursprünglichen (aus cFóc durch Erhärtung des F entstandenen) erhalten und es ist nicht als katachrostischer Gebrauch des Possessivpron. der 3. P. Plur., als welches cφός bei Homer und in der classischen Prosa ausschliesslich vorkommt, aufzufassen; denn einmal ist wenigstens die Wirkung des abgefallenen cF noch sichtbar auch in zwei anderen hesiod. Stellen θυγατέρα ἥν Th. 819 u. πατέρα ὃν Ἄρην A. 59 und zweitens haben wir aus alter Zeit mehrere Beispiele dieses Gebrauchs aufzuweisen: Alkm. fr. 56 Bergk cφοῖc ἀδελφιδεοῖc κᾶρα καὶ φόνον fr. 31 cφεᾶc ἔειξε χώρας ebenso Theogn. 712 ἀλλ' ἄρα κἀκεῖθεν πάλιν ἤλυθε Cícuφoc ἥρως ἐc φάος ἠελίου cφῇcι πολυφροcύναιc vgl. Renner, quaest. de dial. ant. Gr. poes. eleg. et iamb. Curt. Stud. I b 7. Auch bei Pindar und Aeschylos findet sich diese Form.

Sonst ist die Form ἑός die gewöhnliche, sie steht 12 Mal in Th. 3 Mal in E. 6 Mal in A. 1 Mal in den Fragm. An einer Stelle E. 58 findet sich ἑός gebraucht mit Bezug auf mehrere Subjecte ἑὸν κακὸν ἀμφαγαπῶντεc. Apollonios de pron. 143 B tadelt dies: Ἡcίοδος μέντοι ἐπίμεμπτός ἐcτιν εἰπών ἑ. κ. ἀ., ἐν ᾧ ἑνικῷ ἀντὶ πληθυντικοῦ ἐχρήcατο — δέον cφόν; ebenso ὅν in Th. 71 ἐρατὸc δὲ ποδῶν ὕπο δοῦποc ὀρώρει νιccομένων πατέρ' εἰc ὅν. ' Die Form ὅς lesen wir ausser da nur Th. 928 ἤρισεν ᾧ παρακοίτῃ E. 131 ᾧ ἐνὶ οἴκῳ fr. 80. 6 ὃ χρηστήριον A. 38 ὄνδε δόμονδε fr. 82. 2 ἧc ἀλόχοιο A. 93 ἣν ἄτην, dazu kommen die oben berührten Stellen Th. 819 θυγατέρα ἥν und A. 59 πατέρα ὄν. Besonders hervorzuheben ist noch E. 381 coὶ δ' εἰ πλούτου θυμὸc ἐέλδεται ἐν φρεcὶν ᾗcιν — so schreibt MSa u. a., während QVTl cῇcιν haben; zweifellos ist jenes beizubehalten, da wir darin einen der wenigen Reste der ursprünglichen Gebrauchsweise des Possessivpron. der 3. Pers. (wie dies auch beim Personalpron. der Fall war) mit Beziehung auf jede beliebige Person erhalten haben, 'wie E. 2 δί' ἐννέπετε cφέτερον πατέρ' ὑμνείουcαι (mit Bezug auf ein plurales Subject Μοῦcαι).

Die Pron. des Plurals sind ἡμέτεροc, das 6 Mal vorkommt, für die zweite Person ὑμετέρου (πατρός) Th. 166, neben welchem auch das äol. (κράτος) ὑμόν Th. 662 vorkommt; für die dritte cφέτεροc: cφετέρῳ τοκῆι Th. 155 cφετέρων τε τοκήων A. 239 ὑπὲρ cφετέ-

ρης πόλιος A. 239 cφετέρην ἐc γαcτέρ' Th. 599 χείρεccιν ὑπὸ
cφετέρῃcι E. 152 περὶ cφετέροιcι τέκεccι A. 247. Als Possessiv
für die zweite Pers. Plur. steht cφέτεροc in dem oben citierten Vers;
im Sinne von ὅc mit Bezug auf ein Subject im Singular finden wir
es A. 90, hier überhaupt so zum ersten Male in der griech. Literatur:
ὅc προλιπὼν cφέτερόν τε δόμον cφετέρουc τε τοκῆαc.

3. Demonstrativa.

Hier ist nur die Gebrauchsweise von ἐκεῖνοc zu erwähnen.
Die volle Form steht A. 72 ἐκείνῳ, sonst κεῖνοc mit Aphairesis des
ε: κείνῳ Th. 667. 836 κείνων A. 75 κείνοιcι Th. 628 κείνοιc Th.
387, ausserdem das Adverb κεῖθι fr. 80. 9. Diese letztere Form
war nach Apollon. de pron. 73 B die ionische; vgl. deren Anwendung
bei den ion. Elegikern und Iambographen, Renner in Curt. Stud. I b
9. 10.

4. Relativa.

Oefter werden wie überhaupt im epischen Dial. die Formen des
urspr. Demonstrativs (späteren Artikels) ὁ ἡ τό relativisch verwendet,
obgleich sich an manchen Stellen auch mit dem Demonstrativ auskommen lässt z. B. Th. 271 τὰc δὴ Γραίαc καλέουcιν. Das verallge-
meinernde Relativpron. ὅcτιc erscheint ziemlich häufig und es werden
stets beide Bestandtheile decliniert: Nom. Masc. Th. 222. 395. 459.
783 E. 241. 343 A. 480 fr. 94. 2 ἥ τιc E. 406. 700 ᾧ τινι E. 31
ὅν τινα Th. 81. 96 ἥν τινα E. 763 οἵ τινεc A. 150. 163.
Von sonstigen Pronom. ist das Interrogativ τίη Th. 35, aus τί
und dem confirmativen ἦ zusammengesetzt, bemerkenswert (wie τύν-
η); vom Pron. Indef. τὶc der Genet. τεῦ E. 330 ὅc τέ τευ ἀφραδίηc
ἀλιταίνεται ὀρφανὰ τέκνα für τινόc.

Conjugation.

1. Allgemeines.

a. Vom Augmente.

Zunächst wollen wir vom syllabischen Augmente sprechen.
Dieses erscheint bekanntlich bei einzelnen Verben in der Gestalt von
η; bei unserem Dichter ist es μέλλω, das überhaupt hier zum ersten
Male in der griech. Literatur dies Augment aufweist u. z. Th. 888
ἀλλ' ὅτε δὴ ῥ' ἤμελλε θεὰν γλαυκῶπιν Ἀθήνην τέξεcθαι Cod. MEO
haben δή ῥα ἔμελλε, aber abgesehen von diesem argen Hiatus ist
jene Lesart bezeugt durch Galen. de dogm. Hippocr. et Plat. III
8 p. 350 Kühn; weiter Th. 478 ὁππότ' ἄρ' ὁπλότατον παίδων
ἤμελλε τεκέcθαι Th. 898 αὐτὰρ ἔπειτ' ἄρα παῖδα θεῶν βαcιλῆα
καὶ ἀνδρῶν ἤμελλεν τέξεcθαι. Homer kennt dies Augment noch
nicht, wenngleich Zenodot M 34 ὡc ἤμελλον schrieb, vgl. Curtius
Verb. d. gr. Spr. I. 111. Daneben finden wir freilich an einigen

Stellen auch das Augment ε bei diesem Verbum: Tb. 468 ἀλλ' ὅτε
δὴ Δί' ἔμελλε θεῶν πατέρ' ἠδὲ καὶ ἀνδρῶν τέξεσθαι Th. 490 ὅ
μιν τάχ' ἔμελλε βίῃ καὶ χερσὶ δαμάσσας τιμῆς ἐξελάαν Th. 552 τὸ
καὶ τελέεσθαι ἔμελλε A. 126 ὁππότ' ἔμελλε (Versschluss) τὸ πρῶτον στονόεντας ἐφορμήσασθαι ἀέθλους. In Bezug auf die Erklärung des η ist zu bemerken, dass wahrscheinlich im Anlaute des
Wortes ein c abfiel und in Folge dessen in den augmentierten Formen eine Art Ersatz in der Dehnung des vorausgehenden Vocals
eintrat, vgl. Curtius Grdz.[4] 332.

Von den übrigen zwei Verben, die sonst das Augment η zeigen,
findet sich δύναμαι nur mit ε E. 134 οὐκ ἐδύναντο (Versschluss),
βούλομαι kommt in keiner augmentierten Form vor. ἤθελον E. 136
im Versaufang zeigt η, weil es von ἐθέλω abzuleiten ist; bei Hesiod
findet sich überhaupt die Form θέλω nicht.

Mehrfach erscheint nach dem syllabischen Augmente der anlautende Consonant gedoppelt. Dies erklärt sich durch die Assimilation gewisser ursprünglich anlautenden Spiranten und zwar von F ·
in οὔτ' ἔρρηξε βαλών A. 140 οὐδ' ἔρρηξεν χαλκόν A. 415 von
der W. Ϝραγ; πάλιν δ' ἔρριψε φέρεσθαι Th. 181, dagegen ohne
Augm. ῥῖψε δέ μιν Th. 868 und ῥίπτασκον A. 256, wahrscheinlich
urspr. mit F anlautend, Curtius Grundz.[4] 353. Dagegen lesen wir
fr. 217 εἴ κε πάθοι τά κ' ἔρεξε trotz des St. Ϝεργ. Urspr. anlautendes c assimilirte sich in ἔρρεον ἐκ κεφαλέων fr. 42. 3 von der
W. cρυ, ohne Augm. dagegen ῥέον A. 267 ῥέεν A. 314; ebenso in
ἐρρώοντο A. 230 im Versschluss und ἐπερρώσαντο δὲ ποσσίν Th.
8, da ῥώομαι mit dem St. cρυ zusammenhängt, Curtius Grundz.[4] 355.

Anderer Art ist die Doppelung des c in ἀπέσσυθεν Th. 183,
cεύω hat nämlich höchstwahrscheinlich urspr. cϜυ zum Stamme; über
das doppelte λ in ἔλλαβεν Th. 179 wurde schon oben bei der Lautlehre
gesprochen.

Eine Reihe vocalisch anlautender Verba zeigt syllabisches Aug-
ment; es sind dies solche, die ursprünglich consonantisch anlauteten.
Unversehrt ist es bei unserem Dichter erhalten in ἔειπε (aus ἐϜεϜεπε)
E. 86. 206 fr. 174. 6 (nach einer anderen Lesart hier ἔςτειχε)
ἔειπον (θεαί) Th. 24 μετέειπε Th. 643 προσέειπε Th. 542. 546
E. 203 A. 102. 349 προσέειπον Th. 749; ebenso in ἂψ ἀνέηκε
Th. 495 von der W. jε, sonst gewöhnlich ἧκε Th. 669 A. 343.

Das syllabische Augment ist wenigstens in der Contraction mit
dem folgenden Vocale erkennbar in folgenden Fällen a. in Folge
urspr. Digammaanlautes:

bei den von der W. Ϝελ abgeleiteten Formen: εἷλε Th. 225 E.
155 A. 139. 457 εἵλετο Th: 853 A. 135 nach μPar.GFH (sonst
αἴθοπι χαλκῷ) A. 149 ἀνείλετο Th. 553 ἀφείλετο Th. 443 ἐξείλετο
E. 104, dagegen ἐξέλετο A. 89 ohne Augment.

W. Ϝεργ E. 151 χαλκῷ δ' εἰργάζοντο, so die Hdschr. bis auf
a u. einige geringere, die ἐργάζοντο haben, auch ist jene Lesart be-

zeugt durch den Schol. zu Apoll. Rhod. A 430 Apollon. lex. Hom.
sub v. χάλκεα Etym. Mag. 805, 32. Die homerischen Gedichte
haben noch keinen sicheren Beleg dafür, vgl. Curt. Verb. I. 124. 125.
Von der W. Fερυ (wahren) lesen wir A. 138 ἤ τ᾽ εἴρῦτο κάρη,
dagegen A. 415 ἔρῦτο. Von Fιὸ nur εἶδον Th. 589, dagegen häufig ohne Augment ἴδεν
Th. 555. 568· ἴδε E. 740 ἴδοντο Th. 451.
Kein Augment haben die urspr. mit F anlautenden Verba ἄγνυτο (W. Fαγ) A. 279. 348 ἄδον (W. cFαὸ Fαὸ) Th. 917. 926
ἄναξεν Th. 837 ἄναccον Th. 1015, während das Augm. noch un-
verletzt erhalten ist bei Alk. fr. 64 Bergk³ ἐFάναccε; vollständiges
Erlöschen des cons. Anlauts zeigt die Form ἤναccε fr. 112. 1, wo
Flach καὶ πλείcτων ἐFάναccε περικτιόνων ἀνθρώπων schreibt. ἕλκε
(W. Fελκ) A. 158.

b. Syllabisches Augment ist in der Contraction erkenntlich bei
Verben, die ursprünglich mit c anlauteten:
εἶcε Th. 174 W. cεὸ ἑὸ vgl. Curtius, Verb. I. 125.
εἱcτήκει A. 269 im Versanfang und πὰρ δ᾽ Ἀχλὺc εἱcτήκει A.
264 aus ἑ-cεcτήκειν; an diesen Stellen findet sich das Augm. syll.
bei diesem Plusqpf. zum ersten Male im Griechischen.
εἶχε A. 214. 223 fr. 44. 6 εἶχ᾽ E. 89 cυνεῖχε A. 315 εἶχον
A. 132. 271. 285. 310 (wenn die Stelle nicht corrupt ist) 311
παρεῖχον A. 84 vom St. cεχ; hingegen kein Augment ἔχεν Th. 466.
467 ἔχε A. 220 ἔχ᾽ Th. 588 κάτεχεν Th. 700. 844 ἔχετ᾽ Th. 746
ἔχεcκεν Th. 533 ἔχον E. 147. 248. 252.
Ob auch in εἴαcε A. 424 ein Augm. syll. steckt, ist zweifelhaft. Die
Glosse bei Hesychios ἔβαcον· ἔαcον. Cυρακούcιοι, das nach Etym. Mag.
308, 27 auch die Lakonier gebrauchten, deutet auf den Ausfall eines
Spiranten und wahrscheinlich ersetzte den ausgefallenen Laut schon
im Präsens die Dehnung zu ει, da schon im Präsens die Nebenform εἰάω vorkommt, vgl. Kühner Ausf. Gr. I² 499.
Oft fehlt das syllabische Augment vollständig und zwar liegen
dieser Erscheinung offenbar metrische Rücksichten zu Grunde. Hesiod
hält sich hierin an Homer. Im Folgenden geben wir eine Sammlung
der Verbalformen ohne syllab. Augment. Es mangelt
1. allen Iterativen, 20 an der Zahl; da sie später noch erwähnt
werden, so zählen wir sie hier nicht auf.
2. Den Verben ἄγνυτο A. 279. 348 W. Fαγ (bei Hesiod Dig.
erkennbar, siehe oben) ἄδον Th. 917. 926 W. cFαὸ später Fαὸ
βάλλ᾽ A. 254 βάλεν A. 384 ἔμβαλε A. 214. 453 fr. 206. 1 κάββαλε
A. 462 κάββαλ᾽ Th. 189 καββάλετ᾽ A. 130 βαcίλευε fr. 112. 2
ἐμβαcίλευεν E. 111. 169 βῆcαν E. 153 βόων A. 243 (ἀμφί) βράχε
A. 423 γείνατο Th. 130. 139. 185. 233. 309. 334. 368. 374. 385.
409. 509. 920. 924. 928. 962. 983. 1007. 1013. 1018 E. 771 A.
49. fr. 36. 1. 46. 2. 83. 6 γείναντο Th. 968. 1020 γένεο Th. 657
γέντο Th. 199 γένθ᾽ Th. 283 γένετο Th. 115. 116. 512. 931 γέ-

νοντο Th. 108 ἐκγενόμεσθ' Th. 648 προγένοντ' A. 345 γῆμε Th.
960. 977 γηρύετ' E. 260 γνῶ Th. 551 ἐγγυάλιξεν Th. 485 (Compos.)
δαίετο A. 165 δάccαντο Th. 112. 303 δάκεν Th. 567 δάμαcε Th.
857 δεδήει A. 155 ἀμφιδεδήει A. 62 δείκνυ E. 526 δέξατο Th. 184
fr. 82. 5 δέον A. 291 δῆcε Th. 502. 521 (Variante nach Herodian
δῆcαc mit verkürztem Ausgange) 618. δόλωcεν fr. 44. 7 δράκον
A. 20. 262 δῶκε Th. 819 E. 705 fr. 174. 2 δῶκ' A. 400 fr. 94.
1 δῶκαν Th. 504 E. 741 εἵκτην A. 390 (W. Fικ m. Perfectred.
FεFίκτην) ἕλεν Th. 167 (W. Fελ) διέλοντο Th. 112 ἐξέλετο A. 89
ἕλκε (W. Fελκ) A. 158 ἕποντο A. 277 (W. cεπ) ἄμφεπε Th. 696
ἔχεν Th. 466. 467 A. 220 fr. 4. 4 ἔχ' Th. 588 A. 159 κάτεχεν
Th. 700. 844 ἔχον E. 147 Λ. 247. 248. 252. 273. 305. 306 ἔχετ'
Th. 746 ζαμένηcε Th. 928 ζεῦξαν fr. 93. 6 ζῶε A. 86 ζῶcε Th.
573 E. 72 ζώcαντο E. 335 θάπτεν A. 472 θέε A. 224 fr. 221. 1
θέτο Th. 886 θέτ' Th. 937. 953 ἐγκάτθετο Th. 487 ἐcκάτθετο Th.
890. 899 θῆκεν Th. 447. 450. 601. 949 E. 18 θῆκαν A. 465 θήκατο
A. 128 θνῆcκον E. 116 θόρε A. 321. 391 θόρον A. 370 θρέψε
Th. 314 fr. 111. 2 fr. 226 θρέφθη Th. 198 θῦε Th. 848 ἴδεν Th.
555. 568 ἴδε E. 740 ἴδοντο Th. 451 καίετο Th. 828 κάλυψε E.
121. 140. 156 fr. 169. 6 κανάχιζε A. 373 κέατο A. 241 κείατο A.
175 κεκεύθει Th. 505 κέλονθ' Th. 33 (ἀπό) κέρcε A. 419 κιθάριζε
A. 202 κλύον Th. 474 κονάβηcε Th. 840 κόρθυνεν Th. 853 κόcμηcε
Th. 573 E. 72 κρύψε Th. 482 E. 50 κτεῖνε Th. 982 fr. 45. 1 κῶμα-
ζον A. 281 λάκε Th. 694 λάμπεν A. 71 λείπεθ' Th. 490 λήθετο
Th. 547 λιτάνευε Th. 469 λίχμαζον A. 235 λῦcε Th. 501 μάρναντο
Th. 629 A. 401 μαcτιέτην A. 466 μείδηcεν A. 115 μελάνθηcαν A.
167. 300 μήδετο A. 34 μήcατο Th. 166. 172 μίγη A. 36 μνήcτευον
fr. 58. 2 μύρετο E. 206 ναῖον A. 473 fr. 80. 7 νάccατο E. 639
νῆχον A. 317 νίccοντ' A. 469 νίψατο fr. 76. 3 νόηcε Th. 838
πάλλεν A. 321 παύθη Th. 533 πέλεν A. 164. 259 πεῖθ' A. 450
πελεμίζετ' Th. 842 πέμπον Th. 716 πέμπε E. 84 πέμψεν Th. 477
πέμψαν Th. 718 πέπρωτο Th. 463. 475 πεπότητο A. 146 πέcεν
A. 365 ἔμπεcε A. 420 πέcον A. 379 πέτοντο A. 308 πεύθετο Th.
463 πεφραδέτην Th. 475 πίλνατο Th. 702 πῖπτεν fr. 4. 4 πλάccε
E. 70 cύμπλαccε Th. 571 πλῆξεν Th. 855 πλῆντο Th. 688 ποίηcε
Th. 579. 818 E. 144. 158 A. 319. 477 fr. 77. 5. 93. 5. 87 (nach
Eustath.) ποίηcαν E. 110. 128 ποιήcατο Th. 921. 946. 948. 991.
999 fr. 8 πόρεν Th. 412. 602. 904 fr. 35. 3. 44. 2. 82. 5 ποτέοντο
Th. 691 ῥέεν A. 314 ῥέον A. 267 ῥῖψε Th. 868 cτεῖχον Th. 10
cτενάχιζε Th. 858 περιcτενάχιζε A. 344 cτέφον E. 75 cτήριξε Th.
498 cτοναχίζετο Th. 159 τέκε Th. 53. 131. 133. 208. 212. 213.
224. 225. 226. 266. 270. 326. 337. 375. 378. 411. 453. 625. 634.
821. 901. 907. 913. 938. 943. 1008. 1014 E. 804 fr. 29. 3. 79.
2. 93. 1. 104. 134. 227. 2 τέκον A. 6 τέκετο Th. 308 fr. 70. 5.
111. 1. 131. 1. τέκνωcε fr. 95. 2 (nach Voss' Coniectur) τέρποντ'
E. 115 τέτατο Th. 638 τεῦξε Th. 162. 570. 585 E. 79 A. 219

τεῦξαν Th. 141 τέτυκτο Λ. 154 τήκετο Th. 867 τίκτε Th. 346.
381. 510 fr. 136. 2 τίμα Th. 532 τίμηcε Th. 399. 412 τίον Λ. 85
τρέον Λ. 213 τρεέτην Α. 171 τρέcc' Th. 850 φαῖνε Th. 689 φαίνετο fr. 110. 1 φάτο Th. 167. 545. 561. 654. 664 Α. 115 fr. 169.
5 φῆ Th. 550 φέρε fr. 174. 2 φέρετ' Th. 190 φέρον Th. 708
φεῦγ' fr. 82. 3 ἔκφυγε Th. 182 φθέγγονθ' Th. 831 φθέγξατο Th.
168 φιτύcατο Th. 986 φραcάτην Th. 892 φρῖccον Α. 171 κεχάρητο
Α. 65 καταχεύετ' E. 583 χρέμιcαν Λ. 348 χώcατο Th. 554 fr. 49.
2 ψίλωτο fr. 42. 3. Hiezu fügen wir noch ἴτην E. 199 ἴcαν Th. 68 ξύνιcαν Th.
686 cύνιcαν Α. 383, da die Form ᾔcαν Α. 170 nicht temporales,
sondern eine eigene Form des syllabischen Augmentes aufweist vgl.
Curtius Verb. I. 128 sq.

Fassen wir das Material zusammen, so ergibt sich, dass in den
hesiodischen Gedichten 335 Mal das syllabische Augment fehlt, und
zwar in Theog. 173, Erga 31, Aspis 79 und in den Fragm. 52 Mal;
dagegen ist nach unserer Zählung dasselbe 341 Mal angewendet,
also ziemlich gleich oft mit der Vernachlässigung, doch vertheilt sich
die Zahl der Fälle etwas anders auf die einzelnen Gedichte: Theog.
157 Erga 66, Aspis 83, Fragmente 35 Fälle. Den bedeutendsten
Unterschied weisen demnach die Erga auf, die das syllab. Augment
in mehr als zwei Dritteln sämmtlicher möglichen Fälle aufweisen;
fast das Gleichgewicht hält die Setzung und Vernachlässigung in
der Aspis; in der Theog. und den Fragm. überwiegt die letztere.

Temporales Augment. Dies ist weit seltener vernachlässigt
als das syllabische. Wir finden es nämlich in folgenden Fällen angewendet:

a. bei im Präsens mit α anlautenden Verben ἡγάcθη fr. 206.
1 ἡγείρετο Α. 475 ἦγε Th. 994 ἦγοντ' Α. 274 ἡγάγετο Th. 266.
410. 508. 901 ἀνήγαγον Th. 626 ἐπήγαγε E. 242 ἡγνοίηcε Th.
551 ἤρευν Α. 302 ἀπηωρεῦντ' Α. 234 κατηωρεῦντο Α. 225 ἤλιτεν
Α. 80 ὑπεξήλυξεν Th. 615 ἤμων Α. 288 ἤμηcε Th. 181 ἤνωξ' Α.
479 ἤναccε fr. 112. 1 wie schon Hom. Κ 33, ohne jede Spur des
urspr. anlautenden Spiranten, syllab. Augm. bei Alkaios fr. 64 Bergk
ἐϜάναccε; ἐπηνύcθη Α. 311 ἤρπαcεν Th. 914 ἐφήρμοcε E. 76 ἦρχε
Α.26 ἐξῆρχον. Α. 205 ἤρυον Α. 301 ἡcπάζοντο Α. 84 ἤcχαλλε fr.
93. 3 προcηύδα Th. 169 Α. 117. 326. 445 ηὔξετο Th. 493 ἀπηύρα
Th. 423 E. 240 Α. 428 ἤχθοντο Th. 155.

b. bei Verben mit anlautendem ε im Präsens: ἤθελον E. 136 ἤλαcα
Α. 363 ἤλαcεν Th. 291 ἤλαc' Α. 419 ἤλαcαν Α. 464 ἠλήλαντο
Α. 143 ἦλθεν E. 396 ἦλθε Th. 176. 397. 404. 912 E. 635 Α. 81.
325. 444 fr. 125. 174. 1. ἤλυθεν Α. 2. 435 ἠλύθομεν Th. 660 ἐξ-
ήμεccε Th. 497 ἠρείcατο Α. 362 ἤριcεν Th. 928 ἤρεικον Α. 287
ἤριπε Α. 421 zweimal, Th. 858, vom St. ἐc ἦcθα Α. 119 ἦν Th. 282.
637 E. 150 Α. 178. 201. 216. 260. 297 fr. 83. 2 ἐπῆν E. 114
ἤcτην Α. 50 ἦν (3. pl.) Th. 321. 825 ἦcαν Th. 142. 143. 146 Α.

20. 135; hieber gehören auch die später zu besprechenden Formen
ἔηϲθα E. 314 ἔην Th. 58. 277 E. 11. 117 A. 142. 144. 288 ἥϲθιεν
Th. 524 ἥϲθιον E. 147 ἤχθηρε Th. 138
c. mit anlautendem ι im Präsens: ἵεϲαν A. 278 ἐφίεϲαν A. 307
ἵκετο Th. 193. 285. 554 A. 83 fr. 93. 2 ἀφίκετο Th. 997 A. 38
ἵκοντό A. 466 ἷκτο Th. 481 ἷξε A. 32 fr. 82. 4 ἵκανε Th. 681.
d. mit anlautenden o im Präsens: ὠδύϲϲατο Th. 617 ὤκεε fr.
216. 1 ὤλεϲε E. 163 ὤλεϲαν E. 372 fr. 41 ἀπώλεϲεν E. 246
ὠμάρτηϲε Th. 201 ὠνόμαϲεν fr. 3. 3 ὤπαϲεν Th. 974 ὤπτηϲαν
fr. 235 ὤπυιεν fr. 83. 1 ὠρέξατο Th. 178 ὠριγνῶντο A. 190 ὤρινε
E. 508. 676 ὤρνυτο Th. 191 ὦρϲε Th. 523 fr. 4. 3 ἐπῶρϲε A. 69
ὦρτο E. 568 A. 30 ὦρτ᾽ Th. 990 A. 40 ὤτρυνον Th. 883 ὤφελλον E. 174 ὤφειλεϲ fr. 172. 2 ᾤχετο A. 91. 200.

Diesen zahlreichen Beispielen von Anwendung des temporalen
Augmentes stehen nur verhältnismässig wenige Fülle mit Vernachlässigung gegenüber u. z. a. bei einfach vocalisch anlautenden Verben ἄγειραν Th. 652 ἄναγον A. 280 ἐξάγαγ᾽ Th. 586 ἄειδον Th.
75 ἀέξετο Th. 195. 524. 641 ἀίϲϲοντο Th. 150. 671· ἄλαλκεν Th.
527 ἄλυξεν fr. 45. 4 ἀμάρυϲϲε Th. 827 ἄμερδε Th. 698 ἄναϲϲον
Th. 1016 ἄναξεν Th. 837. (Wir führen die beiden Formen dieses
Verbs hier an, weil es an beiden Stellen zweifelhaft ist, ob das
urspr. Digamma noch vorhanden war, um so mehr, als wir fr. 112.
1 ἤναϲϲε finden.) ἀνώγει Th. 549 ἐξαπάτηϲεν Th. 565 E. 48 ἄραξα
A. 364 ἄραξε A. 461 ἀρέϲαντο A. 255 ἀύτευν A. 309 ἔγειραν
Th. 666. 713 ἐγειρέϲθην A. 176 ἔλαϲαν A. 372 ἐξέλαϲε Th. 820
ἐλεφαίρετο Th. 330 ἐξενάριξε Th. 289 ἐπείγετο A. 21 ἐράϲϲατο
Th. 915 ἐρίζετο Th. 534 ἔριπ᾽ A. 423 ἔρυτο A. 415 ἔρυτ᾽ Th. 304
ἐρύϲαντο fr. 234. (In den drei eben genannten Verben ist das urspr.
Dig. nicht mehr wirksam, daher wurden sie hier eingereiht.) ἔϲαν
Th. 586. 829 A. 161. 168. 245. 246 fr. 93. 4. 187. 1. ἴαλλον (ῑ)
Th. 269 περὶ δ᾽ ἴαχε (ῐ) Th. 69 ἴαχον (ῑ) A. 382 περίαχε (ῐ) Th.
678; diese Formen gehören hieher, da das Präteritum von ἰάχω
sonst ständig Vernachlässigung des Augments aufweist und die Länge
des ι durch Vocalisierung des ursprünglich anlautenden F entstand,
indem sich eine Art Diphthong bildete, ui, so dass demnach die Formen eigentlich υἴαχον περυίαχε lauteten; vgl. oben den Abschnitt
über Digamma. ἴει fr. 4. 1 ἴεϲαν Th. 684 ἴεντο A. 251 (bei allen
dreien ῐ) ἵκανεν Th. 697 εἰϲαφίκανε A. 45 ἵκετ᾽ Th. 685 ἐξίκετ᾽
A. 471 ἀφίκεϲθε Th. 652 ἵκοντο A. 469 (sämmtlich ῐ) ἱκέτευϲε A.
13 (ῐ) ὀνόμηνε E. 80 ὀνόμην᾽ fr. 77. 2 ὀνόμηναν fr. 58. 2 ὀπίζετο
A. 21 ὄρουϲαν A. 412. 436 ἐπόρουϲεν A. 442. 452 ὀρώρει Th.
70. 703. 709. 849 A. 274. 401 fr. 60, obgleich schon Homer das
Augm. im Plusqpf. hat ὠρώρειν C 498; ὄϲϲετο Th. 551 ὕφαινε
A. 28 (ῡ).

b. Mit Diphthongen anlauter de: αἴνυτο A. 41 fr. 174. 3; dagegen lesen wir A. 149, wo svE αἴνυτο als Randbemerkung haben,

εἵλετο nach den besten Handschriften; εἶβετο Th. 910 εἰλύφαζε A. 275 εἵcατο Th. 700 εὗρε A. 58 εὐχέcθην fr. 211 οὗτας' A. 461.

Vergleichen wir abermals die Zahl der Verba mit temporalem Augment mit der Zahl der Vernachlässigungen desselben, so ergibt sich für die ersteren ein sehr günstiges Resultat; hiebei muss auch noch daran erinnert werden, dass mehrere der diphthongisch anlautenden Verba überhaupt im Griech. kein Augment annehmen. Jene Classe umfasst 143 Fälle, wovon auf die Theog. 48, auf die Erga 24, auf die Aspis 56 und auf die Fragm. 15 entfallen; der Vernachlässigungen zählen wir 83, und zwar in der Theog. 39, in den Erga nur 2, in der Aspis 32, in den Fragm. 10.

Nicht in Betracht kommen da die schon im Präsens mit langen Vocalen anlautenden Verba: ἦχεεν Th. 835 ἡγήcατο fr. 35. 1 ἡγερέθοντο A. 184 ἦπυον A. 316 ἧcτο A. 214 ἰcώcαντο A. 263 (ἴcoc aus Fícfoc bei den Epikern, sonst ἴcoc) 562 ἰθύνετο A. 324.

b. Reduplication.

Zunächst müssen wir die Reduplication des Aorists ins Auge fassen; sie ist bei Hesiod nicht gerade selten angewendet, u. z. vom Verbum

ἄγω — ἡγάγετο Th. 508. 901 ἡγάγετ' Th. 266. 410 ἀγαγών E. 165 ἀνήγαγον Th. 626 ἐπήγαγε E. 242 ἐξάγαγ' Th. 586.

W. ἀχ im Partic. aor. ἀκαχών Th. 868, so nach Guiet's Accentuierung, während die Hdschr. meist ἀκάχων schreiben.

W. ἀλκ — ἄλαλκεν Th. 527.

ἕπομαι — ἕcπουτ' A. 26 aus urspr. cεcέποντο; ἕcπετο Th. 201. 418.

W. Fεπ; hieher gehören die zahlreichen Aoristformen εἶπε, ἔειπε u. dgl. mit den Compositis.

κέλομαι — ἐκέκλετο A. 341 κεκλομένων Th. 686.

κλύω — im Imperativ κέκλυτε Th. 644.

W. λαθ — λελάθοιτο Th. 471.

μάρπτω — A. 245; die corrupte Stelle, die schon im Alterthume Varianten aufwies, scheint mir nach Hermanns Vorschlag geheilt zu sein, wenn man γῆράς τ' ἐμέμαρπεν oder wie Goettling (2. Ausg.) schrieb γῆράς τε μέμαρπεν ohne Augment annimmt; diese Lesart geht aus den Worten des Schol. hervor γῆράς τ' ἐμέμαρπτον· τὸ γῆρας κατέλαβον; hier ist das τ im Verb. zu viel, da eine solche Form vom Präsensstamme nicht gebildet werden kann. A. 252 lesen wir ausserdem ὃν δὲ πρῶτον μεμάποιεν (mit Synkope des ρ wie im Inf. μαπέειν A. 231. 304).

W. τεμ — τέτμῃ Th. 610 mit Synkope des ε, wie schon bei Hom. o 15 τέτμης.

φεν — ἔπεφνεν A. 57.

φραδ — καὶ ἐπέφραδε τιμάς Th. 74, nach Theophil. ad. Autolyc.

II 5 πέφραδε, was beides metrisch möglisch ist; ferner πεφραδέτην
Th. 475 πεφραδέμεν E. 766.   ·
    Bezüglich der Perfectreduplication ist ιolgendes bemerkenswert:
Sie mangelt vollständig in ἄνωγα E. 367. 403. 687 und sammt
dem Augment im Plusqpf. ἀνώγει Th. 549. Dagegen finden wir
E. 68 ἤνωγε. Ebenso fehlt sie in οἶσθα A. 355 οἶδεν fr. 139. 2
(Fοῖδα skrt. vĕd-a).
    Scheinbar unregelmässig ersetzt durch das Augment ist die
. Reduplication in ἔαγε E. 534, das hier den Digammaanlaut klar
zeigt ἐπὶ νῶτα FέFαγε, W. Fαγ; ebenso in ἔολπα E. 475 καί cε
FέFολπα, W. Fελπ; der Digammaanlaut ist aber bereits verflüchtigt
E. 273 ἀλλὰ τά γ' οὔπω ἔολπα κτλ. εἰλιγμένος Th. 791, wo Digamma gelesen werden kann und fr. 201. 2 εἰλιγμένος (so mit der
Psilosis überliefert), wo Dig. gelesen werden muss: καὶ δὲ δι' Ἐρχομενοῦ Fειλιγμένος, zeigen deutlich ihre Entstehung aus FεFελιγμένος
Fεελιγμενος; ähnlich εἰρημένος E. 370, das gleichfalls mit Digamma
im Anlaute gelesen werden muss μισθὸς δ' ἀνδρὶ φίλῳ εἰρημένος
ἄρκιος ἔστω; es entstand aus FεFρημένος, W. Fερ.   Weiter gehört
hieher das Particip. ἐοικώς (FεFοικὼς von der W. Fικ), das zumeist
entweder aus Dig. nothwendig hat oder aber gehabt hat, indem an
einigen Stellen ν ephelkystikon in den Hdschr. hinzugefügt wurde.
Die Stellen wurden oben bei der Betrachtung des Dig. angeführt.
    Durch Uebergang des Spiranten c in den Spir. Asper verwischte
sich die Reduplicationssilbe in den Formen von ἵστημι : ἔστηκεν Th.
747 ἔστασαν A. 191. 196 ἐφέστασαν A. 258 εἰστήκει A. 264. 269
ἐστηώς Th. 519. 747 ἐσταότ' A. 61, ferner höchst wahrscheinlich
mit Hinzutritt des Augmentes εἵμαρτο Th. 894 von der W. cμαρ,
vgl. Kühner Ausf. Gr. I² 509 A. 5, die auch der Form ἔμμορε Th.
414 zu Grunde liegt, welche, wie es den Anschein hat, aus ἔcμορε
hervorgieng.
    Regelmässiger Stellvertreter der Reduplication ist der Vocal ε
in den mit Doppelconsonanz, die nicht aus Muta cum Liquida besteht, anlautenden Verben: ἐστεφάνωται Th. 382 ἐστεφάνωτο A. 204
ἐπτοίηται E. 447 ἐστήρικται Th. 779 ἐστήρικτο A. 218 ἐστάλατ'
A. 288. Von mit ρ anlautenden Stämmen findet sich nur das Partic.
ἐρρίγοντι A. 228; das nach dem Stellvertreter der Reduplication
folgende Doppel-ρ erklärt sich durch Assimilation des urspr. F der
W. Fριγ.
    Das Verb. κτάομαι, das regelrecht keine Reduplicationsilbe
sondern das stellvertretende ε im Perf. haben sollte wie z. B. bei
Homer I 402 ἐκτῆσθαι, hat bei Hesiod bereits die später übliche
Reduplication κεκτῆσθαι E. 437, während noch der ionische Iambo-
graph Simonides von Amorgos fr. 13. 2 B. ἔκτηται aufweist.
    Von λαγχάνω finden wir nur das Perf. λέλογχε Th. 203 mit
regelmässiger Reduplication und Nasalbildung, während das Perf.
εἴληχα nicht vorkommt.   ·

μιμνήcκω hat, wie allgemein, die gewöhnliche Reduplication,
da der Stamm ja μαν lautet, also keine Doppelconsonanz im Anlaute
vorhanden ist; demgemäss μεμνημένοc Th. 562 E. 298. 422. 616.
623. 641. 711. 728.

Verstärkte Reduplicationssilbe zeigt δειδιότεc A. 248 im Versanfang; δει steht für δε wie sich solche intensive Bildungen auch
sonst finden z. B. δαι-δάλλω vgl. Curtius Grdz.[4] 646, dessen andere
Ansicht, dass δείδια für δεδjια steht von der W. δjι, jetzt nachdem
die neu zu Korinth gefundene Grabinschrift (Curtius Stud. VIII 465)
den zu derselben Wurzel gehörigen Eigennamen ΔϜεινίαc aufweist,
natürlich nicht mehr gelten kann. Dieselbe intensive Bildung des
Augments haben wir bei Hesiod im Fut. δειδίξεται A. 111 von δειδίc-
coμαι, aus derselben W. mit Fortbildung durch κ, Curt. Grdz. a. a. O.

Die sogenannte attische Reduplication finden wir bei mehreren
Verben:

κατενήνοθεν A. 269 vom St. άνεθ, dessen Simplex άνήνοθεν
nur Hom. Λ 266 begegnet; unser Compos. ausserdem Hom. Hymn.
auf Demeter 279 (Baumeister).

άκαχμένον A. 135 von der W. άκ.
άκαχήμενοc Th. 99 von der W. άχ.
άλάληται E. 100 von der W. άλα.
άρηρώc Th. 812 άραρυῖα A. 271 άραρυῖαν A. 137 άρηρυῖαν
Th. 608, dann im Coni. Perf. προcαρήρεται E. 431 mit nicht gedehntem Themavocal.

έλήλαται Th. 726 ήλήλαντο A. 143.
έρήριcται fr. 219. 2 zu έρίζω, άπαξ εἰρημένον.
όρώρει Th. 70. 703. 709. 849 A. 274. 401 fr. 60.

Zu erwähnen bleibt noch das Imperfect έπέφυκον Th. 673 E.
149, das, vom redulicirten Perfectstamme weiter gebildet ist. Ueber
die Participia έρρίγοντι A. 228 und κεκλήγοντεc A. 379. 412 wird
unten gesprochen werden.

c. Personalendungen.

Das ursprüngliche Suffix der ersten Person in den Hauptzeiten
μι erhielt sich ausser in den gewöhnlichen Verben ohne thematische
Bildung bei αἴνημι E. 683, das die alte Flexion der Verba contr.
zeigt: αἴνημ'· ού γάρ έμῷ θυμῷ κεχαρισμένοc έcτίν; das Compositum έπαίνημι steht bei Simonides von Keos, im Epinikos auf Skopas
v. 19, fr. 5 Bergk[3]. Der Gebrauch jener Form ist ein eminenter
Aeolismus, vgl. Ahrens de dial. Aeol. 134.

Die alterthümliche Endung θα bewahrten bei Hesiod οἶcθα A.
355, das aus οἰδ-θα hervorgieng, und ἔηcθα, wo c zum Stamme gehört. Das Suffix cθα dagegen, das wahrscheinlich verkürztes εcθα
ist (wie cαν aus εcαν vgl. Curtius Verb. I 53) findet sich in E. 392
εἴ χ' ὥρια πάντ' έθέληcθα, wo nicht έθέληcθα zu schreiben ist, wie
Koechly hat, da das ι in dieser Form nie existirte, indem die Endung

29*

cι, in deren Vorklang sonst das ι seinen Grund hat, hier gar nicht
vorhanden ist; vgl. Curtius a. a. O. 54.

Die Endung cι = τι erhielt sich ausser bei den Verben ohne
thematischen Vocal noch bei folgenden: E. 712 εἰ δέ κεν αὐτιc
ἡγῆτ' ἐc φιλότητα, δίκην δ' ἐθέλῃcι παραcχεῖν δέΕαcθαι; freilich
haben BOlQNST ἡγεῖτ', vorher aber κέν (M hat εἰ δέ cέ γ' αὐτιc
ἡγεῖτ'), demnach wird man sich für ἐθέλῃcι und nicht ἐθέλῃcι (Indic.)
entscheiden müssen (letzteres und ἡγεῖτ' hat Koechly mit cέ γ').
ἐθέλῃcι fände zwar als Indicativ seine Analogie in dem Gebrauche
des Ibykos ἐγείρῃcιν fr. 7 Bergk ἔχῃcι fr. 9 wie auch Bakchylides
θάλπῃcι fr. 27 aufweist, mit Recht aber halten Ahrens de dial.
Dor. 303 und Curtius Verb. I. 59 diese Formen, welche Homer
nicht kennt, für verfehlte, misverstandene Bildungen. Weiter lesen
wir die genannte Endung beim Verb. ἐθέλω in den Formeln ὄν
κ' ἐθέλῃcιν Th. 430 οἴc κ' ἐθέλῃcι Th. 432. 439 αἴ κ' ἐθέλῃcι E.
268 und εἰ δὴ μὴ πρόφρων κε (so ist für das hdschriftl. γε zu
lesen) Ποceιδάων ἐνοcίχθων ἢ Ζεὺc ἀθανάτων βαcιλεὺc ἐθέλῃcιν
ὀλέccαι E. 668. Die spätere Form begegnet daneben in ὅc κ'
ἐθέλῃ E. 210 εἰ γάρ τίc κ' ἐθέλῃ E. 280. Das Suffix findet sich
auch in fr. 80. 10 ὃc δὴ κεῖθι μολὼν θεὸν ἄμβροτον ἐΕερεείνῃ,
δῶρα φέρων ἔλθῃcι cὺν οἰωνοῖc ἀγαθοῖcιν, ferner E. 294 τά κ'
ἔπειτα καὶ ἐc τέλοc ᾗcιν ἀμείνω Th. 765 ὃν πρῶτα λάβῃcιν Th.
773 ὄν κε λάβῃcι fr. 185 ὥc κε πόλιc ῥέζῃcι. Dagegen ist E. 301,
wo Spohn und Goettling für das handschriftliche πίμπλῃcι wegen
des vorausgehenden Conjunctivs ἐχθαίρῃ und φιλέῃ πιμπλῇcι schrieben, jene Lesart beizubehalten, da der Satz βιότου δὲ τεὴν πίμπλῃcι
καλιήν ganz wol als selbständig angefügter Hauptsatz gefasst werden kann.

In der dritten Person Plur. ist das primäre Suffix αντι (vgl.
Curtius Verb. I. 66. 67) enthalten in γεγά-αcι E. 108 ἔαcιν aus ἐc-
αντι Th. 95. 738. 809. 823 E. 730 ἴcαcιν Th. 370 E. 40. 814.
824 πεφύαcι Th. 728.

Bezüglich des Duals der historischen Tempora ist E. 199 bemerkenswert, wo wir neben ἀθανάτων μετὰ φῦλον ἴτην προλιπόντ'
ἀνθρώπουc, wie die codd. MμBLlβR haben, auch ἴτον als 3. Pers.
lesen u. z. in βR von erster Hand corrigirt, dann als alleinige Lesart
in a und den übrigen. Es wäre demnach hier eventuell einer der Fälle
zu statuiren, wo τον für την erscheint, wie z. B. Hom. K 363, doch
wenn die Form ἴτον angenommen würde, ist sie nicht als 3. Pers.
Dual. Imperf. zu fassen, sondern vielmehr Präs. wegen des nachfolgenden Futurs τὰ δὲ λείψεται ἄλγεα λυγρά. Ein zweiter hieher
gehöriger Fall wäre das theilweise überlieferte cυναῖκτην A. 189;
doch ist hier offenbar das dem Contexte trefflich entsprechende von
den Hdschr. FμH u. a. überlieferte und vom Etym. Mag. 41, 31
bezeugte Adverb cυναῖγδην die richtige Lesart, die auch allgemein
in den Text aufgenommen ward.

In der dritten Person Plur. der secundären Zeiten erhielt sich die alte Personalendung ν (aus ντ) ungewöhnlich in den Formen ἔδιδον, wie E. 139 gelesen werden muss, vgl. δίδον Hom. Hymn. auf Demeter 327 ἔδιδον ibid. 437 ἔφαν ibid. 118; ebenso ἔδον Th. 30 (Va unrichtig überliefert ἔδων); daneben findet sich ἔδοcαν Th. 141; weiter gehört hieher ἦν Th. 321. 825 als 3. P. Plur. Th. 321 τῆc δ' ἦν τρεῖc κεφαλαί Th. 825 ἦν ἑκατὸν κεφαλαὶ ὄφιοc (entstanden aus ἦc-ν, worüber beim Verb. εἰμί mehr gesprochen werden soll). Schliesslich sind noch die Passivaoriste ἀπέccυθεν Th. 183 κατέcταθεν Th. 674 und τράφεν Th. 142 anzuführen, letzterer in dem Verse, den Krates statt des gewöhnlich als 142 bezeichneten einsetzte. Schol.: Κράτηc ἀντὶ τούτου ἄλλον cτίχον παρατίθεται· οἱ δ' ἐξ ἀθανάτων θνητοὶ τράφεν αὐδήεντεc.

Im Imperativ erscheint das alte Suffix θι in κλῦθι E. 9 und τέτλαθ' ὀνειδίζειν E. 718.

Das alte Infinitivsuffix μεναι hat sich bei Hesiod an folgenden Stellen erhalten: Präsens: ἀρώμεναι E. 22, der einzige Infinitiv auf μεναι von einem Verb. purum auf o. ἀτιταλλέμεναι Th. 480 ἔμμεναι Th. 610 E. 272 fr. 77. 2 fr. 205 εἰρύμεναι E. 818, (kommt bei Homer nicht vor) κτεινέμεναι A. 414 (bei Homer nicht) χαραccέμεναι E. 573.

Aorist: ἐπιβήμεναι A. 40 (ἐπιβῆναι A. 16) καταδύμεναι A. 196 κακτάμεναι A. 453 vom Aoriststamm κτα (bei Homer nur das Simplex) μιγήμεναι Th. 306.

Diesen dreizehn Fällen stehen achtundzwanzig gegenüber, wo bereits die Abschleifung zu μεν erfolgte. Präsens: ἀρηγέμεν A. 121 βαcιλευέμεν Th. 883 δινέμεν E. 598 (bei Homer nicht) ἑλκέμεν E. 631. 672 ἔμεν Th. 500 ἐχέμεν E. 457 A. 369 ἱέμεν E. 596 cυνιέμεν Th. 831 (bei Homer nicht) οὐτάμεν A. 335 πινέμεν E. 592 περιταμνέμεν E. 570 (bei Homer nicht) τιθέμεν E. 744 (bei Homer nicht) τρεφέμεν Th. 480 (bei Homer nicht) παραφαινέμεν E. 734 φερβέμεν E. 377 (bei Homer nicht) φερέμεν E. 215 φυτευέμεν E. 812 (bei Homer nicht).

Aorist.: δόμεν E. 354 zweimal, θέμεν E. 61. 67 ἐπενθέμεν fr. 169. 4 πεφραδέμεν E. 766.

Perfect: παρεcτάμεν Th. 439 (bei Homer nur παρεcτάμεναι z. B. O 255); dann ἴδμεν fr. 172. 2 zu οἶδα wie Hom. Λ 719.

Futurum: ἐπιβηcέμεν Th. 396 ἐξέμεν Th. 394.

Mediale Endungen.

Die Personalendung der zweiten Pers. der primären Zeiten cαι, welche beim Antritt an thematische Verba zwischen dem Themavocal und dem auslautenden Diphthong das c verliert, geht zumeist keine Contraction mit dem Themavocal ein; u. z. 1. im Indicativ αὐγάcεαι E. 478 ἔccεαι E. 310 ἵξεαι E. 417 mit Synizese, πιφαύcκεαι Th. 655 τεύξεαι E. 401. 2. im Conjunctiv mit nicht gedehn-

tem Themavocal εὖτ' ἂν ... βούλεαι E. 647 mit Synizese nach den
meisten und besten Hdschr. V' hat βούλει, was unmöglich ist, βού-
ληαι bieten einige geringere Codd. Mit gedehntem Themavocal ist
zu nennen ἄρηαι E. 632 A. 107 δύνηαι E. 350 A. 121 κατάθηαι
E. 601 ἵκηαι E. 468 εἰσαφίκηαι fr. 178. 2. Contraction finden wir
nur in den Conjunctiven ὄφρ' ... ἀμφιβάλῃ E. 545 εἰ δέ κεν ἐργάζῃ E. 312 ὅτ' εὐνάζῃ E. 339 πρίν γ' εὔξῃ E. 738 ὄφρ' ἄλλων
ὠνῇ κλῆρον E. 341.
    Vom Suffixe der secundären Formen in der zweiten Pers. Sing.
co fällt c gleichfalls zwischen Thema- und Suffixvocal aus, es erfolgt
aber nie eine Contraction (bei Homer ist dies einmal der Fall
ἐκρέμω O 18); wir lesen ἐπελήθεο Th. 560 im Imperf. und γένεο
Th. 657 διεδάccαο Th. 544 im Aorist.
    Im Imperativ hat sich dies Suffix co erhalten in ἵcταc' A. 449;
sonst fiel c zwischen zwei Vocalen aus, meist ohne dass Contraction
eintrat: ὑπαλεύεο E. 760 βάλλεο E. 107. 274 δύceο˙A. 108 mit
Abschwächung des α zu ε, ἐγκάτθεο E. 627 ἐνικάτθεο E. 27 ἐπι-
λήθεο E. 275 φείδεο E. 604 φυλάccεο E. 491. Nur zwei Imperative
haben die ionische Contraction: ἔλευ Th, 59 ἐργάζευ E. 299. 397.
    Die erste Person Plur. zeigt nur in zwei Fällen die ältere En-
dung μεcθα : ἐκγενόμεcθα Th. 648 μαρνώμεcθ' A. 110; auffällig
ist dieser seltene Gebrauch immerhin, wenn man die zahlreichen
Beispiele bei Homer vergleicht. Uebrigens findet sich bei den
ionischen Elegikern auch nur ein einziger Fall Theogn. 671.
    Die dritte Pers. Plur. zeigt bekanntlich in gewissen Formen
statt νται und ντο die alterthümlichen Suffixe αται und ατο. Hesiod
hat folgende Reste in Perf. und Plusquamperf. nach vorausgehendem
Consonanten: κεκρύφαται Th. 730 E. 386 ἐcτάλατ' A. 288 τετεύ-
χατο Th. 581; hiezu kommt εἴατ' Th. 622 das aus ἧc-ατο entstand,
indem, wie Curtius Verb. I 94 vermuthet bei der Umschreibung des
Alphabets so fälschlich für ἧατο geschrieben ward. Nach vorausgehendem Vocale steht ατο in κείατο A. 175; daneben lesen wir
im selben Gedichte 241 κέατο mit Verkürzung des Diphthongen,
wie dies im neuionischen Dialekt hervorgetreten ist, vgl. Curtius
Verb. I 95 und Renner de dial. antiq. poes. eleg. et iamb. in Curtius Stud. I b 24: discrepant recentiores Iones cum Homero in eo,
quod vocalem thematis .longam semper corripiant (siehe dort die
Belege aus den Grammatikern).

2. Verba mit thematischem Vocal.

Futurum. Dies ward ursprünglich gebildet, indem cjω an
den Themavocal trat. Den Verlust der beiden Laute c und j im
sogen. asigmatischen Futurum zeigen von Verben, deren Stamm auf
eine Liquida ausgeht, ἐρέω vom St. Fερ uncontrahirt E. 202. 286.
661 A. 330, und ὀμεῖται vom St. ὀμ mit Contraction E. 194; von im
Stamme vocalisch auslautenden Verben finden wir uncontrahirt ἐξ-

ἐλάαν Th. 491 (St. ἔλα) und τελέεcθαι Th. 552, während dies Verb E. 273 auch die contrahirte Futurform, das sogen. fut. atticum aufweist: ἀλλὰ τά γ᾽ οὔπω ἔολπα τελεῖν Δία τερπικέραυνον. Infinitiv des starken Activaorists. Dieser geht zumeist auf εῖν aus: ἀμφιβαλεῖν E. 787 εἰπεῖν E. 453 ἐλθεῖν A. 432 ἐξελθεῖν Th. 772 παρελθεῖν Th. 613 E. 216 ἐξεναρεῖν A. 329 θανεῖν E. 175. 687 ἰδεῖν Th. 701 A. 166. 318°παραcχεῖν E. 712 ταμεῖν E. 807 προφυγεῖν E. 647. Daneben finden sich — freilich nur in der Aspis — Infinitive, die auf εειν auslauten: ἐλέειν A. 337 λιπέειν A. 332 μαπέειν A. 231. 304 πιέειν A. 252 πραθέειν A. 240. Solcher Infinitive kennt Homer eine ziemliche Zahl, von den hesiodischen kennt er μαπέειν gar nicht, λιπέειν und πραθέειν nur in den Zusammensetzungen καλλιπέειν und διαπραθέειν. Die ursprüngliche Endung des activen Infinitivs war bekanntlich zweifach μεναι: und εναι; diese letztere ist hier mit Abfall des αι an den thematischen Stamm angetreten, also z. B. ἐλέεν, zusammengezogen in ἐλεῖν; wie sind aber jene Formen möglich? Die treffendste Erklärung scheint mir die von Curtius stammende und von Renner Stud. I 34. 35 angeführte zu sein. Darnach liegen in jenen homerischen und unseren hesiodischen Formen Reste der ursprünglichen Bildung vor. Es kann nämlich, sowie bei Homer (vgl. Renner a. a. O. 35) an allen hesiodischen Stellen die ursprüngliche Form des Infin. auf εεν hergestellt werden. In zwei Füllen folgen auf die Infin. consonantisch anlautende Wörter A. 332 τὸν μὲν ἔπειτ᾽ αὐτοῦ λιπέεν καὶ τεύχεα τοῖο A. 240 τοὶ δὲ πραθέεν μεμαῶτες, es hat demnach die Aenderung prosodisch und metrisch keine Schwierigkeit. Bei den übrigen vier Füllen aber findet die die nothwendige Längung des εν ihre Entschuldigung durch die Hauptcäsur: A. 337 οὔθ᾽ ἵππους ἐλέεν οὔτε κλυτὰ τεύχεα τοῖο A. 231 ἱέμεναι μαπέεν· ἐπὶ δὲ χλωροῦ ἀδάμαντος A. 304 ἱέμενοι μαπέεν, οἳ δ᾽ ἱέμενοι ὑπαλύξαι A. 252 αἷμα μέλαν πιέεν· ὃν δὲ πρῶτον μεμάποιεν κτλ. Ueberall steht hier die Silbe εν in der πενθημιμερής, in den letztangeführten Versen auch noch vor einem Gedankenabschluss und Unterscheidungszeichen, im ersten Verse (A. 337) schliesst der Infin. ἐλέεν wenigstens den ersten Theil der Disjunction ab. Zudem darf nicht ausser Acht gelassen werden, dass, wie Renner a. a. O. 35 richtig bemerkt, da die Liquida ν das Wort schliesst, der Dauerlaut die Längungen naturgemäss begünstigt: vgl. darüber die Betrachtungen Hartel's im I. Theile der Hom. Studien. Die Formen auf εειν kamen zweifelsohne bei der Umschreibung des des Alphabets in den Text. Mangold de diectasi Hom. in Curtius Stud. VI 204 glaubt, εειν sei auf Rechnung der Rhapsoden zu setzen.

Schwacher Aorist mit cc. Wir können bei der Darstellung dieser Aoriste verschiedene Gruppen von Verben unterscheiden, wie es Leskien bei seiner Untersuchung dieser Aoriste in den homer. Gedichten in Curtius Studien II 65 sqq. gethan hat. Voran stellen wir

1. die Verba mit unzweifelhaft dentalem Stammauslaut:

ἐδάccατο Th. 520 ἐδαccάμεθ' E. 37 δάccαντο Th. 112. 303
δαccάμενοc Th. 537 δάccαcθαι E. 446. 781 (Variante für cπέρματα
δάccαcθαι ist hier cπέρματοc ἄρξαcθαι) fr. 7. 1 διεδάccαο Th. 544
διεδάccατο Th. 885 dagegen ἐδάcαντο fr. 7. 2. Das Präsens hat zwei
Formen δατέομαι und δαίομαι, von dem Stamme δατ ist der Aorist
regelrecht gebildet; vgl. Leskien a. a. O. 122.
      ἐδάμαccε Th. 332 A. 408 δαμάccαc Th. 490 Λ. 11.
      δικάccαι E. 30, dagegen δικάcηc fr. 182.
      ἐργάccαιο E. 43.
      ἱμάccαc Th. 857, St. ἱμαντ mit Dentalauslaut.
      ληίccεται (Conjunctiv Aor. mit nicht gedehntem Themavocal
zu ληίζομαι) E. 322.
      ὀπάccαc E. 167 dagegen ὀπάcαι Th. 433 ὤπαcε Th. 442
ὤπαcεν Th. 974.
      πλάccε E. 70 cύμπλαccε Th. 571.
      πυκάccαc E. 542, aber πυκάcαι E. 624.
      cχίccαc Λ. 428.
      φράccεν fr. 125. 1 φράccαιτο Th. 900 φραccάμενοc E. 294
φράccαcθ' A. 218 ἐπεφράccατο Th. 160 cυμφράccαcθαι Th. 471,
hingegen ἐφράcαθ' E. 86 φραcάτην Th. 892.   ~
      Höchst wahrscheinlich gehört hieher auch
      ἀναχάccαcθαι A. 336 (χάζω zurückweichen).
      2. erklärt sich das Doppelsigma des Aoristes aus dem Wurzel-
auslaute c bei
      ἐρυccάμενοc A. 457, dagegen ἐρύcαντο fr. 234 ἐρύcαι E. 624;
der Stamm des Verbs ist ϝερυc, nicht, wie Leskien a. a. O. 119
glaubt, ἐρυ, welches der St. zu ἐρύω „wahren" ist, das mit jenem
nicht verwechselt werden darf.   Curt. Verb. I. 177 sq.   Das c des
Auslautes lesen wir z. B. in ἐρυcάρματαc ἵππουc A. 369.
      ἐccαμένη E. 323 ἐccάμενοι E. 125. 255 ἔccαcθαι E. 536
περιέccαcθαι E. 539, die W. ist ϝεc, lat. vestis.
      θεccάμενοc fr. 9 von der W. θεc, die nach des Schol. zu Apollon.
Rhod. A 824, der das hesiod. Fragment überliefert, eigener Bemerkung τὸ αἰτῆcαι καὶ ἱκετεῦcαι bedeutet. Dagegen ist in dem cor-
rupten Verse fr. 93. 7 πρῶτοι δ' ἱcτία θέccαν νεὼc πτερὰ ποντοπόροιο, θέccαν ein unerhörter Aorist vom St. θε, der mit Recht von
Goettling durch eine Conjectur beseitigt wurde, vgl. das über τίθημι
im folgenden Gesagte.
      ὠδύccατο Th. 617, Stamm ὀδυc, vgl. Curtius Grdz.⁴ 244.
      τρέcc' 'Αΐδηc Th. 850; die Lesart τρέε haben Koechly-Kinkel,
doch ist schon die Synizese von εε, die dann angenommen werden
muss, sehr hart. Die W. ist τρεc, skt. tras zittern, lat. terreo =
ters-eo vgl. Curtius Grdz.⁴ 224 Leskien a. a. O. 86. Das c des
Auslautes ist im Griech. in ἄ-τρεc-τοc Aesch. Prom. 416 erhalten.
      3. Verba, deren Stamm das Suffix εc aufweist:
      ἐξήμεccε Th. 497, so nach Hermanns Verbesserung, während

die Hdschr. ἐΕήμηce haben, dns aber wegen des sonst ständigen ε sehr bedenklich ist; bei Homer findet sich ohnehin auch der Aorist mit cc, vgl. Leskien a. a. O. 104, dem ein mit dem Suffix εc gebildeter Stamm ἔμεc zu Gruude liegt.
ἐκάλεccε Th. 391 vgl. Hom. Π 693, dem der St. καλεc zu Grunde liegt, vgl. Leskien a. u. O. 106.
κορεccάμενοc E. 33 (vgl. Hom. Λ 87. 562), St. κορεc; dagegen κορέcαcθαι E. 368 κορέcωνται fr. 170. 2.
λοεccαμένη E. 522 λοεccάμεναι Th. 5 (Hom. K 577 Φ 560 Θ 427). Mit Recht nahm Leskien p. 105 für die Formen mit cc einen Stamm λοϜεc an, während für die anderen Formen der St. λοϜ zu Grunde zu legen ist.
ὀλέccαι E. 668, auch hier ist ὀλεc zu Grunde zu legen, das sich z. B. in φρενώλης Aesch. Hepta 738 findet.
ἐΕετέλεcc' Th. 403 ἐΕετέλεccεν E. 83 ἐΕετέλεccαν Th. 881, dagegen τελέcαι Th. 170. 799 τελέcαc Th. 951. 994. 997 E. 554. Der St. τελεc aus dem τελεcjω τελεjω τελέω ward, liegt im Subst. τέλοc vor.
Nach der Aualogie dieser Verba ist der Aor. ἐπαινέccειε E. 12 zu erklären, wo übrigens die Variante ἐπαινήceιε besteht, entsprechend der Stelle Th. 664 ἐπήνηcαν.

4. Verba, deren Stamm auf das Suffix αc ausgeht.
ἐγέλαccε E. 59; das c des Stammauslautes findet sich im Nomen (γέλαc-μα) und Verbum; vgl. Leskien 116.
ἐλάccαc Th. 522, dagegen ἔλαcαν A. 372 ἤλαcα A. 363 ἤλαc' A. 419 ἤλαcεν Th. 291 ἤλαcαν A. 464 ἐΕέλαcε Th. 820 ἐΕελάcωcι E. 224 ἐπήλαcε E. 242; auch hier ist für die Bildung des Aor. der St. ἐλαc vorauszusetzen, Leskien a. a. O. 117.
ἐράccατο Th. 915 (Hom. Υ 223) St. ἐραc, der sich im Nomen z. B. in ἐραc-τής findet. Leskien 114.
νάccατο E. 639 κατέναccε Th. 329. 620 E. 168 (Hom. B 629 o 254) der St. ist höchst wahrscheinlich ναc, woraus Präsens ναcjω ναίω ward, vgl. Kühner Ausf. Gr. I² §. 273 Curtius Grdz.⁴ 315.

5. Ausser den bisher angeführten Verbalgruppen weisen noch folgende Verba doppeltes c im Aoriste auf:
ἀρυccάμενοc E. 550. Das Wort hat zwei Präsensformen ἀρύτω und ἀρύω; Grassmann Kuhn's Zeitschr. XI 42 hält die Form ἀρύτω für die ältere, aus der sich zunächst ἀρύcω bildete; das Doppelsigma des Aorists findet dann leicht seine Erklärung, vgl. Curtius Grdz.⁴ 664. Ebenso verhält es sich mit ἀνύτω, Nebenform zu ἀνύω, von welcher wir bei Hesiod die Formen
ἀνύccηc E. 395 ἀνύccαc Th. 954 finden.
Weiter lesen wir:
ὀμόccαc E. 282 ὀμόccη Th. 232 ἐπομόccη Th. 793. Das Doppelsigma ist hier offenbar nach Analogie der anderen Verba, die cc aufweisen, gebildet. Die von Leskien a. a. O. 120 ausgesprochene

Vermuthung, es sei vielleicht auch ein alter Stamm ὁμες anzunehmen, dessen ε zu ο geworden sei, scheint uns nicht stichhältig genug zu sein. **Participium Aoristi.** Hier müssen wir einer Variante zu Th. 521 gedenken. Während nämlich die Handschriften δῆςε δ' ἀλυκτοπέδῃςι Προμηθέα ποικιλόβουλον überliefern, bezeugt Drako Straton. p. 12, 4 und p. 64. 9 δῆςας ἀλυκτοπέδῃςι, was auch Choiroboskos (Bekk. Anekd. p. 1182) kannte, und selbst auch ein so glaubwürdiger Gewährsmann wie Herodian περὶ διχρόν. (Cram. an. Oxon. II. p. 283) gelesen hat. Es ist demnach in diesem Falle eine ganz ähnliche Correption des Participausganges vorhanden, wie bei den Accusativen der A-Declin., die gerade auch in der Theogonie dominiren. Uebrigens ist bei dieser Lesart der Accent zu ändern in δῆςας, wie wir bei Herodian geschrieben finden, vgl. Goettling z. d. St.

Participium Perfecti. Statt des gewöhnlichen Ausgangs der Partic. Perf. auf οτ, Nomin. ως waren im äolischen Dialekte auch Formen auf ων, οντος gebräuchlich. Vgl. Ahrens de dial. Aeol. I 148, Giese, Ueber den äol. Dial. 197. Bei Gregor von Korinth §. 56 p. 621 heisst es ὅςαι δὲ μετοχαὶ ὀξύτονοι εἰς ως καταλήγουςι διὰ τοῦ ν παρ' ἐκείνοις ἐκφέρονται· εἰρηκὼς εἰρηκών· φυλάττουςι δὲ καὶ τὰς ἀπὸ τούτων κλίςεις ἀναλόγως τῇ καταλήξει. Es sind solche Formen auch inschriftlich bewahrt, so in der lesb. Inschr. C. I. 2189 πεπληρώκοντα; andere Beispiele hat Hinrichs do Hom. elocut. vestig. Aeolic. 120 beigebracht. Und es kennt auch Homer diese äolischen Participien, Hinrichs a. a. O. 121 sq. Bei Hesiod begegnen wir ihnen nur in der Aspis. A. 379 lesen wir am Schlusse des Verses κεκλήγοντες, dieselbe Form A. 412 nach dem ersten Fusse (κεκλητώς daneben A. 99. 442 im Versanfange). Jenes Partic. gebraucht Homer öfter in derselben Form und an derselben Versstelle wie in A. 412 in M 125 Π 430 Ρ 756. 759 Ξ 30 (ausserdem μ 256 im Accus.). Es darf nicht Wunder nehmen, wenn die ungewöhnliche Participform bei den Abschreibern Anstoss erregte — so hat an der erstgenannten Stelle M κεκληγῶτες F und s das unmetrische κεκληγότες, an der zweiten Stelle (A. 412) haben FSVCαM κεκληγῶτες. Dass gerade nur der Dichter der Aspis die äolischen Formen anwendete, ist ein guter Beleg für dessen bekannte grosse Abhängigkeit von Homer. Dagegen scheint ein zweites Beispiel ἐρρίγοντι ἐοικώς A. 228, gebildet vom Perf. ἔρριγα, der äolisch-böotischen Heimat des Dichters der Aspis zu entstammen, da es keinerlei homerisches Vorbild hat. Mit Unrecht halten einige, wie z. B. Kühner Ausf. Gr. I² 902 dieses Particip für ein Part. Praes. vom Perfectstamme gebildet. Es verhält sich damit vielmehr gerade wie mit κεκλήγων.

Eine Reihe von Femininen des Particip. Perf. Act. zeigt die Stammsilbe verkürzt. Auf diese Erscheinung hat bezüglich Homers Ahrens besonders aufmerksam gemacht im Rhein. Mus. 1843 p. 177 sqq.

Bei Hesiod lesen wir neben ἀρηρώς Th. 812 die Femin. ἀραρυῖαν
Α. 137 ἀραρυῖαι Α. 271; neben εἰδώc z. B. Th. 545 (sonst noch
7 Mal) das Femin. ἰδυῖα, das, wie wir oben bei der Betrachtung des
Digammas gesehen haben, überall hergestellt werden muss (wie es
sich ja auch bei Homer an allen Stellen schreiben lässt, vgl. Ahrens
a. a. O. und Hartel, Hom. Stud. III 35) Th. 264 ἔργα Fιδυῖαι Th.
313 λυγρὰ Fιδυῖαν Ε. 521 οὔπω ἔργα Fιδυῖα Th. 887 endlich, wo
überliefert ist πλεῖcτα θεῶν εἰδυῖαν ist wie Homer P 5 das Digamma
vocalisirt und eigentlich υἰδυῖαν daraus geworden, so dass sich die
Länge der ersten Silbe einfach erklärt. Weiters lesen wir ohne entsprechendes Masculinum cεcαρυῖα Α. 268 τεθαλυίη fr. 170. 1 τεθα-
λυῖαν Th. 902 τεθαλυῖαι Α. 276. Dagegen finden wir anderseits
neben κεκληγώc Α. 99. 442 das Femin. κεκληγυίηc Ε. 449 dann
καταπεπτηυῖα Α. 26 ohne entsprechendes Masculinum mit langem
Stammvocal. Die Erklärung dieser Erscheinung hat unserer Ansicht
nach richtig Ahrens a. a. O. gegeben. Die Länge des Stammvocals
im Femininum bleibt nämlich nur dann, wenn es der Hexameter
zulässt, d. h. wo der Stamm mit zwei Consonanten anlautet. Seine
Entschuldigung findet dies Verfahren darin, dass das schwere Ge-
wicht des Femininsuffixes die Verstärkung des Stammes durch Bei-
behaltung der Länge unnöthig machte. Wenn wir aber scheinbar
dieser Erörterung widersprechend Th. 608 ἀρηρυῖαν lesen, wie es
das Metrum verlangt und auch die Codd. MEOv überliefert haben,
so ist hier sowie im Homer. Hymn. auf Hermes (ed. Baumeister)
560, wo wir ἐδηδυῖαι finden, eine jüngere Bildung zu statuiren; die
Ungewöhnlichkeit des ἀρηρυῖαν war auch den Schreibern klar, denn alle
nicht genannten Hdschr. und Stob. Flor. LXIX 423 bezeugen ἀραρυῖαν.

Höchst auffällig bezüglich seiner Form ist das Particip. Perf.
λελειχμότεc Th. 826 (von züngelnden Schlangen gesagt) ein ἅπαξ
εἰρημένον. Das Präsens dazu lautet bei Hesiod λιχμάζω Α. 234,
sonst auch λιχμάω und λείχω. Das μ nach dem Perfectstamme
λελειχ ist nur zu erklären, wenn wir die Form von einem Nominal-
stamme, der in die Verbalflexion hineingerieth, ableiten; vgl. Curtius
Grdz.[4] 483. 484. Curtius führt Beispiele hiefür an, z. B. ἐ-χραιcμο-ν
zu χραιcμέω vom Nominalst. χραιcμο = χρηcιμο. So muss auch
für unser Particip ein Nominalstamm zu Grunde gelegt werden, wie
dies ja auch beim Präs. λιχμάω der Fall ist, also λειχμο.

Conjunctivförmen mit nicht gedehntem Themavocal.
Dieser finden sich bei Hesiod nur wenige: Ε. 283 ὃc δέ κε . . ψεύ-
cεται Ε. 330 ὃc . . ἀλιταίνεται Ε. 321 sq. εἰ γάρ τιc καὶ χερcὶ
βίῃ μέγαν ὄλβον ἕληται ἢ ὅ γ᾽ ἀπὸ γλώccηc ληίccεται (Hm
ληίcεται); Ε. 647 εὖτ᾽ ἂν ἐπ᾽ ἐμπορίην τρέψαc ἀεcίφρονα θυμόν
βούλεαι δὲ χρέα τε προφυγεῖν καὶ λιμὸν ἀτερπῆ; so lesen die
meisten und besten Hdschr., doch finden sich auch die Varianten
τρέψῃc für τρέψαc und βούλῃαι δὲ χρέα τε φυγεῖν; Ε. 431 εὖτ᾽
ἂν ᾿Αθηναίηc δμῶοc ἐν ἐλύματι πήξαc γόμφοιcιν πελάσαc προc-

ἀρήρεται ἱστοβοῆι, nur cod. 1 hat προcαρήρηται (in VT ist προc-
αρήcεται aus προcαρήρηται corrigirt); auch Eustath. bezeugt jene
Lesart zur Od. 1869, 34. Endlich gehört hieher A. 406 sq. in
dem Gleichnis οἱ δ᾽ ὥcτ᾽ αἰγυπιοὶ .... μάχονται (andere Codd.
schreiben den Dual. FμHv μάχεcθον a μαχέcθην); diese Stelle ent-
stammt wörtlich der Iliade Π 428 sq, wo 429 μάχωνται überliefert
ist, os ist demnach auch hier der Conjunctiv anzunehmen und zwar
nach der Ueberlieferung ohne Dehnung des Themavocals; damit steht
dann in einer Linie das in V. 409 folgende αὐτὸc δ᾽ ἀπαλήcεται ἄλλῃ,
das als Conjunctiv Aor. zu fassen ist, wie schon Hermann es ver-
langte; es steht noch abhängig von ὥcτε als Fortsetzung des ersten
Vergleichungssatzes v. 405. 406; dass der Relativsatz V. 408 ἥν τ᾽
ἐδάμαccε κτλ. zwischen den beiden genannten steht, thut nichts zur
zur Sache.

Optativ des schwachen Aoristes. In der zweiten und
dritten Person Sing. und in der dritten Plur. finden wir Doppelfor-
men auch bei Hesiod. Auf das ursprüngliche Optativsuffix jä, das
zu ια ward, weisen noch die Fomen ἐλάcειαc E. 475 ἐπαινέccειε
E. 12 ἀποφθίcειε E. 666 ἄξειαν E. 440. Diese Bildung schreiben
die alten Grammatiker besonders den Aeolern zu, Ahrens de dial.
Aeol. 148 de dial. Dor. 335. Häufiger macht aber Hesiod von der
späteren Form, die nur das ι jenes alten Suffixes bewahrte, Gebrauch:
ἄξαιc E. 434 καυάξαιc E. 666. 693 ἀκούcαιc E. 721 ἡβήcαι E. 132
(Var. ἡβήcειε) φυτεύcαι A. 29 καταφλέξαι A. 18.

Verba pura.

Wir fassen hier nur die Verba contracta auf αω εω οω ins
Auge, da von den übrigen Verbis puris nichts Besonderos zu bemerken ist.

Als ehrwürdige Reste der alten Conjugation der Verba contracta seien vorangestellt die Formen αἴνημι E. 683 ἀρώμεναι E.
22 und ἀμάειν E. 392. Die Verba contr. zeigen hie und da noch
Reste der urspr. Conjugation; nach Curtius trefflichen Erörterungen
Verb. I 352—357 entstand das Präs. durch Antritt des ursprünglichen Suffixes ajämi, das zunächst zu ajèmi (respect. ojèmi, ejèmi)
umgestaltet· ward (a. a. O. 355); im Griech. ward daraus αημι
mit ᾱ als Ersatzdehnung für den ausgefallenen˙ Spiranten j. Dies
αημι erscheint nun in αἴνημι zu ημι contrahirt, so dass also dies
Verbum trotz seiner Endung μι zu den Contractis zu zählen ist.
Diese Flexion erhielt sich vorzugsweise im äolischen Dialekt, Curtius
a. a. O. 352. — Ebenso ist ἀρώμεναι zu erklären. Die handschriftliche Ueberlieferung ist an dieser Stelle ziemlich verschieden: ἀρώμεναι Q ἀρόμεναι mit über o geschriebenem ω R ἀρόμεναι MBb,
in β ist von späterer Hand noch ein zweites μ hinzugefügt worden;
ἀρομμεναι endlich haben mit Ausnahme von V (ἀράμεναι) die übri-

gen Hdschr., darunter NSTa. Nach der letzten Lesart hielten sich auch die Ausgaben von Goettling, Schoemann, Koechly-Kinkel, Flach. Doch ist diese Schreibung offenbar unrichtig und die Ueberlieferung von O und R in den Text aufzunehmen; aus ursprüngl. ἀροϳέμεναι ward ἀρωέμεναι und hieraus ἀρώμεναι; das Praes. Indic. hiess dazu ἄρωμι; vgl. Curt. a. a. O. 355. Es ist dieser Infinitiv um so interessanter, als er der einzige dieser Art in der Gruppe der o-Stämme ist. Curtius selbst vermuthete in Kuhns Zeitschr. III 77 es sei hier ἀρούμεναι zu lesen aus ἀρου-έμεναι also auf ἀρόϝ-ω zurückgehend; in diesem Falle wäre ἀρόμμεναι ganz wol möglich, indem ϝ sich assimilirt hätte; aber es ist nicht abzusehen, warum das Verb nicht zu ἀρούω geworden wäre, denn ob ἄρουρα desselben Stammes ist, ist doch sehr fraglich. — Die dritte interessante Form ist ἀμάειν E. 392 (im certam. Hes. cum Homer., wo die Stelle angeführt wird, steht ἀμάαν). Die Länge des α ist noch ein Rest der urspr. Ersatzdehnung für das ausgefallene j, wie bei Homer πεινάων Γ 25 Π 75 C 162 διψάων λ 584 u. s. Mit diesen altionischen Formen sind ganz parallel die äolischen ποθήω ἀδικήει Curtius, Verb. I. 355, die bereits Uebergang in die gewöhnl. O-Conjugation zeigen. Aus den urspr. Formationen der Verba contracta sind dann auch die assimilirten Formen zu erklären.

a. Verba auf αω.

Uncontrahirt finden wir βριάει Th. 447 E. 5 (bei Homer nicht) βριάοντα E. 5 ἰχθυάοντες A. 210 ναιετάει Th. 775 ναιετάουσιν Th. 564. 592. 816 ναιετάουϲ' E. 389 ναιετάοντεϲ Th. 621 περιναιετάωϲι Th. 370; dazu das defective Particip αἰεναόντων E. 550. Die assimilirten Formen erklären sich dadurch, dass eine bald progressive bald regressive Assimilation der beiden Nachbarvocale stattfand; wegen des urspr. j ward zugleich der Conjugationsvocal gedehnt, dessen Länge (wol durch Umspringen der Quantität, vgl. Curtius Stud. III 400) mitunter auf den Themavocal übergieng.

Progressive Assimilation: μηχανάᾱται E. 241 (Goettling schrieb statt der gewöhnl. Lesart ὅϲτιϲ ἀλιτραίνει καὶ ἀτάϲθαλα μηχανάαται den Conjunctiv ἀλιτραίνῃ nach Aeschines geg. Ktesiph. 135 und fasste dann jene Form als Conjunctiv für μηχανάηται); die urspr. Länge des ersten α gieng auf das aus ε assimilirte zweite durch Umspringen der Quantität über. — Ein zweiter Fall ist Th. 491 τιμῆϲ ἐξελάαν, ὁ δ' ἐν ἀθανάτοιϲιν ἀνάξειν; das aus εν entstandene αν ist lang aus demselben Grunde. Anders fasst die Sache Mangold de diectasi Homer. in Curtius Stud. VI 174. Darnach ist die Länge des α nur scheinbar, es sei vielmehr dieselbe durch die Stellung im Verse in der Hauptcäsur zu erklären wie in vielen homer. Beispielen.

Regressive Assimilation findet statt zunächst in ἡβώοι E. 698, wo die urspr. Länge des Conjugationsvocals gewahrt ist; so haben

die meisten Hdschr. MlQNTv dann Prokl. Stob. flor. LXXI 420 Etym.
Mag. 754. 10, die übrigen mit Plut. Moral. 753 A Pollux I 58 und
cod. B des Stob. ἠβώῃ. Die Quantität sprang jedoch um in γελόων-
τεc A. 283 γλαυκιόων A. 430 δερκιόωντεc Th. 911 ἐδριόωνται
Th. 388 εἰλυφόωντεc Th. 692 κορωνιόωντα A. 289 κυδιόων A. 27
λαμπετόωντα Th. 110. 382 λαμπετόωντι A. 390 μαcτιόων A. 431
μαcτιχόωντι A. 389 μυλιόωντεc E. 530 ἀναφυcιόωντεc A. 211.
Contrahirte Formen weisen die Verba auf αω folgende auf:
Praes. Indic. ἀμᾶται E. 778 ἀμῶνται Th. 599 βοᾷ E. 511 γελᾷ Th.
40 ἐᾷ Th. 772. νεμεccᾷ E. 756 νεμεcῶcι E. 303. 741 ὁρῶcι Th. 85
ὁρᾶται E. 534 cτρωφᾶται E. 528 τιμᾷ A. 104 τιμῶcι E. 16 φοιτῶcι
E. 103. Conjunctiv μελετᾷc E. 316 τητᾷ E. 408 cυνάντωνται
Th. 877 Imperat. ἐξαπατάτω E. 373 Imperf. προcηύδα Th. 169 A.
117. 326. 445 ἀπηύρα Th. 423 E. 240 A. 428 ἤμων A. 288 βόων
A. 243 κατέκλα fr. 222. 1 ἐμενοίνα A. 368 ἐποτᾶτο A. 222 τίμα
Th. 532 ἐτρύγων A. 292 ἐφοίτων A. 212 ὠριγνῶντο A. 190 Partic.
ἀμφαγαπῶντεc E. 58 διφῶcα E. 374 ἡβώντων fr. 163. 2 μελετῶν
E. 443 ὁρῶν A. 426 ὁρώμενον fr. 4. 2 τιμῶντεc A. 476 φοιτῶντεc
E. 125. 255 Infin. ἀμᾶcθαι E. 775 ἀναcτρωφᾶν A. 121 περᾶν E.
738.   Die in die Gruppe dieser Verba übergegangenen Verba auf
μι sind nicht einbezogen.

b. Verba auf εω.

Eine ziemliche Regelmässigkeit in der Anwendung contrahirter
und nicht contrahirter Formen ist nicht zu verkennen.

Die Vocalgruppe εε wird meist nicht contrahirt im Imperfect:
ἔζεε Th. 695. 847 ἤχεεν Th. 835 θέε A. 224 fr. 221. 1 ῥέεν A. 314
τρεέτην A. 171 ᾤκεε fr. 216. 1. Statt τρέε δ' Ἀίδηc Th. 850, wo
εε mit Synizese zu lesen wäre, muss mit Hermann τρέcc' Ἀίδηc hergestellt werden.   Dazu kommen die Infinitive καλέεcθαι E. 715
νέεcθαι E. 554. 673.   Diesen Formen stehen an contrahirten
gegenüber: ποιεῖται E. 714 ποιεῖcθε E. 503 πωλεῖται Th. 781
ἐφόρειc E. 38 ἐδονεῖτο A. 237 ἐξετελεῖτο Th. 1002 und die Infin.
ἀρκεῖcθαι fr. 181 μετρεῖcθαι E. 349 ποεῖcθαι E. 602. 707.

Die Vocalgruppe εει ist meist contrahirt u. z. im Infinitiv, wobei
15 Fälle auf die Erga und nur einer auf die Theog. kommen: ἀγινεῖν
E. 576 αἰνεῖν E. 643 βωτεῖν E. 391 γαμεῖν E. 699. 700 θυμοβορεῖν
E. 779 καλεῖν E. 342. 343 κομεῖν E. 604 κοcμεῖν E. 306 ὀμιχεῖν
E. 727 οὐρεῖν E. 758 πολεῖν E. 462 ὑλοτομεῖν E. 422 ὑμνεῖν Th.
33 φιλεῖν E. 353. Uncontrahirt findet sich nur ein Infin. προχέειν
E. 596. Im Indic. Praes. herrschen zwar nicht ausschliesslich die
Contractionen, aber auch hier gehören ihnen zwei Drittel sämmtlicher bezüglichen Formen an. Wieder treten die Erga in den Vor-
dergrund, indem ihnen zwei Drittel der contrahirten Verba zukom-
men: αἰνεῖ E. 824 αἱρεῖ E. 618 ἀνθεῖ E. 582 ἐπαυρεῖ E. 419

ἠχεῖ Th. 42 κρατεῖ Th. 403 νεῖ E. 777 ὀπηδεῖ Th. 80 E. 142.
230. 313. 326 ποιεῖ E. 751 ῥεῖ Th. 84 φιλεῖ E. 15 fr. 94. 4.
Uncontrahirt: δέει fr. 94. 3 κοτέει E. 25 ῥέει Th. 39. 97. 788 προ-
ρέει Th. 792 φθονέει E. 26 φρονέει A. 387 χέει E. 421 A. 396
προχέει fr. 202 letzteres nach der Ueberlieferung des Eustathios.
Die Erga enthalten also nur drei dieser uncontrahirten Praesentia in
der 3. Pers. Sing.
Die Vocalgruppe εη schwankt: contrahirt in αἰτῇς E. 408 λυπῇς
E. 401 ὠνῇ (Conjunct. Med.) zunächst aus ὠνέη, dies wieder aus
ὠνέηαι entstanden E. 341, uncontrahirt νοέη E. 296 φιλέη E. 300;
εη ist zusammengezogen in ἀρνῆται E. 408 ἡγῆτ'(αι) E. 712.
Die Vocale εο bleiben zumeist uncontrahirt, die übrigen Fälle
gehen die ionische Contraction zu ευ ein. Der erste Fall findet sich
beim Indic. Praes. δατέονται Th. 606 καλέονται E. 141. 159 fr. 7.
1 beim Partic. καλέοντες fr. 7. 1 κλονέοντος E. 553 κοτέοντε A.
176 κοτέοντες A. 403 κοτεόντων A. 169 ἐπικροτέοντα A. 307
πολυφραδέοντα fr. 210 φιλέοντα E. 342. 353 φρονέοντε A. 50
im Imperf. ἐθύνεον A. 156. 210. 257. 286 ἐκλονέοντο A. 317
ποτέοντο Th. 691 ἐτράπεον A. 301 und bei den auch gemeingriechisch in diesem Falle nicht contrahirten einsilbigen Stämmen
δε in δέον A. 291 ῥυ in ῥέον A. 267 ἔρρεον fr. 42. 3 ῥέοντες Th.
367 und τρε in τρέον A. 213. Hingegen lesen wir die in ionischer
Weise zusammengezogenen Verbalformen im Partic. αἱρεύμενον E.
476 νοεῦντες E. 261 (im cod. M ist von vierter Hand aus dieser
Form νοοῦντες. gemacht) πλουτεῦντα E. 313, im Indic. Praes. nur
ὀρχεῦνται Th. 4, F hat ὀρχοῦνται, jene Lesart ist aber ausser durch
die besten und meisten Hdschr. auch bezeugt von Lucian. de saltat. 24,
im Imperf. ἀπηωρεῦντ᾽ A. 234 κατηωρεῦντο A. 225 (E κατηωροῦντο
H κατηώρῶντο) ἀύτευν A. 309 ἦρευν A. 302 ἐφόρευν A. 293. 296
demnach durchweg in der Aspis, während die ionische Contraction
im Praesens Indic. nur in der Theogonie, im Partic. nur in den Erga
vorkommt.
εου bleibt entweder offen oder aber es wird in ionischer Weise
zu ευ contrahirt, zumeist in der Theogonie, während auf die übrigen
Gedichte und die Fragmente je ein Fall dieser Zusammenziehung kommt.
Offene Formen sind: Indic. Praes. καλέουσι Th. 234. 271 fr. 10. 13.
4. 132. 4 κλονέουσι Th. 935 στυγέουσι Th. 739. 810 E. 310 Particip. κοτέουσα Th. 315 μεδέουσα Th. 54 πνέουσαν Th. 319. φρο-
νέουσι E. 202. Contrahirt: Indic. Praes. ἀνθεῦσιν E. 227 (nur cod.
O hat ου von späterer Hand darübergeschrieben) τελεῦσι Th. 89
ὑμνεῦσι Th. 48; ganz vereinzelt ist θρηνοῦσι fr. 132. 3 überliefert
von Eustath. zur Il. p. 1222, 48, das nothwendig in θρηνεῦσι zu
ändern ist, da eine ähnliche Contraction sonst bei Hesiod durchaus
nicht vorkommt. Particip. ἀραβεῦσαι A. 249 εἰρεῦσαι Th. 38, Schoemann, die hesiod. Theog. p. 41 Note zu d. V. vermuthet hier εἴρου-
σαι, doch liegt offenbar eine Nebenbildung εἰρέω zu εἴρω vor,

vgl. Curtius Verb. I 304; ὁμηρεῦcαι Th. 39, das Etym. Mag. p. 623,
.54 hat das Unmögliche ὁμηρεύουcαι; πιμπλεῦcαι Th. 880 (MC
πιμπλεῖcαι a πιμπλῆcαι) vom St. πλε (vgl. später die Verba ohne
Themavocal); ὑμνεῦcαι Th. 37. 51. Alle diese ionisch contrahirten
Formen in der Theogonie sind mit Ausnahme von πιμπλεῦcαι v.
880, das ohnehin singulär ist, in den Musenhymnen V. 36—75 und
75—94 zusammengedrängt.

εοι ist einmal contrahirt in γαμοῖτο E. 698, einmal nicht in
φιλέοι E. 788 (Var. φιλέει).

Die Vocale εω endlich erscheinen fast durchweg offen im Particip
Masc. δολοφρονέων Th. 550 κοιρανέων Th. 33 κοτέων A. 454
κερτομέων Th. 545 φρονέων Th. 461; νοέων E. 286 muss mit
Synizese gelesen werden und ποιῶν E. 746 ist das einzige zusam-
mengezogene Particip im Nom. Sing. Mascul. Im Conjunctiv ἀτρε-
μέωcι E. 539 finden wir eine offene, in ἀμελῶcι E. 400 eine contrahirte Form.

Im Allgemeinen zeigen demnach die Erga die grösste Neigung.
zur Contraction dieser Verba.

Bei dieser Verbalclasse muss auch einer Gruppe von Zeitwörtern
gedacht werden, in denen das ursprünglich vorhandene j vocalisirt
ist, so dass sie auf ειω auslauten. Bei Hesiod sind uns erhalten
νεικείων Th. 208 οἰκείων Th. 330 ὑμνείουcαι E. 2; die beiden
letztgenannten finden sich bei Homer nicht.

c. Verba auf οω.

Wir begegnen hier zunächst einer offenen Form ἀρόων E. 460,
daran reihen sich ἀρόῳc E. 479 das aus ἀρώοιc durch Umspringen der Quantität entstanden ist; Goettling zog den Conjunct. ἀρόηc
nach einigen Codd. vor, dagegen Hermann ἀρόῳc. Vgl. Mangold,
de dictasi Hom. in Curtius Stud. VI 196. Dazu kommt ἐπικυρτώ-
οντε A. 234, wo der Conjugationsvocal noch lang ist. Die übrigen
Formen dieser Verbalgruppe zeigen durchweg Contraction: ἀροῦν
E. 429 ζηλοῖ E. 23 ἰcοῦcθαι E. 562 μαυροῦcι E. 325 χολούμενος
E. 138.

3. Verba ohne Themavocal.

Wir behandeln diese Verba zunächst in zwei Hauptgruppen.
Die erste umfasst die bei Hesiod vorkommenden Verba ohne thema-
tischen Vocal im Praesens, die zweite die nicht thematisch gebildeten
Aoriststämme.

a. Präsensstämme.

In der erstgenannten Gruppe müssen wir wieder unterscheiden
zwischen den Verben, die die Personalendungen unmittelbar an den
Stamm treten lassen und solchen, die es durch Hinzufügung des Suffixes νυ oder να thun. Von jener Art finden wir in den hesiodischen
Gedichten folgende Verba; u. z.

α-Stämme.

ἄγα — nur ἠγάcθη fr. 206. 1 zum ersten Male in der griech.
Liter. hier in activer Bedeutung. Das Particip ἀγώμενοc Th.
619 gehört zu einer thematischen Präsensbildung desselben Stammes.
βιβα — nur in βιβάc A. 323.
ὄνα — ὀνίνηcιν Th. 429. 436 E. 318, bei Homer nur Ω 45.
πλα — πίμπληcι E. 301. 411. Die Conjectur Spohns an ersterer
Stelle, die von Goettling in den Text aufgenommen wurde, πιμπλῆcι
haben wir schon oben besprochen; πίμπλαται A. 429 ἐμπίμπληcι
fr. 173. 2 mit dem Nasal trotz der Composition mit der Präpos. ἐν;
es findet sich so auch Aristoph. Acharn. 447 ἐμπίμπλαμαι am Ende
des Trimeters. Von besonderem Interesse ist das Particip πιμπλεῦcαι
Th. 880 MC πιμπλεῖcαι Va πιμπλῆcαι; wir haben hier einen Stamm
πλε zu Grunde zu legen, vgl. lat. pleo, der auch in πλέων πλήρηc
erscheint, vgl. J. Schmidt, zur Gesch. des ind. Vocal. II 321; bei
Herodot begegnen wir VII. 39 auch einer aus diesem ε-Stamm abgeleiteten Form ἐμπιπλέει, s. Bredow, de dial. Herod. 396 sq. (doch
ist dort auch die Variante ἐμπιπλᾷ); zu erwähnen ist ferner die
Form ἔπιμπλον u. ἔπιπλον, welche A. 291 der cod. Monac. von erster
und zweiter Hand hat, jenes ausserdem ParAE; doch ist hier die
richtige Lesart ἔπιτνον nach den andern Codd. Zu diesem Stamme
findet sich auch ein Aorist πλῆτο A. 146 πλῆντο Th. 688.

πρα — dieser Stamm findet sich selbst nicht, aber wie neben
πλα ein St. πλε erscheint, so hier πρε in ἔπρεcε Th. 856, auch bezeugt durch das Etym. Mag. und Zonaras (s. Koechly) zu vergleichen ist
damit das dorische ἐπρηcόντι auf den tab. Heracl. I. 145. Buttmann
Lexilog. I 104 und Ausf. Gr. II 215 glaubte, es stehe für ἔπρηcε
und es sei einer der Fälle, wo η bei den Böotern kurz ist (z. B.
τύπτομη, das aber für τύπτομαι steht, Ahrens de dial. Aeol. 187).
Mit Recht hat Foerstemann de dial. Hesiod. 40 diese Ansicht zurückgewiesen; das η im Böotischen ist zwar für den Accent eine
Kürze, an und für sich lang. Zudem vergass Buttmann, dass es sich
in unserem Falle nicht um einen Conjugationsausgang, sondern um
einen Vocal im Stamme handle. Das ε in ἔπρεcε ist kurz wie in
ἐκάλεcα.

cτα — Imperat. ἵcταc' A. 449; ἱcταμένου E. 749. 780 ἀν-
ιcτάμενοc E. 577. Aor. ἔcτη A. 361. 434 ὑπέcτη Th. 402 Perf.
ἔcτηκεν Th. 745 εἱcτήκει A. 264. 269 mit Augment. ἑcτᾶcιν Th.
769 ἔcταcαν A. 191. 196 ἐφέcταcαν A. 258 ἑcτηώc Th. 519. 747,
daneben aber ἑcταότ' A. 61 eine Form ohne die für das ausgefallene
F (in dem Suffixe Fοτ) eintretende suppletorische Dehnung; παρεcτάμεν Th. 439.

φα — erscheint häufig: φημί E. 656 A. 359 φαcίν Th. 306
E. 803 φῆ Th. 550 προcέφη Th. 558 E. 53 A. 77 φάτο Th. 167.
545. 561. 654 A. 115 fr. 169. 5 φάτ' Th. 664 ἔφατ' E. 59. 112

A. 368. 450 ἔφαθ' Th. 395 E. G9 ἔφασαν Th. 29. Dazu das Iterativ φάσκε Th. 209.

Stämme auf ε.

αε, urspr. ἀϜε; wir haben zwei Gruppen von Formen zu unterscheiden ἄησι E. 516. 552 διάησι E. 514. 517. 519 und ἄεισι Th. 875 ἄηθ' Λ. 8 ἀέντων Th. 869 E. G25. Die erste Gruppe zeigt die regelrechte 3. Pers. Sing. der nicht thematischen Flexion von ἄημι; die zweite Gruppe dagegen weist, wie dies bei diesem Verbum in den homer. Ged. oft vorkommt, vgl. Hinrichs 127, die urspr. Conjugation der Verba contracta auf. Das Imperf. ἄηθ' Λ. 8 hat seine Parallele im homerischen ἄητο Φ 386; die 3. Plur. ἄεισι zeigt zwar ει statt des erwarteten η, da es aber aus ἄεντι entstand und vor ντ überall Correption eintritt, vgl. Curtius Stud. III 383, so ist das Vorhandensein des Diphthongen nicht nur berechtigt, sondern nothwendig. Die Betonung wurde beim Capitel über den Accent besprochen. Goettling vermuthete, es stehe ἄεισι für ἄησι, wobei dann ein cχῆμα Πινδαρικόν zu statuiren wäre. Auf die Unhaltbarkeit der Ansicht weist Hinrichs a. a. O. in der Note hin. Auch das Particip ἀέντων Th. 869 E. G25 ist vom Nom. ἄεντες und nicht ἀέντες abzuleiten, da die homerische Flexion dieses Verbs die eines Contractums ist.

διζε — διζήμενος E. 428; dagegen gehört δίζεσθαι E. 603 zur Nebenform δίζω.

ἑ in ἵησι Th. 806 ἱεῖσαι Th. 10. 43. 65. 67 ἱεῖσαι mit Lenis Th. 830 ἱέμενοι A. 23. 196. 304 zweimal (ἱ) ἱέμεναι A. 231 (ἱ) ἱεμένων A. 65. 169 (ἱ) ἱέμεν E. 596 (ἱ) cυνιέμεν Th. 831 (ἱ). Die Länge des ι erklärt sich aus dem urspr. jίjημι; ἵεσαν A. 278 (ἱ) ἐφίεσαν A. 307 (ἱ) ἵεσαν Th. 864 (ἱ) ἵεντο A. 251. Das Imperf. ἵει fr. 4. 3 zeigt Uebergang in die thematische Conjugation. Aor. ἀνέηκε Th. 495 mit syllab. Augment, bereits contrahirt ἧκε Th. 669 A. 343 fr. 192. Von sonstigen Formen findet sich μεθήcω E. 209 und das Iterativ ἀνίεσκε Th. 157.

θε — τίθησι E. 518. 581 τιθεῖσι Th. 597 fr. 210. 1 τιθείη E. 470 τιθείς E. 797 A. 385 τιθέμεν E. 744 τίθεσθαι E. 672. 689. Der starke Aor. erscheint in den Formen ἔθεσαν E. 74 θέτο Th. 886 θέτ' Th. 937. 953 ἐγκάτθετο Th. 487. 890. 897 ἔθεντο A. 261. 411. 805 θείη E. 556 Conjunctiv mit Dehnung des Stammvocals, nach Analogie der Verba contracta, vgl. Mangold de diectasi Homer. Stud. VI 197, wofür θήῃ zu schreiben ist (cod. L hat θηῃ) καταθῆαι E. 601 (so statt κατάθηαι, vgl. Kühner a. a. O. p. 653) καταθεῖο E. 45. 361 ἐγκάτθεο E. 627 ἐνικάτθεο E. 27 ἐπιθείς E. 697 θέμεν E. 61. 67 ἐπενθέμεν fr. 169. 4 θεῖναι E. 815 θέσθαι E. 23. 371. 432. 457. 643 ἀποθέσθαι E. 762. Nicht in Betracht kommen kann die eigenthümliche unerklärbare Form θέccαν in fr. 93. 7, einer ganz verdorbenen Stelle (wie schon bei früherer Gelegenheit bemerkt

ward). Der schwache Aor. findet sich öfter: ἀνέθηκα E. 658 ἔθηκας
fr. 172. 4 θῆκεν Th. 447. 450. 601. 949 E. 18 ἔθηκεν Th. 401.
578 E. 677 A. 123. 136 fr. 5. 1 ἐνέθηκε Th. 174. 583 ἐπέθηκεν
E. 334 κατέθηκε Th. 539. 541 παρέθηκε Th. 577 προύθηκε Th.
537 θήκατο A. 128 ὑπεθήκατο Th. 175 ἔθηκαν E. 289. Zu diesem
Verb gehört auch das Iterativ τίθεσκε fr. 96.

Stamm auf ι.

ἱ — Als 2. praes. indic. lesen wir εἶс E. 208, eine Form, die
noch das с des Personalsuffixes cι bewahrt hat. Die 3. Pers. ist
εἶcι fr. 201 εἶс' Th. 972 Imperf. ἴτην E. 199 nach codd. MμBL
βKNIQ und dem Gramm. bei Cram. an. Par. III. 429; daneben haben
Ta ἴτον, während der Schol. zu Soph. Oed. Kol. 1676 ἴcαν bezeugt.
Erwähnt muss hier werden, dass Lehrs in dem Verse E. 617 πλειών
δὲ κατὰ χθονὸς ἄρμενος εἴη dies letztgenannte Wort für einen
Optativ zu εἶμι hielt Quaest. epp. 206; dagegen s. Goettling z. d. Stelle,
welcher die richtige Erklärung des Satzes gibt. Auch Foerstemann
de dial. Hesiod. 43 hat dies εἴη einen Optativ von εἶμι genannt,
die angeführten homer. Stellen sind aus dem Verb. εἰμί zu erklären,
vgl. auch Kühner, Ausf. Gr. I² 663.
Weiter lesen wir den Imper. πὰρ δ' ἴθι E. 493 das Partic. εἰc-
ανιών Th. 761 κατιών Th. 723. 725 προcιόντι E. 353 ἀνιόντα E.
728 ἐπιόντα E. 657 A. 338. 458 προcιόντα A. 425 ξυνιόντων
Th. 705 ἰούcηc E. 720 ἰούcῃ Th. 202 ἰοῦcαι Th. 748. Der Infin.
ἰέναι A. 40. 353. Dagegen gehört προcεῖναι, das man oft fälschlich als eine eigenthümliche Form des Infin. von εἶμι erklärt, zu
εἰμί, wo darüber die Rede sein wird. Für das von Strabon. VII 226
überlieferte Fragm. 192 Δωδώνην φηγόν τε Πελαcγῶν ἔδρανον
ἦεν, wo man in ἦεν ein Imperfect zu εἶμι vermuthete, weshalb Bois-
sonade die Form ἤεν herstellen wollte, hat schon Casaubonus richtig
emendirt ἦκεν, wenn nicht ἤει (wie Hom. K 286 N 248) zu restituiren
ist, was bei der Isolirung dieses einzelnen Verses sich schwer bestimmen lässt. Höchst eigenthümlich ist A. 254 Ψυχὴ δ' 'Αϊδόcδε κατεῖεν
(auch von Joh. Diakonus bezeugt), wo man κατήει erwartet. Goettling meint zu d. St.: atque hoc aut pro vera plusquamperfecti forma
habeatur necesse est aut mutetur in ἤειν (Aristoph. Plut. 696). Er
hält nämlich εἶα εἶαc εἶε für ein Perfect und das anlautende ε für
das Augment. Eustath. zur Il. 882. 2 τοιούτῳ δὲ λόγῳ κεῖται παρὰ
τῷ κομικῷ εἴειν ὁ δεῖνα ἀντὶ τοῦ ἦλθεν soll diese Ansicht unter-
stützen. Buttmann Ausf. Gr. I 562 erkannte in dieser Form eine
Verstärkung von ἴεν und bemerkte, sie sei für κατήιε gesetzt. Foerstemann de dial. Hesiod. 44 hält die Form gleichfalls für ein Imperf.,
ohne sie jedoch zu erklären. Nun hat zwar Hesychios die Glosse
εἴεν· ἐπορεύετο, diese ist aber schon wegen Verletzung der alphabe-
tischen Reihenfolge verdächtig, auch lässt sich eine solche Form
nicht rechtfertigen. Ich glaube vielmehr, dass jenes κατεῖεν durch

ein Missverständnis bei der Umschreibung des Alphabets in den
Text gekommen ist. ΚΑΤΕΙΕΝ kounte sowol für κατεῖεν als für
κατῆεν gelesen werden; und dies letztere ist offenbar die ursprünglich
dagewesene Form (ἧε aus ἥιε ist nicht selten im epischen Gebrauch,
z. B. Hom. Μ 371). Damit ist die absonderliche Form κατεῖεν, an
deren Existenz auch noch Kühner, woungleich mit gerechtem Staunen,
glaubt (Ausf. Gr. I² 663 §. 293. 2), bei Seite geschafft. Vom Imperf.
finden wir ἴcαν Th. 68 ξύνιcαν Th. 686 cύνιcαν Α. 383, daneben
ein einziges Mal die augmentirte Form ἤιcαν A. 170 (über das η
vgl. Curtius Verb. I 128). Endlich begegnet uns auch ein Verbal-
adjectiv ἐξιτόν Th. 732.

κει — (gesteigert aus κι) in den Formen κεῖται Th. 795. 797
κατάκειται E. 31 κεῖτ' A. 227 ἔκειτο A. 172. 221 ἐνέκειτο Th. 143.
145 διέκειτο A. 20 προύκειτο A. 312 κείατο A. 175, woneben aber
die mit Schwächung des Diphthongen ει vor Vocalen (offenbar durch
die Mittelform κέjατο und Ausfall des j) entstandene Form κέατο A. 241
sich findet. Ausserdem Partic. κείμενον A. 253 κατακείμενον E. 364.

Stamm auf o.

δο — die Conjugation ist eine doppelte: ohne thematischen
Vocal und mit demselben bei Uebergang in eine den Verbis contractis analoge Flexion. Zur ersten Art gehören: δίδωcι E. 638
διδοῦcι Th. 218. 905 E. 225; sonst findet sich vom Präsensstamm
nur noch die 3. plur. Imperf. E. 139 u. z. in der Form ἐδίδων nach
den Codd. MμLβblQ, während die übrigen ἐδίδουν haben. Aber
sowol ἐδίδουν wie ἐδίδων sind als Imperfectformen unerhört. Es
ist vielmehr, wie Ahrens vorschlug, ἔδιδον zu lesen, das sich ja im
hom. Hymn. auf Demet. 437 (ed. Baumeister) wirklich findet, ebenso
in demselben Gedichte 327 δίδον. Wir haben hier gerade so das
alte Suffix der 3. Plur. der secundären Formen wie in ἔδον Th. 30.
Auch die Art, wie jene beiden Formen in die Hdschr. gelangten,
ist leicht zu erklären, nämlich wieder bei der Umschreibung des
alten Alphabets: ΕΔΙΔΟΝ konnte für ἔδιδον ἐδίδων und ἐδίδουν
gelesen werden; jene alterthümliche Form war nicht mehr geläufig
und so nahm man theils die zweite, theils die dritte auf, welch
letztere die Analogie von ἐδίδουν ἐδίδου als 2. und 3. Pers. Sing.
Imperf. für sich hatte. Vom starken Aor. lesen wir ἔδον Th. 30
mit dem alten Suffix ν, daneben aber ἔδοcαν Th. 141 mit dem
späteren cαν; der Conjunctiv δῷ E. 354 zweimal; δώωcι Th. 222,
dieser Conjunctiv ist nach Analogie der Verba contr. auf o gebildet;
wir haben hier den Themavocal, der bei den nicht themat. Verben
im Conjunctiv urspr. kurz war (z. B. ἴομεν), lang und auch den
Vocal des Stammes noch gelängt. Vgl. Curtius, Tempora und Modi
246 sq. Mangold de diectasi Homer. in Curtius Stud. VI 697. Weiter
lesen wir die Form δώῃ E. 357 nach MBLlQ und Stob. Floril. X
127, dagegen haben die übrigen Hdschr. mit Prokl. δοίη. Die ganze
Stelle lautet ὅc μὲν γάρ κεν ἀνὴρ ἐθέλων, ὅτε κὰν μέγα δοίη (so

Goettling) χαίρει τῷ δώρῳ καὶ τέρπεται ὃν κατὰ θυμόν; da hier
zu ἐθέλων aus dem folgenden ὅ γε κτλ. das Verbum herauszuziehen
war (das dann im Conjunctiv-δώῃ hiesse), so mag unter gleichzeitiger
Aenderung des κἄν in καί (das fast die nämlichen Codd. haben,
welche δώῃ aufweisen) aus dem Optativ δοίη, der in dem nach unserer
Schreibung selbständigen Zwischensatz ὅ γε κἂν μέγα δ. steht, der
Conjunctiv δώῃ gemacht worden sein; δώῃ, das ein Theil der Hdschr.
hat, ist wieder ein Conjunctiv mit Dehnung des Stammvocals wie
δώωσι. Sonst begegnet der Optativ δοῖεν E. 188 der Imper. δός
E. 543 δότε Th. 104, der Infin. δόμεν E. 534 zweimal, aber auch
schon δοῦναι fr. 172. 2 ἀποδοῦναι E. 349 aus δό-εναι dem ein
urspr. δόϜεναι zu Grunde liegt, das sich wirklich auf der Bronze-
tafel von Idalion Z. 5. 15 vorfindet, vgl. Deecke-Siegismund, Stud.
VII. 248. Vom schwachen Aorist hat Hesiod δῶκε Th. 819 E. 705
fr. 174. 2 δῶκ’ fr. 94. 1 ἔδωκε Th. 914 E. 279. 355 zweimal, A.
125 fr. 222. 1, auch die 3. Plur. δῶκαν Th. 504 E. 741 ἔδωκαν
E. 92; sonst δώcω E. 57 ἐπιδώcω E. 396 δώcουcι E. 178 δέδωκεν
Th. 799. Uebergang in die Conjugation der Verba contracta zeigt
dies Verb in διδοῖ E. 281 A. 328 ἐδίδου Th. 563.

Ϝερυ (urspr. Ϝερυc) ziehen — εἰρύμεναι E. 818 mit dem Diph-
thong ει wegen des wahrscheinlichen prothetischen ε, Curtius Verb.
I 125 und 123. Sonst findet sich nur themat. Flexion ἐρυccάμενοc
E. 457 ἐρύcαι E. 624 ἐρύcαντο fr. 234.

Ϝερυ wahren — ἔρῦτο A. 115 εἴρῦτο A. 138 ἔρῦτ’ Th. 304.

Consonantische Stämme.

ἐc — vom Präsens findet sich ἐcτίν Th. 301. 306 A. 93. 336.
447 fr. 219. 1 ἔcθ’ A. 85, die 1. Plur. εἰμέν A. 351 zeigt die epische
Form mit Ersatzdehnung für den ausgefallenen aus c assimilirten
Nasal, die auch bei Homer einzig im Gebrauche ist; die 3. Plur.
lautet ἔαcι Th. 95. 738. 809. 823 E. 730 (im Schilde nie) aus
ἐc-αντι mit dem alten Personalsuffix; εἰcί dagegen aus ἐc-ντι (böot.
ἐντί Ahrens de dial. Aeol. 211) Th. 363. 364 E. 12. 769 A. 113
fr. 169. 3. Der Conjunctiv Präs. findet sich nur einmal ᾖcιν E. 294
mit dem alten Personalsuffix cι (für τι). Der Optativ ist häufig
εἴην E. 271 εἴη Th. 128. 531 E. 348. 376. 485. 501. 559. 577.
589. 606. 617. Goettling hat nach Hermann E. 577 und 606 die
Conjunctivform εἴη für den Optativ εἴη aufgenommen, da die beiden
Sätze mit ἵνα und ὄφρα eingeleitet sind, gegen die einstimmige
Ueberlieferung der Hdschr. Das Imperf., in welchem wir eine doppelte Reihe von Formen finden vom St. ἐc und von einem durch α
erweiterten St. ἐcα, vgl. Curtius Stud. I 290 sq., liegt, was den ersten
Stamm betrifft, vor in der 2. Sing. ᾖcθα A. 119 mit Augment und
dem alten Suffix cθα, vor dem das c des Stammes ausfiel. Die 3.
ist häufig ἦν Th. 282. 637 E. 150 A. 178. 201. 216. 260. 297
fr. 83. 2 ἐπῆν E. 114. Von Dualformen lesen wir ἤcτην A. 50 mit

erhaltenem c. Die 3. Plur. lautet zweimal Th. -321. 825 ἦν, die
erste Stelle: τῆς δ' ἦν τρεῖς κεφαλαί die zweite: ἐκ δέ οἱ ὤμων ἦν
ἑκατὸν κεφαλαὶ ὄφιος. Diese Form ist entstanden aus ἦς-ν mit
dem alten Suffix ν der secundären Verbalformen. Dies erkannte schon
Goettling richtig gegenüber den alten Grammatikern, die ἦν hier für
eine Singularform hielten. Eustath. 1110: Πινδαρικὸν cχῆμα — καὶ
παρ' Ἡσιόδῳ τὸ· τῆς δ' ἦν τρεῖς κεφαλαί. Derselbe sagt 1892,
47 τὸ δὲ παρ' Ἡσιόδῳ τῆς δ' ἦν τρεῖς κεφαλαὶ ἀντὶ τοῦ ἦσαν
Βοιωτῶν λέγεται γλώccηc εἶναι, οἳ ἑνικὰ ῥήματα πληθυντικοῖc
ὀνόμαcι cυνέταττον. Herodianos περὶ cχημ. 60. 15 Πινδαρικὸν —
παρ' Ἡσιόδῳ· es wird wieder dieselbe Stelle angeführt. Doch hat
auch schon im Alterthum Choiroboskos das Richtige gesehen (Theod.
536. 7) τῆς δ' ἦν τρεῖς κεφαλαὶ ἀντὶ τοῦ ἦσαν· ἔcτι γὰρ ἦμεν ἦτε
ἦσαν καὶ γίνεται παρὰ τοῖc ποιηταῖc ἦν τὸ τρίτον τῶν πληθυντι-
κῶν. Ausser an den genannten Stellen findet sich ἦν als Plural
auch bei Aristoph. Lysistr. 1260 ἦν γὰρ τὤνδρες οὐκ ἐλάccωc τὰc
ψάμμαc τοὶ Πέρcαι und öfter bei Epicharmos, so "Ηβ. γάμ. fr. 6.
1. 13. 15. 1 (Lorenz); ebenso ἐνῆν "Ηβ. γάμ. fr. 10. 2. Herakleides
bei Eustath. 1759, 32 nennt diesen Gebrauch dorisch Δωρικῶc
Ἡσίοδοc ἔφη· τῆς δ' ἦν κτλ. und der Gebrauch bei Epicharmos,
dann im Munde des lakonischen Gesandtenchores in der Lysistrate
bestätigt diese Angabe. Vgl. bezüglich der Form auch Curtius, Verb.
I. 148 (dazu Verb. I 71). Mit dem Suffix αν lesen wir das augmentlose
ἔcαν Th. 586. 829 E. 16 A. 168. 245. 246 fr. 93. 4. 187. 1, mit dem
Augmente ἦcαν Th. 142. 143. 146 A. 20. 135. Von dem mit α
erweiterten Stamm ἐcα kommt ἦε-ν vor, worin das α zu ε geschwächt
ist, wie im Aor. ἔδειξε neben ἔδειξα (Curtius Stud. I b. 291); wir
finden die Form A. 15. 22. Weit schwieriger zu beurtheilen sind
ἦεcθα E. 314 und ἔην Th. 58. 277 E. 11. 117 A. 142. 144. 288.
Curtius vermuthete Stud. I b. 291, ohne übrigens die Schwierigkeit
des ephelkystischen ν nach langem Vocal ausser Acht zu lassen
(vgl. auch Stud. IV. 478), dass durch die Umschreibung des Alphabets eine falsche Schreibung für ἔεcθα und ἔεν eingetreten sei, doch
nach den Auseinandersetzungen Hartels Hom. Stud. I 46 sqq., der
nachwies, dass nicht überall ἔεν hergestellt werden könne, scheint
es das beste zu sein, diese Formen mit Mangold de dictasi Hom.
Stud. VI. 178 für misverstandene, durch falsche Analogie gebildete
Nachahmungen der sogenannten Zerdehnung zu halten. — Der
Imperat. findet sich in ἔcτω E. 306. 370, das Particip durchgehends
in der Form ἐών (aus dem St. ἐcοντ): E. 517 A. 73. 101 ἀπεόντοc
E. 367 παρεόντοc E. 366 ἐόντι E. 363 ἐόντα Th. 32. 38 zweimal,
ἐόντεc A. 189 ἐόντων Th. 21. 33 ἐοῦcα Th. 448 ἐόν fr. 97. Der
Infin. zeigt die alte Form ἔμμεναι Th. 610 E. 272 fr. 77. 2. 203;
ἔμεν mit Ausfall des einen μ Th. 500 εἶναι E. 365. 641 μετεῖναι
E. 179 προcεῖναι E. 353. Diese letztere Form wurde verschiedenartig gedeutet; der ganze Vers lautet: τὸν φιλέοντα φιλεῖν καὶ τῷ

προϲιόντι προϲεῖναι. Appollonios im lex. Hom. sagt unter εἶναι :
ὁ Ἡϲίοδος ἀντὶ τοῦ ἰέναι· καὶ τῷ προϲιόντι προϲεῖναι, so auch
Schol. Ambr. zu Od. α 406. · Diesen alten Ansichten schloss sich, sie
wörtlich verstehend, Goettling an, Note zu V. 353: si προϲεῖναι ab
εἰμί non ab εἶμι derivaris, perditur omnis in hoc antiquo proverbio
membrorum aequalitas, quae ut φιλέοντα φιλεῖν δόμεν ὅϲ κεν δῷ
cet. requirit, ita etiam hic εἶμι verbum flagitat, non εἰμί. Als Beispiel führt er an: sic etiam apud Aristoph. Equit. 761 χρὴ παρεῖναι
᾿ϲ τὴν Πύκνα non potest παρεῖναι a verbo substantivo repeti sed
dictum est pro παριέναι. Doch ist diese Bezugnahme auf die Stelle
bei Aristophanes durchaus unpassend. Verba der Ruhe können
im Griech. ganz wol mit Präpositionen verbunden werden, die eine
Bewegung voraussetzen, wie z. B. Xenoph. Anab. I 2. 2 παρῆϲαν
εἰϲ Cάρδεις. Merkwürdiger Weise glaubt Kühner Ausf. Gr. I² § 293.
2 es sei in προϲεῖναι wirklich eine Nebenbildung zu προϲιέναι, ι
soll in ει gedehnt sein; er paraphrasirt die Stelle: et adversanti
adversari. Die Sache ist anders. Bredow de dial. Herod. 410 hat
richtig gesehen, dass die citirten Worte des Apollonios nicht so sehr
auf die Form als die Bedeutung des Verbs προϲεῖναι gehen können,
die sich einigermassen der von προϲιέναι nähert. Die richtige Erklärung ist gewiss die von Ruhnken gegebene, προϲεῖναι bedeute
zur Hand sein d. h. beistehen dem, der einem zu Hülfe kommt (in
der Noth). Buttmann hat mit Recht Ausf. Gr. I 562 diese Ansicht
zu der seinen gemacht. Ebenso hat Foerstemann de dial. Hesiod.
44 sich dem angeschlossen: ita interpretandum est (προϲεῖναι), ut
magis in significationem „adiuvare" transeat. — Das Futurum erscheint in den Formen: ἔϲϲεαι E. 310. 311 ἔϲϲεται E. 184. 190.
201. 644, auch die spätere Form ἔϲται findet sich E. 34. 193. 403.
478 fr. 6; endlich das dem milderen Dorismus angehörige ἐϲϲεῖται
E. 503 (vgl. die Angaben der Gramm. bei Ahrens de dial. Dor. 287
Anm. 3). Hier haben wir die vollständigste Futurform (Curtius,
Erl.² 102). Ursprünglich trat ϲι an den Verbalstamm, doch blieb
ι nur vor ο und ω, sonst ward es zu ε abgeschwächt (Ahrens de
dial. Dor. 211); ἐϲ-ϲε-εται ist demnach die Urform im Griech. und
diese gibt contrahirt die unsrige. — Auch das Particip haben wir
bei Hesiod in ἐϲϲομένοιϲι (ἀνδράϲι) E. 56 und ἐϲϲόμεν α Th. 32. 38.
Der Infinitiv begegnet nur einmal ἔϲεϲθαι Th. 210. Zu diesem
Stamme gehört auch das Iterativ ἔϲκε E. 151.
    ἧϲ — hievon ἧϲτο A. 214 und das wol unrichtig mit ει statt
η anlautende εἵατ᾿ Th. 622; Partic. ἥμενος E. 480 ἥμενον E. 501.
    Die zweite zu betrachtende Gruppe der Verba, die in gewissen
Formen keinen Themavocal annehmen, ist die, deren Präsensstamm
mit νυ resp. mit να erweitert ist. Zu den ersten gehören:
    Fαγ — Im Imperf. ἄγνυτο A. 279. 348 mit Digammaanlaut;
dazu Perf. ἔαγε E. 534 gleichfalls mit Digamma.
    αἰ in αἴνυμαι, wovon nur das Imperf. αἴνυτο A. 41 fr. 174. 3,

ἀχ — nur im Partic. ἀχνύμενος Α. 435.

δεικ — dieser Stamm weist bei Hesiod nur E. 526 Flexion
ohne Themavocal auf: δείκνυ. Zwar wäre an dieser Stelle das
Präsens entsprechender, aber es lässt sich auch mit dem Imperf.
ganz wol auskommen trotz Goettlings Bemerkung hiezu. Ueber-
flüssig war es deshalb von Kühner, Ausf. Gr. I 651 Anm. 1 δείκνυ
als eine merkwürdige Präsensform zu fassen. Sonst herrscht die
themat. Flexion: δεικνύει Ε. 451 δείκνυε Ε. 502. Aor. δεῖξαι Ε. 612.

ἔννυμι — ohne Formen des Präsensstammes bei Hesiod; sonst
ἑccαμένη Ε. 223 ἑccάμενοι Ε. 125. 255 ἕccαcθαι Ε. 536 περιέccαcθαι Ε. 539.

ζεύγνυμι weist gar keine Präsensformen auf, nur den Aor. ζεῦξαν fr. 93. 6.

καίνυμαι — ἐκαίνυτο Α. 4, dazu Part. Perf. κεκαcμένον Th. 929.

κορέννυμι — im Präs. nicht vorhanden bei Hesiod; sonstige
Formen: κορέcωνται fr. 170. 2 κορεccάμενος Ε. 33 κορέcαcθαι
Ε. 368 κεκορημένον Ε. 593.

κρεμάννυμι — ebenfalls ohne Präsensformen nur Aor. κρεμά-
cαcθαι Ε. 629.

μίγνυμι findet sich, wie bei Homer, noch nicht, dafür μίcγω —
ἐμίcγετο Th. 56 μιcγόμενος Th. 238. Vom Passivaorist haben wir
die starke und schwache Form, jene in μίγη Α. 36 μιγεῖcα Th. 53.
125. 333. 375. 383. 920. 927 Α. 55 μιγεῖc᾽ Th. 970. 1009. 1018
μιγήμεναι Th. 306; der schwache Aor. μίχθη fr. 77. 3 μιχθείς Th.
288 μιχθεῖc᾽ Th. 923. 941. 944. 980 fr. 29. 3. 79. 3. 138. 3.
Ausserdem lesen wir noch das Fut. exact. μεμίξεται Ε. 179.

οἴγνυμι findet sich gleichfalls noch nicht, sondern nur οἶγε Ε.
819 (Imperativ).

ὄλλυμι — kommt in den Formen des Präsensstammes nicht
vor; Fut. ὀλέcει Ε. 180, starker Aor. Opt. ἀπόλοιτο Ε. 46, schwacher
ὤλεcε Ε. 613 ἀπώλεcεν Ε. 246 ὤλεcαν Ε. 372 ὀλέccαι Ε. 668.

ὄμνυμι im Präsensstamme nicht vorkommend, Fut. ὀμεῖται Ε.
194 Aor. ὀμόccῃ Th. 232 ἐπομόccῃ Th. 793 ὀμόccας Ε. 282. Auch von
ὀρέγνυμι weisen die hesiod. Gedichte keine Präsensstammformen
auf, nur Aor. ὠρέξατο Th. 178 ὀρεξάμενος Α. 456. 457 ὀρέξαι
Th. 433; eine Nebenbildung ist ὀριγνάομαι in ὠριγνῶντο Α. 190
(Curt. Verb. I. 161).

ὄρνυμι — ὤρνυτο Th. 191 ὀρνυμένοιο Th. 843 ἀπορνύμεναι
Th. 9. Die sonstigen Formen sind ὦρcε Th. 523 fr. 4. 3. ὄρηται
Th. 782 ὀρώρει Th. 70. 703. 709. 849 Α. 274. 401 fr. 60.

πήγνυμι — πήγνυcθαι Ε. 809; sonstige Formen: πῆξαc Ε. 430
πήξαcθαι Ε. 455.

ῥήγνυμι — ῥήγνῦνται Α. 377 Conjunctiv, wie der Context
ergibt. Es ist dies ein Rest der Conjunctivbildung mit möglichst
einfachen Mitteln; das im Indic. Präs. Pass. durchweg kurze υ wird
im Conjunctiv gedehnt. Den Beweis für diese Behauptung gibt, da

sie bezüglich unserer Stelle wegen der möglichen Positionslänge bestritten werden könnte, Hippon. tr. 19. 4 ὡc μή μοι χίμετλα ῥήγνῦται vgl. Renner de dial. ant. poes. eleg. et iamb. Curt. Stud. I b 56. Ganz ähnlich ist Hom. ω 89 ὅτε κέν ποτ' ἀποφθιμένου βαcιλῆοc ζώννυνταί τε νέοι, wo ζώννυνται doch nothwendig Conjunctiv ist. Von sonstigen Formen lesen wir ἔρρηξε Λ. 140. 415.

cβέννυμι — nur im Particip cβεννυμενάων E. 580.

cκεδάννυμι kommt im Präs. nicht vor; dazu nur Aor. ἐcκέδαc' Ν. 95.

τίνυμαι — τίνυcθαι E. 711, τιννυμέναc E. 804, wie OSFu haben, muss entweder in τινύμενον geändert werden, vgl. Schoemann Hes. carm. reliq. zu d. St., oder aber es ist nach cod. M γεινόμενον zu schreiben, was Servius zu Vergil. Georg. I 277 bezeugt.

Mit der Silbe να im Präsens erweiterte Verba der nicht thematischen Conjugation finden wir folgende:

δάμνημι — δάμναται Th. 122. Sonst Passivaor. δαμείη fr. 110. 5 δαμέντεc E. 152 δαμῆναι Th. 464.

δύναμαι — δύναται E. 215 δύνηαι E. 350 Λ. 121 δύναιο fr. 169. 4 ἐδύναντο E. 134. Als Eigenname kommt das Partic. Präs. Fem. Δυναμένη Th. 248 vor.

μάρναμαι — μαρνάμεθ' Th. 647 μαρνώμεcθ' Α. 110 μάρναντο Th. 629 Α. 401 μάρνανθ' Α. 243 μαρνάμενοι Th. 663 μαρναμένουc E. 164 Aor. ἐμαρνάcθην Λ. 238.

πίλναμαι — πίλνατο Th. 702; mit Uebergang in die Conjugation der Verba contr. aber πιλνᾷ E. 510.

b. Aoriststämme ohne thematischen Vocal; 1. vocalische:

βα — ἐκ δ' ἔβη Th. 194 βῆcαν E. 153 διαβῇ E. 740 διαβάc Th. 292 ἐπιβάντεc Λ. 286 εἰcαναβᾶcα Th. 939 ἐπιβᾶcα E. 679 ἐπιβήμεναι Λ. 40 ἐπιβῆναι Α. 16; davon die Perfectformen βεβαῶτεc Α. 307 ἐπεμβεβαὼc Λ. 195. 324 ἐμβεβαυῖαν Th. 12.

γηρα — im Partic. γηράντεccι E. 188 vom Nom. γηράc Hom. P 197.

Fρα (vgl. Curtius Verb. I 193) in ἀπουράμενοι Λ. 173, die einzige mediale Form zu ἀπούραc in der Gräcität.

κτα — im Inf. κακτάμεναι Λ. 453 und Partic. κταμένοιο E. 541 κταμένηc Α. 402 in passiver Bedeutung.

κτι — in ἐυκτίμενον Λ. 81.

οὐτα — Inf. οὐτάμεν Α. 335 Part. οὐταμένου Α. 363; daneben vom Präs. οὐτάζω οὔταcε Α. 461.

πτα — ἐξέπτη E. 98 und medial ἀποπτάμενοc Th. 284.

τλα — ἔτλη Α. 73. 432 mit Metathesis aus ταλ; dazu Imperat. Perf. τέτλαθι E. 717.

φθα — nur in φθάμενοc E. 554. 570.

φθι — nur in ἀποφθιμένου Th. 606 καταφθιμένοιcιν Th. 850.

δυ — in καταδύντα Th. 596 καταδύμεναι Λ. 196. sonst δυcομενάων E. 384.

κλυ — κλῦθι E. 9 und im reduplicirten Aorist κέκλυτε Th. 644.
γνω — γνῶ Th. 551 ἔγνω E. 218.
πλω — ἐπέπλων E. 650; der Stamm πλω entstand aus πλοϜ
vgl. πλέϜ-ω.
  b. Consonantische Aoriststämme ohne thematischen Vocal.
  ἀλ — nur im Partic. ἐπάλμενοc Th. 855 mit Psilosis.
  ἀρ — in den Partic. ἄρμενοc E. 617 ἄρμενον E. 424. 632.
786 ἐπάρμενον E. 601 ἄρμενα Th. 639 E. 542. 601. 808 ἐπάρ-
μενα E. 627.
  γέντο (zum St. γαν) Th. 199 nach MVν, γένετο hat F, γένοιτο
C von anderer Hand und a; der gatze Vers lautet nach M Κυπρογενέα δ' ὅτι γέντο πολυκλύcτῳ ἐνὶ Κύπρῳ; weiter Th. 283 ὅτ' ἄρ'
Ὠκεανοῦ περὶ πηγάc | γένθ', ὁ δ' ἄορ κτλ. so C, γένεθ' FEQ γείναθ'
M γείνεθ' a; mit dem Augmente ἔγεντο Th. 705: τόccoc δοῦποc
ἔγεντο θεῶν ἔριδι ξυνιόντων; N hat das metrisch unmögliche
ἐγένετο.
  δεκ — ὑπέδεκτο Th. 513. A. 442 wie schon Hom. I 480.
  ἴκτο Th. 481 ἔνθα μὲν ἴκτο φέρουca θοὴν διὰ νύκτα μέλαιναν;
die Form ist ἅπαξ εἰρημένον; daneben lesen wir die thematische
ἵκετο z. B. Th. 554.
  λεγ (legen) — ἔλεκτο A. 46 παννύχιοc δ' ἄρ' ἔλεκτο cὺν αἰδοίῃ παρακοίτι.
  ὀρ — ὦρτο Th. 990 E. 568 A. 30. 40.
  Von Perfectstämmen gehören hieher, a. vocalische:
  γα — γεγάαcι E. 108 ἐκγεγαυῖα E. 526 ἐκγεγαυῖαι Th. 76.
  δι — δειδιότεc A. 248.
  μα — μεμαώc A. 414. 453 μεμαῶτεc A. 240 ἐμμεμαυῖα
A. 439.
  πτα — καταπεπτηυῖα A. 265.
  φυ — πεφύαcι Th. 728 nach den besten Hdschr., die übrigen
πεφύκαcι.
  b. consonantische Stämme:
  ἀνωγ — ἄνωγα E. 367. 403. 687 ἤνωγε E. 68 Plusqpft.
ἀνώγει Th. 549; vom selben Stamme haben wir einen sigmatischen
Aorist zu verzeichnen ἤνωξ' A. 479.
  θαν — mit Metathesis θνα, wovon τεθνηῶτοc A. 454 τεθνηῶτα
A. 158 τεθνηῶτεc A. 175; an allen drei Stellen die Variante ει statt
η. Das ω erklärt sich aus dem St. τεθνηϜοτ.
  Ϝιδ in οἶδα; hievon findet sich οἶcθα A. 355 οἶδεν Th. 236
fr. 139. 2 οἶδ' E. 456, die 1. Plur. ἴδμεν mit unerweichtem δ Th.
27. 28. 656 die 3. Pl. ἴcαcιν Th. 370 E. 40. 814. 824. Der Optativ begegnet auch einmal εἰδείη fr. 177. 2, Partic. εἰδώc Th. 545.
550. 559. 561 E. 731. 827 fr. 35. 2 εἰδότεc E. 187. Den Infinitiv
endlich lesen wir in der Form ἴδμεν fr. 172. 2 nach der Ueberlieferung des Tzetzes zu Lykophron 682. In Hermanns Verbesserung
dieser Stelle lautet der Inf. ἴδμεναι.

Fικ uur im Partic. ἐοικώς A. 215. 228. 314 fr. 237 ἐοικός
Th. 295 ἐοικότα Th. 584. 843 E. 235.

4. Iterativa.

An den dem ionischen Dialekt eigenthümlichen Iterativformen
ist bei Hesiod kein Mangel und zwar finden sich iterative Imperfecta
und Aoriste der thematischen sowol wie der nicht thematischen
Conjugation.

Bei jenen tritt das Charakteristikon cκ an den Themavocal α
oder ε an. Wir lesen von der thematischen Conjugation an iterativen Imperfecten mit Themavocal α: ἀποκρύπταcκε Th. 157 ῥίπ-
ταcκον A. 256 und von einem Verb. pur. δρομάαcκε fr. 221. 2, wo
übrigens auch der Themavocal ε zu α assimilirt sein kann, vgl.
Curtius Gr. Gramm.[11] § 336. Mit dem thematischen Vocal ε finden
wir die Imperfecta: ἔχεcκεν Th. 533 ἰάχεcκε A. 232 Th. 207
ζώεcκον E. 90. 133 ναίεcκε fr. 81. 2 πελέcκετο fr. 44. 4 πλωίζεcκ'
E. 634 cινέcκετο fr. 221. 3 τίεcκεν A. 9 von Verb. puris καλέεcκε
Th. 207 φοβέεcκον A. 162. Hyphärese des them. ε trat ein bei
cύλαcκε A. 480 und ῥοίζεcχ' Th. 835, wie bei Homer z. B. οἴχνεcκε
Ε 790 (vgl. Kühner Ausf. Gr. I² 549, Fritsch in Curtius Stud. VI.
131) und wie sie Herodot ständig anwendet vgl. Merzdorf de dial.
Herod. Curtius Stud. VIII. 151. Einige Hdschr., darunter a, schreiben
Th. 835 ῥοίζαcχ', doch da das Verb. ῥοιζέω lautet, so ist kein Zweifel, dass die Lesart des besten Cod. M die richtige ist. Von
aoristischen Iterativen der thematischen Conjugation finden sich nur
λάβεcκε fr. 96 und φάνεcκε fr. 44. 3.

Die nicht thematische Conjugation hat nur wenige Fälle von
Iterativen aufzuweisen. Hier tritt cκ unmittelbar an den Stamm:
ἔcκε E. 151 für ἔccκε mit Ausfall des einen c, τίθεcκε fr. 96 φάcκε
Th. 209 ἀνίεcκε Th. 157. An letzterer Stelle haben zwar die
meisten Hdschr. ἀνίηcκε, was auch Koechly-Kinkel aufnahmen, aber
mit Recht schreiben die meisten Ausgaben, darunter Goettling und
Schoemann, ἀνίεcκε, was schon Wolf und Gaisford in den Text aufgenommen wissen wollten. Denn nur diese Form entspricht in ihrer
Bildung den übrigen Iterativbildungen der Conjugation ohne Themavocal. Dazu kommt, dass wir bei Apollon. Rhod. Γ 274 μεθίεcκεν
vorfinden. Die Form mit η kam wahrscheinlich bei der Umschreibung des alten Alphabets in den Text wegen ἀνίημι. Goettling
schrieb zwar das Richtige aber unter Verkennung des wahren Sach-
verhalts; er sagt zu V. 157 non multum fateor abest, quin defendam
antiquum ἀνίηcκε. Num si epicis licuit dicere καλέεcκον ποιέεcκον,
si licuit ex καλέω κικλήcκω verbum fingere, Dorico epico etiam licuit
duplex illud ε in ἀνιέεcκε contrahere in ἀνίηcκε ut ἔπλην ἔρρην.
Foerstemann de dial: Hesiod. 42 erklärt sich gleichfalls für ἀνίεcκε,
glaubt aber, es sei hier wie bei Hom. in κάλεcκε οἴχνεcκε das eine

ε ausgestossen. Aoristische Iterativa dieser Conjugation kennt Hesiod
nicht.

Praepositionen.

Von Wichtigkeit für die Beurtheilung der Elemente des hesiodischen Dialekts ist der Gebrauch der Praeposition ἐν in der Theogonie in dem dreimal wiederkehrenden ἑὴν ἐγκάτθετο νηδύν Th. 487.
890. 899. An der ersten Stelle haben diese Lesart alle Hdschr.
bis auf MC, die ἐσκάτθετο bieten; ebenso haben diese beiden Codd.
und Vv in Th. 890 diese Lesart, 897 findet sie sich abermals in
M und wahrscheinlich in Vv. Die Schreiber der genannten Hdschr.
nahmen offenbar Anstoss an der ihnen ungewöhnlichen Construction.
Der Gebrauch von ἐν = εἰς ist nun in mehreren griech. Dialekten
zu finden: in der sogen. nördlichen Doris, Ahrens de dial. Dor. 359
auf thessalischen Inschriften, vgl. Ahrens a. a. O. 528, wo die von
Leake edirte thess. Insch. abgedruckt ist, welche II 24 ἐν κίονα
I 11 [ἐ]ν τὸ 'Ασκλαπιεῖον aufweist, im arkadischen Dialekte, vgl.
Gelbke de dial. Arcad. Stud. II 17, ebenso in den neu entzifferten
kyprischen Inschr., so auf der idalischen Bronzeplatte 27 [ἰ]ν τά[ν]
θιὸν τὰν 'Αθάναν, vgl. Deecke-Siegismund Stud. VII. 245, im
Dialekt der Lokrer, vgl. Allen, de dial. Locrens. Stud. III 274, ebenso
im delphischen Dial. vgl. Ahrens über die Mischung der Dial. in der
griech. Lyrik, in den Verhandlungen der 13. Philologenversammlung
zu Göttingen 1852 p. 74, so im Amphiktyonendecret C. I. 1688, 15
ἐν δύνασιν; auch Pindar, vgl Ahrens a. a. O. 72 und die Böoter,
Ahrens de dial. Boeot. 213 (so C. I. 1568 ἐν τὰν προβασίαν, ἐν
τὸ μέσον) wendeten ἐν = εἰς an. Und dem böotischen oder lokrischen Sprachgebrauche ist die dreifache Anwendung dieser Erscheinung in der Theogonie entnommen, nicht dem delphischen, was
Ahrens, Mischung der Dial. 74 annimmt, wie wir in der Schluss-
betrachtung darlegen werden. Dass aber ἐν = εἰς überhaupt gebraucht werden konnte, kommt daher, dass diesen beiden Praepos.
ein und derselbe Stamm zu Grunde liegt und sie nur zwei Aeste
desselben darstellen. Aus urspr. ἠνί gieng ἐν hervor; indem aber
aus ἐνί ἐνι-c ward (wie aus ἀμφί ἀμφίς, μέχρι μέχρις, ἐκ ἐξ, lat.
ab abs) und dies zunächst zu ἐν-c (das im Argivisch-Kretischen
wirklich vorhanden war, vgl. Ahrens de dial. Dor. 104) geschwächt
wurde, gieng unter Ausfall des Nasals und Ersatzdehnung εἰς daraus hervor; vgl. Curtius Grdz.[4] 310. Mit Recht konnte daher Curtius a. a. O. sagen, dass in mehreren Mundarten ἐν wie das lat. in
εἰς mitvertrat.

Von παρά findet sich an zwei Stellen die Form παραί, die
eigentlich einen Instrumental darstellt (Rau de pr. παρά Stud. III
7), aber nur in der Zusammensetzung: παραιβασίας Th. 220 παραιφάμενοι Th. 90.

ποτί, das aus προτί hervorgieng, aus welchem auf anderem

Wege πρόc ward, findet sich dreimal: ποτὶ ἕcπερον E. 552 ποτὶ οἶκον E. 695 (MQNS ἐπί) ποτὶ Θήβην A. 80.

Für cύν begegnet ξύν nur in der Theog. u. den Erga und zwar in einem Compositum: οἱ δὲ ξύνιcαν Th. 686 θεῶν ἔριδι ξυνιόντων Th. 705, dann ξύμπαca πόλιc E. 240; für sich steht ξύν nur in einer Variante zu Th. 347, wo für das gewöhnliche ἄνδραc κουρίζουcι cὺν ’Απόλλωνι ἄνακτι die Codd. Fv die Variante κουρίζουcιν ’Απόλλωνι ξὺν ἄνακτι bieten. ὑπαί die ältere Form für ὑπό haben wir bei Hesiod nur A. 71 ὑπαὶ δεινοῖο θεοῦ und auch hier hat cod. F ὑποδεινοῖο. Wenn wir nun erwägen, dass in demselben Gedichte A. 278 ὑπὸ λιγυρῶν cυρίγγων steht (beglaubigt durch die Mehrzahl der guten Hdschr. so MSμVCa) und ferner in Betracht ziehen, dass die übrigen Abschreiber an dieser Stelle ὑπαί schrieben, um die ihnen auffällige Längung des ο vor der folgenden Liquida (vgl. meine hesiod. Unters. 19 sqq.) zu beseitigen, so wird es wahrscheinlich, dass auch A. 71 ὑπὸ δεινοῖο θεοῦ stand, das ja von cod. F überliefert ist; die Längung des ο in der Arsis erklärt sich durch den urspr. doppelconsonantischen Anlaut des folgenden δεινοῖο (δϜεινόc vgl. den schon erwähnten Eigennamen ΔϜεινίαc auf der neu gefundenen korinth. Inschrift, Curt. Stud. VIII 465) wie in demselben Gedichte 236 ἐπὶ δὲ δεινοῖcι καρήνοιc.

Adverbia.

Von interessanteren Adverbien haben wir nur wenige anzuführen. Zunächst τριcτοιχεί Th. 727, das in dieser Form sehr gut überliefert ist (CV τριcτιχεί) als ἅπαξ εἰρημένον. Homer kennt nur die Form τριcτοιχί (ῑ) K 473; dies Adverb stellt wie alle auf ει oder ι einen Locativ dar, vgl. Kühner Ausf. Gr. I² 725 sq.

Von den übrigen Adverbien wollen wir nur die auf die Suffixe δην δον und δα ausgehenden erwähnen. Mit dem Suffix δην, das ein altes Femininsuffix vorstellt, dessen Bedeutung übrigens noch nicht ganz sichergestellt ist (vgl. Frohwein, de adverb. Graec. Stud. IV. 104. 105), erscheinen gebildet: cυναΐγδην A. 189, so nach Etym. Mag. 41, 31 und FμH, während die anderen Hdschr. das hier im Zusammenhange mögliche cυναίκτην haben; doch spricht ausser dem Gewichte des Zeugnisses des Etym. Mag. auch schon die Bedeutung des Verb. ὠριγνῶντο für das Adverb. Dies ist an unserer Stelle ἅπαξ εἰρημένον, mit anderen Praepos. finden wir καταΐγδην Apoll. Rhod. A 64 μεταΐγδην ders. A 95 προκαταΐγδην ders. B 298, das einfache ἀΐγδην ebenfalls bei Apollon. B 828 (Merkel). Dieselbe Bildung weisen noch ἐπιcτολάδην A. 287 und προβάδην E. 727 auf.

Das Suffix δον, welches derselben Natur ist wie δην, mit dem Unterschiede, dass es eine Neutralbildung darstellt, begegnet in: ἐμπελαδόν E. 734, wo δον an den Stamm nach Ausfall des Dentalauslautes angetreten ist; ἑλκηδόν A. 302 mit Dehnung des thematischen Vocals; mit Metathesis des Stammes ist gebildet cχεδόν A. 113. 432. 435 αὐτοcχεδόν A. 190. Von einem Nominalstamm der A-Declin. kommt ἰλαδόν E. 289, der O-Declin. cυνωχαδόν Th. 690; in ὁμιληδόν A. 170 ist das Thema gedehnt zu η; einige Codd. darunter v haben ὁμιλῦδόν, Homer wendet nur die letztgenannte Form an: M 3 O 277 P 730. Mit der Praeposition ἐν ist δον verknüpft in ἔνδον E. 31. 97. 452. 476; es muss dies als reine Analogiebildung bezeichnet werden.

Das Suffix δα endlich, welches ein Neutr. Plur. darstellt, kommt nur in καναχηδά Th. 367 zum Vorschein, einem Adverb, das an dieser Stelle zum ersten Male in der Gräcität auftritt.

Schlussbemerkung.

Die hesiodischen Gedichte erweisen sich nach den vorausgegangenen Erörterungen als ein wichtiges Denkmal des altionischen Dialektes. Doch stellt sich dieser nicht ganz rein dar, sondern enthält eine Reihe äolischer und dorischer Elemente.

Unter den Aeolismen finden wir zunächst solche, die auch in den homerischen Gedichten vorkommen, z. B. das Epitheton ἀμύμων oder die Nominative der Masculina auf ᾰ in der A-Declination u. s. Woher diese Uebereinstimmung? Die homerischen Aeolismen haben nach der überzeugenden Darstellung von Hinrichs de Hom. eloc. vest. aeol. p. 153 sqq. ihre Quelle in den alten Gesängen, wie sie vor der Blüte des ionischen Epos bei den asiatischen Aeolern gepflegt worden sein mussten. Diese Aeoler wohnten der Stätte des alten Troia zunächst und mehrere der in den homerischen Gedichten behandelten Sagen gehörten ihnen als Stammsagen an. Als nun das Epos von den Ionern gepflegt ward, nahmen diese manche Worte und Fügungen (namentlich feste Formeln) aus den äolischen Dichtungen auf. So verwuchsen diese Aeolismen mit dem Epos. In die hesiodischen Gedichte nun konnten die mit den homerischen übereinstimmenden Aeolismen einestheils dadurch gelangen, dass den Dichtern die der Zeit nach älteren homer. Gesänge bekannt waren, anderstheils aber können wir an einen directen Zusammenhang mit den ursprünglichen äolischen Liedern denken. Hiefür gibt uns die Sage, welche den Vater des Dichters der Erga (vgl. E. 636 sqq.) von dem äolischen Kyme nach dem böotischen Askra herüber kommen lässt, einen mächtigen Anhaltspunct.

Doch es begegnen uns auch Aeolismen anderer Art, die wir bei Homer vergeblich suchen würden. Besonders bemerkenswert sind αἴνημι E. 683 ἀρώμεναι E. 22 ἄψιν E. 426 Θόαν fr. 104 τριηκόντων E. 696. Scharfsinnig hat Ahrens in seinem schon erwähnten Vortrage auf der Göttinger Philologenversammlung 1852 (Verhandl. ders. p. 73 sqq.) darauf aufmerksam gemacht, dass diese

Aeolismen asiatisch-äolisches Gepräge an sich tragen und nicht etwa
dem böotischen Dialekt angehören. Der einzige wirkliche Böotismus
ist' der Eigenname Φῖκα Th. 326 (für Cφίγγα) und der davon abgeleitete Name des Φίκιον ὄροc im Füenfragment A. 33. Die Beziehungen des Dichters der Erga zu Kyme erklären uns auch hier
das Eindringen der asiatisch-äolischen Formen. Die Bemerkung bei
Pausanias IX. 31. 4, wonach die Böoter nur die Erga als echt-
hesiodisch anerkannten, kann hier nicht in Anschlag kommen. Sehr
zu betonen ist der Umstand, dass es gerade nur die Erga sind, in
denen die specifischen Aeolismen hervortreten. Wir werden demnach auch den Genetiv μελιᾶν E. 115, der ebenso dem dorischen
wie dem äolischen Dialekte zugeschrieben werden kann, für äolisch
erklären können.

Wenden wir uns den Dorismen zu. Hier sind vorzüglich zu
nennen u. z. aus der Theogonie die acht Fälle mit dem kurzen Ausgange ἄc im Accus. Plur. der A-Declination (siehe daselbst), wozu die
Variante zu Th. 521 ὄῆcαc (für ὄῆcε) mit kurzem-Ausgange hinzu-
kommt. In den Erga steht nur δεινὰc ἄῆταc E. 675 μετὰ τροπὰc
ἠελίοιο E. 564. 663 und fr. 190 ἰδὲ Cκύθαc ἱππημολγούc. Dazu
kommt λαγόc in der Aspis 302. Weiter sind zu erwähnen die alten
Endungen der 3. plur. in den histor. Zeiten, die besonders von den
Dorern angewendet wurden: ἔδον Th. 30 ἔδιδον E. 139 ἦν (ἠc-v)
Th. 321. 825; ferner das dorische Zahlwort τέτορα E. 698. Wie
wir sehen, ist es die Theogonie, die die meisten dieser Dorismen
enthält. Es wird demnach auch erlaubt sein, die in Th. 487. 890. 899
vorkommende Construction ἐὴν ἐγκάτθετο νηδύν, die, wie wir früher
gezeigt haben, auch anderen Dialekten angehören könnte, hier für
dorisch zu erklären; ebenso den Gebrauch des Genetivs θεᾶν Th. 41
(der wie μελιᾶν E. 115 auch äolisch sein könnte). Woher kommen
nun diese zahlreichen Dorismen in die Theogonie? Ahrens suchte
den Grund davon p. 75 in einem Zusammenhange der Theogonie
mit dem delphischen Dialekte. Goettling hatte p. XXIX sq. (2.
Ausg.) auf Aehnlichkeiten in der hesiodischen Poesie und den Sprü-
chen des delphischen Orakels aufmerksam gemacht. Nun glaubte
Ahrens auch einen directen Einfluss des delphischen Dialekts annehmen zu können (wie er es bezüglich Pindar's that, vgl. dagegen
Hartmann de dial. Delph. 26). Er stützte sich hiebei auf drei Momente:
1. sei ἐν == εἰc gebraucht, wie im delphischen Dialekte 2. finde
sich in περοίχεται Th. 733 und περίαχε Th. 678 Elision des ι
von περί, was auch in der delphischen Mundart vorkam und 3.
entsprüchen sich die kurzen Ausgänge des Accus. Plur. bei Hesiod
und im delph. Dialekte. Diese Beziehung auf den delphischen Dialekt
ist jedoch unbegründet, denn 1. kommt die Verbindung von ἐν
mit dem Accusativ nicht nur in der delphischen Mundart vor,
sondern, wie wir bei den Präpositionen zeigten, auch in einer
Reihe anderer; 2. liegt in περοίχεται und περίαχε keinerlei Elision,

sondern eine Apokope des ι vor, da jenes auf περϝοίχεται zurück-
gebt, dieses aber eigentlich als περυίαχε sich darstellt (vgl. den
Abschnitt über die Apokope); es ist demnach hier ein ganz anderer
Fall als etwa in πέροδος, delph. Amphiktyoneninschr. C. I. 1688;
3. Die kurzen Accus. Plur. - Ausgänge finden sich auch bei einer
Reihe anderer Schriftsteller, wie oben gezeigt worden ist (vgl. A-
Declin.). Es stellt sich demnach heraus, dass die Beziehung zum
delphischen Dialekte nicht nothwendig, ja nicht einmal wahrscheinlich ist. Die Dorismen in Hesiod stammen vielmehr, wie Bergk Gr.
Literaturgesch. I 921 wahrscheinlich gemacht hat, aus dem lokrischen Gebiete im nordwestlichen Hellas. Mit Recht macht Bergk
unter Anderem auf die besondere Wertschätzung der Frauen in den
lokrischen Adelsfamilien aufmerksam, wodurch sich die Eöen und
der Katalog erklären und die Beziehungen der hesiodischen Poesie
zu den Lokrern beleuchtet werden. Flachs Ansicht, System der
Kosmog. 132, die dorischen Elemente seien entweder in der böotischen Sprache Askra's oder in der äolisch-kymäischen der Eltern
Hesiods gewesen, hat kaum Etwas für sich.

Das spätere Gedicht Aspis ist nach dem Vorbilde Homers ge-
arbeitet und enthält an auffälligen Eigenthümlichkeiten nur den
Accus. Plur. λαγός, denn das böotische Φίκιον ὄρος A. 33 gehört
dem Eöenfragmente an, das jetzt den Anfang der Aspis bildet.

Berichtigungen.

p. 363 Zeile 3 muss es statt „Ordinalzahlwörter" heissen: „Cardinal-
zahlwörter".
p. 398 Z. 21 ist nach 965 ausgefallen 971. 1004. 1017.
p. 399 Z. 24 ist nach den Worten „mit der Contraction in ὦν" einzuschieben: αἰθομένων (δαΐδων) A. 275.
p. 399 Z. 29 ist nach τῶν einzuschieben „(δερκομενάων) Th. 910"
und demgemäss Z. 36 nach „ςτιβαρῶν" das Wort „τῶν".
p. 401 Z. 6 muss es statt „ἱππημόλγους" heissen „ἱππημολγούς".
p. 402 Zeile 15 statt Αἰγιναίος „Αἰγιναῖος".
p. 418 Zeile 1 statt „Die Stadt Tiryns" vielmehr „Der Name der
Stadt Tiryns".
p. 440 Z. 4 statt „κατάθηαι" vielmehr „καταθῆαι."
Zusatz zu der Flexion der Adjectiva. Die im Masc. auf εος oder
οος ausgehenden Adject. bleiben durchweg uncontrahirt bis auf ἀργυρῷ
E. 144, wo jedoch dem sonstigen Gebrauch entsprechend von Spohn und
Goettling ἀργυρέῳ mit Synizese hergestellt ward, und im Fem. διὰ χρυςῆν
Ἀφροδίτην Th. 1014, in einem sicher interpolirten Verse, wo χρυςέην
herzustellen ist.
Das Adj. ἀγήραος steht uncontrahirt Th. 305. 955, dagegen lesen wir
ἀγήρῳ als nom. pl. fem. Th. 277 u. ἀγήρω Th. 949 als acc. sing. fem.
für ἀγήρων mit Uebergang in die Formation der II. Hauptdeclination.
Attische Declin. zeigt ἵλεων fr. 77. 3, dagegen lesen wir ἵλαον κραδίην
E. 340.